U0529210

中央高校基本科研业务费专项资金资助

(Supported by the Fundamental Research Funds for the Central Universities)

(项目编号：21lzujbkydx044)

县域经济与乡村振兴丛书

甘肃省县域经济高质量发展研究

毛锦凰　逯承鹏　著

RESEARCH ON THE HIGH-QUALITY DEVELOPMENT
OF COUNTY ECONOMY IN GANSU PROVINCE

中国社会科学出版社

图书在版编目（CIP）数据

甘肃省县域经济高质量发展研究 / 毛锦凰, 逯承鹏著. —北京：中国社会科学出版社, 2023.2

（县域经济与乡村振兴丛书）

ISBN 978-7-5227-1258-1

Ⅰ. ①甘… Ⅱ. ①毛…②逯… Ⅲ. ①县级经济—区域经济发展—研究—中国 Ⅳ. ①F127

中国国家版本馆 CIP 数据核字（2023）第 021368 号

出 版 人	赵剑英
责任编辑	孔继萍
责任校对	闫　萃
责任印制	郝美娜

出　　版	中国社会辞学出版社
社　　址	北京鼓楼西大街甲 158 号
邮　　编	100720
网　　址	http://www.csspw.cn
发 行 部	010-84083685
门 市 部	010-84029450
经　　销	新华书店及其他书店
印　　刷	北京君升印刷有限公司
装　　订	廊坊市广阳区广增装订厂
版　　次	2023 年 2 月第 1 版
印　　次	2023 年 2 月第 1 次印刷
开　　本	710×1000　1/16
印　　张	14.5
插　　页	2
字　　数	231 千字
定　　价	88.00 元

凡购买中国社会科学出版社图书，如有质量问题请与本社营销中心联系调换
电话：010-84083683
版权所有　侵权必究

前　　言

我国经济已由高速增长阶段转向高质量发展阶段，正处在转变发展方式、优化经济结构、转换增长动力的攻关期。这是党的十九大报告对于新时代中国经济发展的重要定位。党的十九大报告同时指出，必须坚持质量第一、效益优先，以供给侧结构性改革为主线，推动经济发展质量变革、效率变革、动力变革，提高全要素生产率。2017年中央经济工作会议将推动高质量发展的重大意义概括为三个"必然要求"，即是保持经济持续健康发展的必然要求，是适应我国社会主要矛盾和全面建成小康社会、全面建设社会主义现代化国家的必然要求，是遵循经济规律发展的必然要求。推动高质量发展是当前和今后一个时期确定发展思路、制定经济政策、实施宏观调控的根本要求。

高质量发展是什么样的发展？从总体来看，高质量发展就是能够很好满足人民日益增长的美好生活需要的发展，是体现新发展理念的发展，是创新成为第一动力、协调成为内生特点、绿色成为普遍形态、开放成为必由之路、共享成为根本目的的发展。从具体表现来看，高质量发展应该体现在以下几个方面：资源配置效率高，经济运行平稳；工农业产品和服务的质量不断提高；技术水平不断升级；制约人民群众生活质量的突出短板得以补齐；现代化诸方面的均衡发展；国土空间上的均衡发展；更加公平的成果分享；绿色可持续的发展。

如何推动高质量发展？在学术研究领域，有学者认为高质量发展的实践取向主要体现在以下几个方面：创新成为第一驱动力；实现遵循规律的科学发展；经济增速转向中高速增长；产业结构迈向中高端；走文明发展道路。而有的学者从深化要素市场改革，健全质量保障法律法规体系，构建高质量发展的衡量指标体系等十个方面提出了推动高质量发展的战略路径与对策。在政府实践领域,2017年中央经济工作会议指明了顶层设计的方向,会议指出,"必须加快形成推动高质量发展的指标体系、政策体系、标准体系、统计体系、绩效评价、政绩考核,创建和完善制度环境,推动我国经济在实现高质量发展上不断取得新进展"。京津冀协同发展、长江经济带发展、粤港澳大湾区建设、长三角一体化发展、黄河流域生态保护和高质量发展等重大国家战略,为高质量发展擘画战略蓝图。

党的十八大以来,在以习近平同志为核心的党中央坚强领导下,甘肃省经济社会发展取得了重大历史性成就,截至2020年年底,脱贫攻坚取得决定性进展,75个贫困县全部摘帽退出贫困县序列,为全面建成小康社会打下了坚实基础;祁连山生态环境治理等整改任务按期完成,生态环境保护治理明显见效;兰州白银国家自主创新示范区(以下简称"兰白自创区")建设步伐加快,高新技术企业突破1000家,科技进步对经济增长的贡献率达到53.5%;十大生态产业发展多点突破,生态产业体系稳步构建。当前推动县域经济高质量发展,不仅是适应我国社会主要矛盾变化,实现城乡区域协调发展的必然要求,也是甘肃省强化举措,推进西部大开发形成新格局,补齐区域发展短板的现实需要。在明确甘肃省推动高质量发展的多重背景下,根据甘肃省第十三次党代会确定将大力发展县域经济摆在全省经济发展突出位置这一实际情况,系统研究如何推动甘肃省县域经济高质量发展具有重大意义。

甘肃省县域经济在全省经济社会发展中占有举足轻重的地位,也具备良好的内外部条件。在内部条件方面,为全面贯彻党的十九大精神,深刻汲取甘肃祁连山国家级自然保护区生态环境破坏问题的教训,推进绿色发展,甘肃省委、省政府作出《关于构建生态产业体系推动绿色发展崛起的决定》,提出以构建生态产业体系为突破口,加快建立健全绿色低碳循环发展的经济体系,并以此作为甘肃省发展的主攻方向,得到了习近平总书记的认可。在外部条件方面,首先,从国家战略层面来说,除了黄河流域生态保护和高质量发展战略外,中共中央、国务院发布的《关于新时代推进西部大开发形成新格局的指导意见》强调,推动经济发展质量变革、效率变革、动力变革,促进西部地区经济发展与人口、资源、环境相协调,实现更高质量、更有效率、更加公平、更可持续发展。

其次,从区域战略层面来说,《关中平原城市群发展规划》《兰州—西宁城市群发展规划》相继获国务院批复并同意实施,标志着关中平原城市群(以下简称"关中城市群")和兰州—西宁城市群(以下简称"兰西城市群")正式成为国家级城市群,两个城市群共涉及甘肃省33个县(区、市),占全省县域总量的37.93%,其发展建设对甘肃省经济社会发展将产生重要影响。

甘肃省现阶段面临着增速乏力和质量提升的双重挑战,如何结合省情实际,找准高质量发展的精准发力点和突破口,是当前和今后一个时期经济工作的重要命题。作为最为基础、有机和完整的发展单元,县域经济发展将是全省转型升级的重要驱动力和基础支撑,县域经济的战略地位越发重要、功能定位越发明确、导向路径越发清晰。由于自然地理环境复杂、产业重化特征明显、新兴产业占比小等因素,与发达地区相比,县域经济发展滞后,主导产业发展层次不高,龙头企业带动作用不强;县域基础设施和公共服务相对薄弱,园区配套设施不完善,金融、科技、人才等要素保障不足;县级财政收入增长乏力,收支矛盾突出,支撑县域经济发展的体制机制还有待进一步完善。因此,实现更高质量、更高水平、更加协调、更显共享的发展,基础在县域,难点在县域,潜力也在县域。准确把握县域发展的特点和规律,把强县和富民统一起来,把改革和发展结合起来,把城镇和乡村贯通起来,自觉践行新发展理念,推动县域经济发展壮大,提升发展质量,走出一条城乡统筹、产城融合、各具特色的富民强县之路。

本书研究时段为2006—2020年,共包含六个章节,依次为:甘肃省县域经济发展现状、甘肃省县域经济高质量发展水平综合测度、甘肃省县域经济高质量发展水平测度结果分析、甘肃省县域经济高质量发展影响因素分析、甘肃省县域经济高质量发展对策建议和甘肃省县域经济高质量发展典型案例。除特殊标注外,本书研究数据均来源于2007—2009年《甘肃年鉴》和2010—2021年《甘肃发展年鉴》。

目 录

第一章 甘肃省县域经济发展现状 …………………………………… (1)
一 基本概况 ………………………………………………………… (1)
（一）自然地理 …………………………………………………… (1)
（二）资源环境 …………………………………………………… (3)
（三）经济社会 …………………………………………………… (13)
二 创新发展现状 …………………………………………………… (22)
（一）科技产出情况 ……………………………………………… (23)
（二）科技型企业建设情况 ……………………………………… (26)
三 协调发展现状 …………………………………………………… (29)
（一）协调发展环境 ……………………………………………… (29)
（二）城乡融合现状 ……………………………………………… (30)
（三）城乡发展差距现状 ………………………………………… (34)
四 绿色发展现状 …………………………………………………… (40)
五 开放发展现状 …………………………………………………… (43)
（一）开放发展环境 ……………………………………………… (43)
（二）对外贸易规模 ……………………………………………… (44)
（三）对外经济贸易品类和范围 ………………………………… (47)
（四）对内开放水平 ……………………………………………… (47)
六 共享发展现状 …………………………………………………… (48)
（一）共享发展环境 ……………………………………………… (48)
（二）城乡共享 …………………………………………………… (50)

第二章　甘肃省县域经济高质量发展水平综合测度 …………… (57)
　　一　指标体系构建 ………………………………………………… (60)
　　　　（一）指标体系构建原则 ……………………………………… (60)
　　　　（二）测度指标体系的构建 …………………………………… (60)
　　二　测度方法 ……………………………………………………… (62)
　　三　测度结果 ……………………………………………………… (65)

第三章　甘肃省县域经济高质量发展水平测度结果分析 ……… (102)
　　一　甘肃省县域经济高质量发展水平时序维度分析 …………… (102)
　　　　（一）高质量发展总体水平分析 ……………………………… (102)
　　　　（二）综合发展水平分析 ……………………………………… (108)
　　　　（三）创新发展水平分析 ……………………………………… (114)
　　　　（四）协调发展水平分析 ……………………………………… (119)
　　　　（五）绿色发展水平分析 ……………………………………… (124)
　　　　（六）开放发展水平分析 ……………………………………… (129)
　　　　（七）共享发展水平分析 ……………………………………… (134)
　　二　甘肃省县域经济高质量发展水平空间格局演变 …………… (139)
　　　　（一）地理空间总体分析 ……………………………………… (139)
　　　　（二）沿黄县域分析 …………………………………………… (140)
　　　　（三）两大城市群县域分析 …………………………………… (140)
　　　　（四）重点市辖区及交通线周边县域分析 …………………… (141)
　　　　（五）各项子系统空间布局分析 ……………………………… (141)

第四章　甘肃省县域经济高质量发展影响因素分析 …………… (144)
　　一　创新发展影响因素分析 ……………………………………… (144)
　　　　（一）科技成果转化率低，县域创新资源集聚难 …………… (144)
　　　　（二）产业结构调整步伐滞后，转型升级能力有待加强 …… (147)
　　二　协调发展影响因素分析 ……………………………………… (149)
　　　　（一）城镇规模小，吸引力和集聚力较差 …………………… (149)
　　　　（二）体制机制尚不健全，人口市民化存在障碍 …………… (149)
　　　　（三）经济布局与人口分布不对称 …………………………… (150)

三 绿色发展影响因素分析 (150)
　　(一) 生态系统承载力较弱 (150)
　　(二) 主体功能区政策导向 (151)

四 开放发展影响因素分析 (152)
　　(一) 对外贸易方式单一，外贸主体结构不稳定 (152)
　　(二) 利用外资领域较为单一，招商引资能力逐渐减弱 (152)
　　(三) 配套设施严重滞后，交通条件面临挑战 (153)
　　(四) 各县域发展不平衡，重点县域带动辐射作用小 (153)
　　(五) 人力资源不足，外向型经济人才缺乏 (154)

五 共享发展影响因素分析 (155)
　　(一) 城乡收入差距较大，收入分配体系有待完善 (155)
　　(二) 城镇化发展进程缓慢，基本公共服务水平差距较大 (156)
　　(三) 居民消费需求不足，优质资源供给有待提高 (157)

第五章 甘肃省县域经济高质量发展对策建议 (160)

一 以创新驱动高质量发展 (161)
　　(一) 重点开发区创新发展对策 (161)
　　(二) 农产品主产区创新发展对策 (164)
　　(三) 重点生态功能区创新发展对策 (165)

二 以协调引领高质量发展 (166)
　　(一) 重点开发区协调发展对策 (167)
　　(二) 农产品主产区协调发展对策 (168)
　　(三) 重点生态功能区协调发展对策 (169)

三 以绿色发展为先导促进高质量发展 (170)
　　(一) 重点开发区绿色发展对策 (170)
　　(二) 农产品主产区绿色发展对策 (171)
　　(三) 重点生态功能区绿色发展对策 (172)

四 以高水平开放促进高质量发展 (174)
　　(一) 重点开发区开放发展对策 (174)
　　(二) 农产品主产区开放发展对策 (176)
　　(三) 重点生态功能区开放发展对策 (177)

五 以共享协同助力高质量发展 …………………………… (178)
（一）重点开发区共享发展对策 ……………………………… (178)
（二）农产品主产区共享发展对策 …………………………… (180)
（三）重点生态功能区共享发展对策 ………………………… (180)

第六章 甘肃省县域经济高质量发展典型案例 ……………… (182)
一 综合发展案例——肃北蒙古族自治县 …………………… (182)
（一）基本概况 ………………………………………………… (182)
（二）主要成就及经验 ………………………………………… (183)
（三）借鉴意义 ………………………………………………… (186)
二 创新发展典型案例——高台县 …………………………… (187)
（一）基本概况 ………………………………………………… (187)
（二）主要成就及经验 ………………………………………… (187)
（三）借鉴意义 ………………………………………………… (188)
三 协调发展案例——阿克塞哈萨克族自治县 ……………… (188)
（一）基本概况 ………………………………………………… (188)
（二）主要成就及经验 ………………………………………… (189)
（三）借鉴意义 ………………………………………………… (190)
四 绿色发展典型案例——迭部县 …………………………… (191)
（一）基本概况 ………………………………………………… (191)
（二）主要成就及经验 ………………………………………… (191)
（三）借鉴意义 ………………………………………………… (193)
五 绿色发展典型案例——民勤县 …………………………… (193)
（一）基本概况 ………………………………………………… (193)
（二）主要成就及经验 ………………………………………… (194)
（三）借鉴意义 ………………………………………………… (196)
六 开放发展典型案例——静宁县 …………………………… (197)
（一）基本概况 ………………………………………………… (197)
（二）主要成就及经验 ………………………………………… (198)
（三）借鉴意义 ………………………………………………… (200)

七　共享发展典型案例——永登县 …………………………（202）
　　（一）基本概况 …………………………………………（202）
　　（二）主要成就及经验 …………………………………（204）
　　（三）借鉴意义 …………………………………………（206）

参考文献 ……………………………………………………（208）

后　记 ………………………………………………………（211）

表目录

表1-1 甘肃省主要矿产资源开发基地地理分布 …………… (3)
表1-2 甘肃省主要地类及面积构成情况 …………………… (4)
表1-3 甘肃省土地资源分布 ………………………………… (5)
表1-4 2020年甘肃省县级城镇集中式饮用水水源
　　　地水质状况 …………………………………………… (8)
表1-5 2020年12月甘肃省各县域环境空气质量
　　　综合指数排名 ………………………………………… (11)
表1-6 2020年甘肃省各县域GDP总量及其增速 ………… (13)
表1-7 甘肃省全国农产品地理标志产品目录 ……………… (14)
表1-8 2020年甘肃省各县域金融机构贷款余额情况 …… (16)
表1-9 2020年甘肃省各县域三次产业结构 ……………… (18)
表1-10 甘肃省各县域三次产业增加值平均增速
　　　（2014—2020年） …………………………………… (19)
表1-11 2020年甘肃省各县域人口流动情况 ……………… (20)
表1-12 甘肃省各市州2020年专利及经济总量发展情况 … (24)
表1-13 2018年甘肃省各县域专利申请及授权数量 ……… (25)
表1-14 2020年甘肃省各县域设施农业种植占地面积 …… (31)
表1-15 2018年甘肃省各县域常住人口城镇化率 ………… (33)
表1-16 甘肃省各市州城乡收入差距泰尔指数
　　　（2017—2020年） …………………………………… (36)
表1-17 2020年甘肃省各县域城乡居民收入比 …………… (37)
表1-18 2020年甘肃省各市州对外开放状况 ……………… (45)
表1-19 2020年甘肃省各市州医疗卫生水平状况 ………… (52)

表2-1　甘肃省县域名录（研究范围之内）……………………（58）
表2-2　甘肃省县域经济高质量发展水平测度指标体系…………（61）
表2-3　指标相对重要性数字标度表………………………………（64）
表2-4　各子系统及指标权重………………………………………（66）
表2-5　甘肃省各县域经济高质量发展总体水平得分
　　　　（2006—2020年）……………………………………（67）
表2-6　甘肃省各县域经济高质量发展综合子系统
　　　　水平得分（2006—2020年）…………………………（72）
表2-7　甘肃省各县域经济高质量发展创新子系统
　　　　水平得分（2006—2020年）…………………………（77）
表2-8　甘肃省各县域经济高质量发展协调子系统
　　　　水平得分（2006—2020年）…………………………（82）
表2-9　甘肃省各县域经济高质量发展绿色子系统
　　　　水平得分（2006—2020年）…………………………（87）
表2-10　甘肃省各县域经济高质量发展开放子系统
　　　　　水平得分（2006—2020年）………………………（92）
表2-11　甘肃省各县域经济高质量发展共享子系统
　　　　　水平得分（2006—2020年）………………………（97）
表3-1　甘肃省不同类型县域分布情况（2006、2020年）………（105）
表3-2　甘肃省县域经济高质量发展总体水平前10位
　　　　排名（2006、2020年）………………………………（105）
表3-3　甘肃省县域经济高质量发展总体水平后10位
　　　　排名（2006、2020年）………………………………（107）
表3-4　甘肃省县域经济综合发展水平前10位排名
　　　　（2006、2020年）………………………………………（111）
表3-5　甘肃省县域经济综合发展水平后10位排名
　　　　（2006、2020年）………………………………………（112）
表3-6　甘肃省县域经济创新发展水平前10位排名
　　　　（2006、2020年）………………………………………（116）
表3-7　甘肃省县域经济创新发展水平后10位排名
　　　　（2006、2020年）………………………………………（118）

表3-8	甘肃省县域经济协调发展水平前10位排名（2006、2020年）	(121)
表3-9	甘肃省县域经济协调发展水平后10位排名（2006、2020年）	(123)
表3-10	甘肃省县域经济绿色发展水平前10位排名（2006、2020年）	(126)
表3-11	甘肃省县域经济绿色发展水平后10位排名（2006、2020年）	(128)
表3-12	甘肃省县域经济开放发展水平前10位排名（2006、2020年）	(131)
表3-13	甘肃省县域经济开放发展水平后10位排名（2006、2020年）	(133)
表3-14	甘肃省县域经济共享发展水平前10位排名（2006、2020年）	(136)
表3-15	甘肃省县域经济共享发展水平后10位排名（2006、2020年）	(138)
表4-1	2020年甘肃省部分县域每亿元GDP专利授权量	(144)
表4-2	2020年甘肃省部分县域第一产业比重	(148)
表4-3	甘肃省2020年部分县域劳均机械化水平	(148)
表4-4	甘肃省部分县域2020年城乡居民可支配收入	(155)
表4-5	甘肃省部分县域城乡居民人均可支配收入比（2006、2020年）	(156)
表4-6	2020年甘肃省部分县域农民食品支出占收入的比重	(158)
表4-7	2020年甘肃省部分县域农村居民文教娱乐支出占消费支出的比重	(159)

图目录

图1-1　2020年甘肃省专利申请及授权类型分布 …………… (23)
图1-2　2020年甘肃省各市州科技创新综合水平指数 …………… (24)
图1-3　2020年甘肃省各市州R&D人员数 …………… (27)
图1-4　甘肃省城乡居民人均可支配收入增长情况
　　　（2011—2020年）…………… (35)
图1-5　甘肃省城乡居民人均消费支出情况
　　　（2011—2020年）…………… (39)
图1-6　2020年甘肃省城镇居民消费支出构成 …………… (39)
图1-7　2020年甘肃省农村居民消费支出构成 …………… (40)
图1-8　甘肃省进出口总额变化趋势（2000—2020年）…………… (45)
图1-9　甘肃省前5位和后5位县域的平均吸引人才能力 …………… (48)
图1-10　2020年甘肃省各县域小学生人数占专任
　　　教师人数比值 …………… (51)
图1-11　2020年甘肃省各县域中学生人数占专任
　　　教师人数比值 …………… (51)
图1-12　甘肃省各县域从业人员占总人口比例
　　　（2006—2018年）…………… (54)
图1-13　甘肃省各县域农村人均可支配收入占人均
　　　GDP比例（2010—2020年）…………… (55)
图1-14　甘肃省各县域社会消费品零售总额占GDP
　　　比值（2010—2020年）…………… (56)
图1-15　甘肃省各县域食品（烟酒）支出占收入的
　　　比值（2006—2018年）…………… (56)

图 2-1 甘肃省县域经济高质量发展水平测度指标
体系层次结构模型……………………………………（64）
图 3-1 甘肃省各县域经济高质量发展指数及变异
系数（2006—2020年）……………………………（103）
图 3-2 甘肃省不同主体功能区县域经济高质量发展
指数（2006—2020年）……………………………（104）
图 3-3 甘肃省领先型县域经济高质量发展指数
（2006—2020年）…………………………………（106）
图 3-4 甘肃省落后型县域经济高质量发展指数
（2006—2020年）…………………………………（108）
图 3-5 甘肃省县域经济综合发展指数及变异系数
（2006—2020年）…………………………………（109）
图 3-6 甘肃省不同主体功能区县域经济综合发展
指数（2006—2020年）……………………………（110）
图 3-7 甘肃省领先型县域经济综合发展指数
（2006—2020年）…………………………………（112）
图 3-8 甘肃省落后型县域经济综合发展指数
（2006—2020年）…………………………………（113）
图 3-9 甘肃省县域经济创新发展指数及变异系数
（2006—2020年）…………………………………（114）
图 3-10 甘肃省不同主体功能区县域经济创新发展
指数（2006—2020年）……………………………（115）
图 3-11 甘肃省领先型县域经济创新发展指数
（2006—2020年）…………………………………（117）
图 3-12 甘肃省落后型县域经济创新发展指数
（2006—2020年）…………………………………（119）
图 3-13 甘肃省县域经济协调发展指数及变异
系数（2006—2020年）……………………………（120）
图 3-14 甘肃省不同主体功能区县域经济协调发展
指数（2006—2020年）……………………………（121）

图 3-15 甘肃省领先型县域经济协调发展指数
（2006—2020 年） ……………………………（122）
图 3-16 甘肃省落后型县域经济协调发展指数
（2006—2020 年） ……………………………（124）
图 3-17 甘肃省县域经济绿色发展指数及变异
系数（2006—2020 年） ………………………（125）
图 3-18 甘肃省不同主体功能区县域经济绿色
发展指数（2006—2020 年） …………………（126）
图 3-19 甘肃省领先型县域经济绿色发展指数
（2006—2020 年） ……………………………（127）
图 3-20 甘肃省落后型县域经济绿色发展指数
（2006—2020 年） ……………………………（129）
图 3-21 甘肃省县域经济开放发展指数及变异
系数（2006—2020 年） ………………………（130）
图 3-22 甘肃省不同主体功能区县域经济开放
发展指数（2006—2020 年） …………………（131）
图 3-23 甘肃省领先型县域经济开放发展指数
（2006—2020 年） ……………………………（132）
图 3-24 甘肃省落后型县域经济开放发展指数
（2006—2020 年） ……………………………（134）
图 3-25 甘肃省县域经济共享发展指数及变异系数
（2006—2020 年） ……………………………（135）
图 3-26 甘肃省不同主体功能区县域经济共享
发展指数（2006—2020 年） …………………（136）
图 3-27 甘肃省领先型县域经济共享发展指数
（2006—2020 年） ……………………………（137）
图 3-28 甘肃省落后型县域经济共享发展指数
（2006—2020 年） ……………………………（138）

第 一 章

甘肃省县域经济发展现状

甘肃省下辖17个市辖区，5个县级市、64个县，共86个县级行政单元。2020年，全省县域GDP总量为4168.53亿元，比上年增长4.7%。按常住人口计算，县域人均生产总值26 619元，比上年增长5.9%。县域常住人口1566.02万人，比上年末减少18.57万人。其中，城镇人口662.58万人，常住人口城镇化率为42.31%。

一 基本概况

（一）自然地理

甘肃地处黄土高原、青藏高原和内蒙古高原三大高原的交汇地带，境内地形复杂，山脉纵横交错，海拔相差悬殊，高山、盆地、平川、沙漠和戈壁等兼而有之，是山地型高原地貌。地势自西南向东北倾斜，地形狭长，东西长1659千米，南北宽530千米，大致可分为各具特色的六大区域，即陇南山地、陇中陇东黄土高原、甘南高原、河西走廊平原、祁连山地、北山山地六大地形区域[①]。

陇南山地地区为秦岭的西延部分，重峦叠嶂，山高谷深，植被丰厚，水源充足，包含陇南市8个县域。全境按照地貌的大体差别和区域切割的程度不同可划分为三个地貌类型区：浅中切割浅山丘陵盆地貌区、中深切割中高山地貌区、全切割中高山地貌区。浅中切割浅山丘陵盆地

---

① 甘肃台办：《甘肃省地理地貌》，2017年11月16日，http://www.gstb.gov.cn/zjgs/zrdl/201711/t20171116_ 11867993.html，2021年12月28日。

地貌区包括徽成盆地的成县、徽县和两当县三县全境，土厚水丰，历史上就是粮食的集中产地。中深切割中高山地貌区，包括康县、文县全境，这一区域因山势较高、沟壑纵横，高山河谷交错分布，大部分耕地为坡耕地，土层较薄，石块较多，保水、保肥能力差。但气候条件好，属南北气候过渡地带，兼有暖温带和北亚热带的气候，既能生产粮食，也是纹党、当归、红芪、油橄榄、茶叶、大红袍花椒等名贵药材和稀有树种的理想适生区。全切割中高山地貌区包括宕昌县、礼县、西和三县全部，矿产储量丰富。

陇中陇东黄土高原位于甘肃省中部和东部，东起甘陕省界，西至乌鞘岭畔，有丰富的石油、煤炭资源，也是贫困相对集中的地区，尤其定西中部地区成了祖国最贫瘠的地方之一。陇中主要包含兰州市、白银市、天水市、临夏回族自治州、定西市全境及平凉市的静宁县和庄浪县，以及其下辖的县级城市，陇东地区主要包含平凉市其余县域以及庆阳市全境。这些县域在历史、物产、气候、人情、风俗、语言、民族等方面，是一个文化板块，具有很大的相似性和包容性。该区域较大的谷地有临洮、漳县、陇西县、甘谷县、秦安县等。境内水源缺、降雨少，是著名的干旱区，祖厉河流域的定西、会宁及靖远南部，是苦水区。肃北蒙古族自治县是甘肃省面积最大的少数民族自治县。

甘南高原地区是"世界屋脊"——青藏高原东部边缘一隅，地处青藏高原及其陇南山地黄土高原的过渡带，地势高耸，平均海拔超过3000米，是个典型的高原区，主要包含甘南藏族自治州全境8个县域。这里草滩宽广，水草丰美，牛肥马壮，是甘肃省主要畜牧业基地之一，且自然风光极佳，尤其是夏河县和碌曲县，具有拉卜楞寺、郎木寺等藏族佛教文化建筑，以及桑科草原、尕海和则岔石林等草原风光，旅游资源丰富。

河西走廊地区斜卧于祁连山以北，北山以南，东起乌鞘岭，西迄甘新交界，是一个自东向西、由南而北倾斜的狭长地带。由武威市、张掖市、金昌市、酒泉市以及嘉峪关市全部县域组成，海拔在1000—1500米之间。这里是一片沿祁连山脉分布的水草丰美的天然绿洲，也是古代中国通向中亚，甚至欧洲的主要通道，有"丝路明珠"之称。气候干旱，许多地方年降水量不足200毫米，但祁连山冰雪融水丰富，灌溉农业发达,是西北地区最主要的商品粮食基地和经济作物集中产地。祁连山在河西走廊以南,长达1000多千米,大部分海拔在3500米以上,终年积雪,冰川逶迤,是河西走廊的天然固体水库,荒漠、草场、森林、冰雪等植被垂直分布明显。河西走廊以北地带东西长1000多千米,海拔在1000—3600米的地带,习惯称之为北山山地,靠近腾格里沙漠和巴丹吉林沙漠,风高沙大,山岩裸露,荒漠连片。

(二) 资源环境

1. 矿产资源

甘肃省是全国矿产资源较为丰富的省份之一,省内地层发育较齐全,地质构造复杂,岩浆活动强烈,具备良好的成矿地质环境和条件,矿产资源较为丰富,矿业开发已成为甘肃的重要经济支柱,为甘肃经济和社会发展提供了重要的资源保障。据《2019年全国矿产资源储量占比排名》统计,在已查明的矿产中,甘肃省资源储量名列全国第1位的矿产有11种,居前5位的有32种,居前10位的有60种。分地区来看,煤矿主要集中在陇中陇东地区,集中度达83%,铁矿主要集中在甘南高原地区和河西地区,集中度达90%,铅锌主要集中在陇南地区,集中度达91%。分县域来看,肃北县矿产资源较为丰富,县境内蕴含丰富的铁、铜、煤、金、铬、铅锌等30多种矿种,其中,北山地区以产煤为主,南山地区的七十二道沙金沟在省内外驰名,大道尔吉铬矿是全国第三大铬矿。肃南县是全省黑色、有色金属矿产的集中区,在金属矿产中钨矿资源量居全国北方之首,铁矿资源占全省铁矿资源总量的86%。玉门油田则是中国建成的第一个天然油田基地。

表1-1　　　　　　甘肃省主要矿产资源开发基地地理分布

序号	矿种	分布县域
1	铁	肃北县、瓜州县、金塔县、高台县、临泽县、肃南县、山丹县、永昌县、玛曲县、碌曲县、卓尼县、迭部县、张家川县、两当县、徽县、康县、成县
2	铜	肃北县、金塔县、肃南县、景泰县、和政县

续表

序号	矿种	分布县域
3	煤	肃北县、玉门市、肃南县、甘州区、民乐县、山丹县、永昌县、古浪县、天祝县、景泰县、永登县、榆中县、静宁县、华亭市、崇信县、环县、宁县、正宁县、成县、礼县、文县、舟曲县
4	金	两当县、徽县、成县、西和县、礼县、武山县、宕昌县、舟曲县、康县、文县、迭部县、玛曲县、合作市、夏河县、永登县、古浪县、肃北县、玉门市、肃南县、瓜州县
5	铅锌	瓜州县、肃北县、临泽县、岷县、临潭县、成县、徽县、礼县、西和县、两当县、宕昌县
6	石油	玉门市、民勤县、庆阳县、宁县

资料来源：2016年甘肃省自然资源厅公布地图整理。

2. 土地资源

根据2018年度土地变更调查，截至2018年12月31日，全省土地总面积4258.89万公顷。全省主要地类及面积构成情况见表1–2：

表1–2　　　　甘肃省主要地类及面积构成情况

土地类型	面积	百分比（%）
耕地	537.67万公顷（8065.01万亩）	12.62
园地	25.52万公顷（382.78万亩）	0.60
林地	609.58万公顷（9143.63万亩）	14.31
草地	1417.23万公顷（21258.43万亩）	33.28
交通运输用地	27.04万公顷（405.65万亩）	0.64
城镇村及工矿用地	79.97万公顷（1199.54万亩）	1.88
水域及水利设施用地	74.73万公顷（1120.96万亩）	1.75
其他土地	1487.16万公顷（22307.37万亩）	34.92

资料来源：2018年度土地变更调查。

分地区来看，河西地区的土地资源较为丰富，主要有未利用地和牧草地，以及独特的冰川和永久积雪资源。陇中陇东地区拥有的土地资源主要是旱地和牧草地。甘南高原地区拥有的土地资源主要是牧草地和林地。陇南地区拥有的土地资源主要是林地和旱地。分县域而言，未利用地集中在民勤县、瓜州县、玉门市、金塔县和敦煌市等地。旱地主要集中在通渭县、甘谷县、秦安县、静宁县、泾川县等地。林地主要集中在文县、舟曲县、迭部县、两当县、合水县等地。牧草地主要集中在甘肃省西北、西南各县域，包括碌曲县、玛曲县、夏河县等地。

表1-3　　　　　　　　　　甘肃省土地资源分布

序号	土地类型	县域
1	水浇地	玉门市、敦煌市、瓜州县、金塔县、临泽县、高台县、民乐县、山丹县、永昌县、民勤县、古浪县
2	旱地	古浪县、景泰县、永登县、榆中县、东乡县、临夏县、积石山县、和政县、康乐县、广河县、临洮县、渭源县、陇西县、通渭县、会宁县、静宁县、庄浪县、张家川县、秦安县、甘谷县、清水县、武山县、漳县、武山县、礼县、西和县、宕昌县、崇信县、泾川县、灵台县
3	林地	碌曲县、夏河县、卓尼县、迭部县、舟曲县、礼县、成县、西和县、两当县、徽县、文县、康县
4	牧草地	玛曲县、碌曲县、夏河县、合作市、临潭县、卓尼县、舟曲县、阿克塞县、肃北县、肃南县、山丹县、天祝县

资料来源：2016年甘肃省自然资源厅公布地图整理。

3. 水资源

根据《甘肃发展年鉴2021》，甘肃省多年平均水资源总量为296.8亿立方米，其中地表水资源量282.1亿立方米，占水资源总量的97.4%；纯地下水资源量7.3亿立方米，占水资源总量的2.6%。甘肃省年降水量地区分布极不均匀，总体变化趋势是从西北部向东南部递增。2020年，全省平均降水量317.6毫米，折合水量1352.29亿立方米；自产地表水资源量398.89亿立方米，地下水资源量158.21亿立方米，扣除与地表水重复的地下水计算量11.99亿立方米，水资源总量为410.88亿立方米；全省入境水资源量506.74亿立方米，出境水资源量774.13亿立方米。省内大中型水库年末蓄水总量46.33亿立方米；平原区浅层地下水位年末与年初相比，有上升区、相对稳定区及下降区，但平均水位相对稳定，平均上升0.21米。

4. 旅游资源

甘肃省的旅游资源既有石窟寺庙、长城关隘、塔碑楼阁、古城遗址、历史文物等文物古迹，又有青山绿水、高山草原、大漠戈壁、沙漠绿洲、丹霞奇观、冰川雪峰等独具特色的西部自然风光，还有以藏、回、裕固、保安、东乡等少数民族浓郁风情为特色的民族风情资源。丰富的文化遗产、独特的自然景观和多彩的民族风情，成为人们向往的旅游胜地，开发前景广阔。最具代表性的旅游景点有敦煌莫高窟、天水伏羲庙、天水麦积山石窟、万里长城最西端的"天下第一雄关"——嘉峪关，中国彩陶之乡的临夏，中国藏传佛教格鲁派六大宗主寺之一的夏河拉卜楞寺，道教第一山崆峒山，中国的旅游标志——武威出土的汉代铜奔马，世界最大的室内卧佛寺——张掖大佛寺，泾川西王母宫、永靖炳灵寺石窟、永登鲁土司衙门旧址等，构成了璀璨夺目的艺术长廊。旅游基础设施进一步完善，体制机制更加顺畅，产品业态更加丰富，产业体系更加健全，产业链条拓展延伸，产业效益更加优良，旅游经济综合贡献显著提高。2020年国内旅游2.13亿人次，总收入1455亿元。文化旅游成为展示甘肃省形象的重要窗口，"交响丝路·如意甘肃"品牌的国际知名度进一步提升。甘肃省成为具有较强国际影响力的丝绸之路国际文化旅游枢纽站。

5. 野生资源

全省共有野生高等动植物6117种。其中，野生维管植物5160种；野生动物957种和亚种，其中鱼类109种，两栖类36种，爬行类64种和亚种，鸟类572种和亚种，兽类176种，生物多样性较强。陇南生物资源种类繁多，是甘肃野生动物种类最多的地区。全市有林地面积175 836万亩，其中珍贵树种51种；野生动物300多种，包含大熊猫、金丝猴等20多种珍稀动物。其中两当县森林覆盖率达80%，有红豆杉、三尖杉等珍稀树种，是亚洲最大的白皮松种植基地。文县有两个国家级、省自然保护区，栖息着100只大熊猫，2000多只金丝猴及羚牛、雪豹、大鲵、黑熊等38种国家一、二级保护动物；高等植物2160种，甘肃新记录濒危珍稀植物珙桐、香果树、红豆杉等617种。徽县境内栖息着野生动物200多种，其中有羚牛、红腹锦鸡、白唇鹿、长臂猿、梅花鹿、娃娃鱼等珍稀动物10多种。甘南州地处青藏高原和黄土高原过渡地带，拥有广阔的草甸草原和丰富的森林资源，是全省主要林区和牧区。其中迭部县森林覆盖率达60%，植被覆盖率达88%，是迄今为止甘川地区保存最好的原始森林区。全县活立木蓄积量4670.9万立方米，是甘肃省主要木材生产基地，同时森林中繁衍生息着大熊猫、雪豹、羚羊、梅花鹿等27种国家珍稀保护动物，野生动物种类较多。舟曲县林地面积12.27万公顷，天然林活立木蓄积量1700万立方米，是甘肃省优良的天然用材林分布区之一。

6. 生态环境

甘肃省位于西北内陆地区，是黄土高原、青藏高原、内蒙古高原三大高原和西北干旱区、青藏高寒区、东部季风区三大自然区域的交汇处，地形狭长，地貌类型复杂多样。同时是青藏高原生态屏障、黄土高原—川滇生态屏障的重要组成部分，是三大生态安全屏障区的纽带，属于国家重点生态功能区范围。省内大部地区气候干燥，降水量较少，存在着土地沙化、水土流失等一系列生态问题，整体生态环境脆弱。根据《甘肃省综合自然区划》[①]，甘肃省县域生态环境整体从空间分布上看可划分为河西干旱内陆区、中部黄土高原沟壑丘陵区、陇东黄土高原区、甘南山地高原区和陇南山地区五大区域。河西干旱内陆区包含酒泉、嘉峪关、张掖、金昌、武威市辖区内共计15个县，整体占地面积最大，生态环境整体较好，可利用土地资源、水资源丰富，自然灾害危害程度较低。陇东黄土高原区位于甘肃省最东部，区域内华亭县、宁县生态环境较好。陇南山地区江河众多，水量充沛，各县可利用水资源水质优良，生态环境整体较好。甘南山地高原区所辖7个县，生态系统十分脆弱，自然灾害危害性严重，土地资源可利用率整体较差。中部黄土高原沟壑丘陵区是甘肃省经济发展的核心地区，兰州市、白银市辖区内6个县生态环境较好，而定西的漳县和岷县、天水的张家川县、临夏的积石山县和康乐县可利用水资源及土地资源较为缺乏。

"十四五"以来，甘肃省生态安全屏障建设取得积极进展。稳步推进祁连山、大熊猫国家公园体制试点。积极推进大规模国土绿化行动，重点实施天然林保护、退耕还林、三北防护林等工程，森林覆盖率达11.33%。根据《2020年甘肃省生态环境状况公报》，2020年甘肃全省整

---

① 伍光和、江存远：《甘肃省综合自然区划》，甘肃科学技术出版社1998年版。

体环境质量改善,但沙尘天气有明显增加。该公报显示,2020年甘肃环境空气质量、水环境质量均有所改善,土壤环境总体安全管控,声环境质量保持稳定,辐射环境质量状况良好,生态环境状况无明显变化,全省生态环境质量达到"十三五"以来最好水平。各县区大力推进生态建设工程,林草覆盖率不断提升,生态环境质量得到了显著改善,生态文明建设工作取得了优良成效。重点区域野生动植物物种及其栖息地保护力度不断加强,雪豹、大熊猫、珙桐等珍稀、濒危野生动植物栖息地环境不断改善,各类野生动物种类和种群数量呈现恢复性增长态势。积极开展生态文明试点示范,兰州、定西、甘南、酒泉完成国家生态文明建设先行示范区建设任务,平凉、张掖2市和两当、崇信、迭部3县分别获"国家生态文明建设示范市、县"命名,古浪县八步沙林场、庆阳市华池县南梁镇被命名为"绿水青山就是金山银山实践创新基地"。

（1）水环境

2020年全省共设38个地表水国控考核断面,水质优良比例为100%;68个地表水省控断面中,Ⅰ—Ⅲ类水质断面67个,Ⅳ类水质断面1个,无Ⅴ类、劣Ⅴ类水质。三大流域水质较2019年有所改善。作为重要的水源保护区,甘肃省天祝县、玛曲县、迭部县、卓尼县、肃南县入围国家生态综合补偿试点县,在推进流域上下游横向生态保护补偿,完善重点流域跨省断面监测网络和绩效考核机制,建立资金补偿之外的环境保护合作方式方面不断探索,同时为水质保护提供更加高效可行的方法。此外,各县大力推进基础设施建设用于城镇污水、生活垃圾的集中处理,实现无害化处理生活垃圾,不断提高污水处理率。

表1-4　　2020年甘肃省县级城镇集中式饮用水水源地水质状况

供水范围	水源名称（监测点位）	水源类型	监测结果类别	供水范围	水源名称（监测点位）	水源类型	监测结果类别
皋兰县	自来水公司水库水源	湖库型	Ⅲ	岷县	洮河右岸水源	地下水	Ⅲ
榆中县	阳道沟水源地	河流型	Ⅱ		秦许乡马烨仓水源	河流型	Ⅰ
永昌县	永昌县备用地下水水源地	地下水	Ⅲ	通渭县	锦屏水库水源	湖库型	Ⅲ

续表

供水范围	水源名称（监测点位）	水源类型	监测结果类别	供水范围	水源名称（监测点位）	水源类型	监测结果类别
永登县	东大河渠首水源	河流型	Ⅰ	渭源县	峡口水库水源	湖库型	Ⅲ
	永登县城区水源地	地下水	Ⅲ		漫坝河水源	河流型	Ⅰ
靖远县	吴家湾水源	河流型	Ⅱ	临洮县	临洮县玉井水源	河流型	Ⅱ
会宁县	会宁城区延长段水源地	河流型	Ⅱ	漳县	漳县城区水源	地下水	Ⅲ
	鸡儿嘴水库水源	湖库型	Ⅱ	陇西县	莲峰河水源	地下水	Ⅲ
景泰县	英武水库	湖库型	Ⅱ				
张家川县	东峡水库水源	湖库型	Ⅰ	康县	康县城区水源（安家坝水源）	河流型	Ⅰ
	石峡水库水源	湖库型	Ⅱ	宕昌县	大竹河水源	河流型	Ⅱ
古浪县	柳条河水库水源	湖库型	Ⅰ		缸沟水源	河流型	Ⅱ
民勤县	曹家湖水库水源地	湖库型	Ⅰ	徽县	峡门水源	湖库型	Ⅰ
	民勤县第二供水水源地	地下水	Ⅲ		福驮水源	地下水	Ⅲ
天祝县	重兴乡水源	地下水	Ⅲ	成县	高峰水库水源地	湖库型	Ⅱ
肃南县	石门水库水源地	湖库型	Ⅰ		孙家坝水源	地下水	Ⅲ
	肃南县东柳沟水源地	河流型	Ⅰ		磨盘峡水库水源地	湖库型	Ⅱ
民乐县	民乐县总寨地下水型水源地	地下水	Ⅲ	西和县	黄江水库水源	湖库型	Ⅱ
					二郎坝水源地	地下水	Ⅲ
敦煌市	党河水库水源	湖库型	Ⅰ	两当县	两当河水源	河流型	Ⅰ
阿克塞县	阿克塞县城区水源	河流型	Ⅱ	东乡县	尕西塬水源	湖库型	Ⅰ
灵台县	灵台县城区水源	河流型	Ⅱ	和政县	海眼泉水源	河流型	Ⅰ
静宁县	东峡水库水源	湖库型	Ⅲ	康乐县	石板沟水源	河流型	Ⅰ
庄浪县	竹林寺水库	湖库型	Ⅱ	临夏县	关滩水源	河流型	Ⅰ
	花崖水库水源地	湖库型	Ⅲ				

续表

供水范围	水源名称（监测点位）	水源类型	监测结果类别	供水范围	水源名称（监测点位）	水源类型	监测结果类别
华池县	柔远东沟水源	河流型	Ⅱ	广河县	小牛圈沟水源	河流型	Ⅰ
	鸭儿洼水源	河流型	Ⅱ	永靖县	刘家峡水库水源	湖库型	Ⅰ
正宁县	庵里水库水源	湖库型	Ⅲ	积石山县	中峡水源	河流型	Ⅰ
合水县	香水水库水源	河流型	Ⅱ	临潭县	牙当水源	河流型	Ⅱ
	徐阳沟水源	河流型	Ⅱ		斜藏沟大扎水源	地下水	Ⅲ
	新村水库水源	河流型	Ⅱ		东郊水源地	地下水	Ⅲ
庆城县	马岭纸坊沟水源	河流型	Ⅲ	玛曲县	卓格尼玛泉水水源地	地下水	Ⅲ
	马岭东沟水源	河流型	Ⅲ		黄河老渡口水源地	河流型	Ⅱ
夏河县	洒哈尔水源地	地下水	Ⅲ	碌曲县	玛艾镇水源地	地下水	Ⅲ
迭部县	哇坝河水源	地下水	Ⅲ	卓尼县	木耳沟水源	河流型	Ⅱ
舟曲县	杜坝川下坝水源地	地下水	Ⅲ	清水县	长沟河水源地	河流型	Ⅰ
	三眼峪水源地	地下水	Ⅲ		牛头河—汤峪河水源地	河流型	Ⅰ
甘谷县	甘谷县城区水源地	地下水	Ⅴ	武山县	武山县城区水源地	地下水	Ⅲ
秦安县	秦安县叶堡水源地	地下水	Ⅴ	临泽县	临泽县黄家湾滩水源地	地下水	Ⅱ
高台县	高台县城区水源地	地下水	Ⅲ	山丹县	山丹县城区水源地	地下水	Ⅲ
金塔县	拦河湾水源地	地下水	Ⅲ	玉门市	河西林场水源地	地下水	Ⅱ
瓜州县	石岗墩水源地	地下水	Ⅲ	肃北县	肃北县城区水源地	地下水	Ⅲ
华亭市	养马寺水源地	地下水	Ⅲ	泾川县	朱家涧水库水源地	湖库型	Ⅲ
	刘家庄水源地	地下水	Ⅲ		王村水源地	地下水	Ⅲ
崇信县	崇信县城区水源地	地下水	Ⅲ	宁县	宁县城区集中式饮用水水源地	地下水	Ⅴ
环县	庙儿沟水源地	地下水	Ⅴ	镇原县	尤坪地下水水源地	地下水	Ⅴ
文县	西园水源地	地下水	Ⅲ	—	—	—	—
礼县	礼县城区水源地	地下水	Ⅱ	—	—	—	—
	大山沟水源地	河流型	Ⅱ				
	尖冠沟水源地	河流型	Ⅰ				

资料来源：2020年甘肃省生态环境厅公布数据整理。

(2) 大气环境

2020年，全省环境空气中细颗粒物浓度均值为26微克/立方米，14个市州细颗粒物首次全部达到年二级标准，同比2019年持平；可吸入颗粒物浓度均值为56微克/立方米，比上年下降3.4%；二氧化硫浓度均值12微克/立方米，达到年一级标准，比上年下降14.3%；二氧化氮浓度均值为24微克/立方米，达到年一级标准，比上年下降4.0%；一氧化碳均值浓度1.1毫克/立方米，达到日一级标准，比上年下降15.4%；臭氧浓度均值126微克/立方米，达到日二级标准，比上年下降3.8%。全省优良天气比率为93.7%，比上年增加0.6%。2020年全省14个地级城市均出现沙尘暴、扬沙、浮尘等沙尘天气过程，城市空气质量受到不同程度影响。全省累计受沙尘天气影响天数达400天，与2019相比增加125天。

根据甘肃省生态环境厅在2020年12月发布的环境空气质量排名，各县区环境空气质量相对较好的前10位依次为肃南县、迭部县、肃北县、华池县、宕昌县、舟曲县、康县、阿克塞县、玉门市、玛曲县；环境空气质量相对较差的后10位依次为榆中县、临夏市、武山县、陇西县、永靖县、康乐县、皋兰县、临夏县、和政县、广河县。总体来看，甘南、陇南地区环境空气质量较好。

表1-5　　2020年12月甘肃省各县域环境空气质量综合指数排名

县域	排名	综合指数	主要污染物	县域	排名	综合指数	主要污染物
肃南县	1	1.89	O3-8h	岷县	36	3.5	PM10
迭部县	2	1.9	O3-8h	崇信县	37	3.53	PM10
肃北县	3	2.09	O3-8h	华亭市	38	3.56	PM10
华池县	4	2.16	O3-8h	渭源县	39	3.71	PM10
宕昌县	5	2.29	PM10	合水县	40	3.73	PM10
舟曲县	6	2.33	CO	成县	41	3.76	PM2.5
康县	7	2.47	PM10	宁县	42	3.78	PM10
阿克塞县	7	2.47	PM10	临泽县	43	3.83	PM2.5
玉门市	9	2.49	PM10	徽县	44	4.01	PM2.5

续表

县域	排名	综合指数	主要污染物	县域	排名	综合指数	主要污染物
玛曲县	10	2.59	PM10	西和县	45	4.1	PM10
古浪县	11	2.75	PM10	环县	46	4.13	PM10
瓜州县	12	2.78	PM10	张家川县	47	4.15	PM2.5
民乐县	13	2.81	CO	积石山县	48	4.17	PM2.5
碌曲县	14	2.92	PM10	会宁县	49	4.19	PM2.5
卓尼县	15	2.94	PM10	高台县	50	4.21	PM2.5
嘉峪关市	16	3.01	PM10	秦安县	51	4.22	PM10
静宁县	16	3.01	PM10	东乡县	52	4.23	PM10
正宁县	18	3.02	PM10	天祝县	53	4.29	PM2.5
两当县	19	3.07	PM10	靖远县	54	4.39	PM2.5
永昌县	20	3.09	PM10	泾川县	55	4.42	CO
文县	21	3.12	PM10	景泰县	56	4.47	PM10
山丹县	22	3.15	PM10	临洮县	57	4.5	PM2.5
夏河县	22	3.15	PM10	永登县	58	4.52	PM10
敦煌市	24	3.18	PM10	甘谷县	59	4.61	PM2.5
礼县	25	3.21	PM10	通渭县	60	4.65	PM10
临潭县	26	3.23	PM10	榆中县	61	4.69	PM2.5
漳县	27	3.26	PM10	临夏市	62	4.7	PM2.5
庆城县	28	3.3	PM10	武山县	63	4.93	PM2.5
灵台县	29	3.3	PM10	陇西县	64	4.99	PM2.5
镇原县	30	3.33	PM10	永靖县	65	5.33	PM2.5
金塔县	31	3.36	PM10	康乐县	66	5.45	PM2.5
合作市	32	3.39	PM10	皋兰县	66	5.45	PM2.5
清水县	33	3.49	PM2.5	临夏县	68	5.54	PM2.5
民勤县	33	3.49	PM2.5	和政县	69	5.84	PM2.5
庄浪县	33	3.49	PM10	广河县	70	6.15	PM2.5

资料来源：2020年甘肃省生态环境厅公布数据整理。

(三) 经济社会

1. 县域宏观经济发展

2020年，甘肃省县域经济实现生产总值4168.53亿元，同比增长4.7%。从表1-6可以看出，甘肃省2020年各县域GDP总量以及增速，从县域经济增长总量上看，县域经济总量前10位依次为嘉峪关市、玉门市、榆中县、永登县、环县、华池县、瓜州县、临夏市、永昌县、民勤县。县域经济总量后10位分别为阿克塞县、两当县、碌曲县、肃北县、广河县、迭部县、玛曲县、康乐县、夏河县、康县。从GDP增速上来看，增速最快的是永靖县，为17.9%。其次是肃南县，为13.6%，另外，民勤县、灵台县、永昌县等9县域的增速也都在10%以上。2020年呈现负增长的县域有迭部县、敦煌市、高台县、环县、合水县、文县、嘉峪关市、阿克塞县、华池县、玛曲县，其中，迭部县经济增速最低，为-19.6%，受经济下行压力及生态环保政策等因素影响，三产增加值均下降，第一产业增加值下降4.1%，第二产业增加值下降8.7%，第三产业增加值下降1.9%。岷县当归、渭源党参、陇西黄芪、礼县大黄等18个道地中药材品种获得国家原产地标志认证（见表1-7）。

表1-6　　　2020年甘肃省各县域GDP总量及其增速　　单位：亿元、%

县域	GDP总量	GDP增速	县域	GDP总量	GDP增速	县域	GDP总量	GDP增速
永登县	112.61	0.4	庄浪县	68.28	7.3	宕昌县	30.78	4.1
皋兰县	81.00	6.9	静宁县	76.98	6.8	康县	23.39	2.0
榆中县	171.74	10.3	华亭市	65.62	0.8	西和县	33.64	2.0
嘉峪关市	281.60	-0.6	金塔县	65.65	11.3	礼县	43.32	4.1
永昌县	87.20	11.8	瓜州县	96.69	10.7	徽县	51.00	0.3
靖远县	75.71	7.8	肃北县	16.91	3.7	两当县	11.08	3.2
会宁县	72.47	1.1	阿克塞县	10.21	-0.4	临夏市	95.92	6.1
景泰县	61.98	10.9	玉门市	186.81	8.3	临夏县	44.81	7.4
清水县	36.86	6.6	敦煌市	77.78	-4.8	康乐县	22.38	7.4
秦安县	79.38	8.0	庆城县	78.87	3.7	永靖县	60.51	17.9

续表

县域	GDP总量	GDP增速	县域	GDP总量	GDP增速	县域	GDP总量	GDP增速
甘谷县	79.31	8.3	环县	109.64	-3.3	广河县	17.99	5.0
武山县	65.40	8.9	华池县	96.78	-0.2	和政县	27.11	6.6
张家川县	30.91	7.6	合水县	57.71	-1.6	东乡县	36.19	10.6
民勤县	81.34	12.9	正宁县	24.65	4.6	积石山县	26.36	10.1
古浪县	61.11	8.6	宁县	59.61	4.1	合作市	57.15	3.2
天祝县	48.85	6.8	镇原县	79.01	1.9	临潭县	26.13	3.9
肃南县	30.25	13.6	通渭县	54.73	4.0	卓尼县	29.05	4.0
民乐县	60.02	2.3	陇西县	76.89	6.6	舟曲县	28.61	1.4
临泽县	57.45	5.2	渭源县	40.08	8.7	迭部县	19.40	-19.6
高台县	55.41	-4.1	临洮县	79.36	4.1	玛曲县	21.64	-0.1
山丹县	61.73	7.2	漳县	24.37	3.0	碌曲县	14.38	3.8
泾川县	40.36	5.8	岷县	51.17	5.3	夏河县	22.70	3.3
灵台县	33.56	11.9	成县	65.60	2.1			
崇信县	39.63	0.3	文县	55.71	-0.9			

表1-7　　　　　　　甘肃省全国农产品地理标志产品目录

序号	特色产业	县域+产品
1	蔬菜	高台县黑番茄、张家川县乌龙头、庄浪县马铃薯、七里河区兰州百合、庆城县庆阳黄花菜、合水县板桥白黄瓜、嘉峪关洋葱、榆中菜花、榆中大白菜、榆中莲花菜、正宁大葱、金川红辣椒、永昌胡萝卜、甘谷大葱、金塔番茄、嘉峪关泥沟胡萝卜、徽县紫皮大蒜、皋兰红砂洋芋、金川区东湾绿萝卜、崇信芹菜、高台辣椒干、玉门市赤金韭菜、金塔辣椒、安定区定西马铃薯、临洮县马铃薯
2	肉类	康县太平鸡、高台县河西猪、高台县胭脂鸡、金塔县肉羊、阿克塞县哈萨克马、肃北县雪山羊肉、玉门市祁连清泉羊羔肉、平川区黑驴、景泰县翠柳山羊肉、平川区山羊肉、舟曲从岭藏鸡、玛曲牦牛、玛曲欧拉羊、永昌肉羊、肃南马鹿鹿茸、凉州羊羔肉、肃南牦牛、阿克塞县哈尔腾哈萨克羊、庆阳黑山羊、岷县黑裘皮羊、环县滩羊、渭源县黄香沟鸡、肃南甘肃高山细毛羊、天祝白牦牛、张家川红花牛、岷县蕨麻猪、岷县庆阳驴、庆阳早胜牛

续表

序号	特色产业	县域+产品
3	中药材	宕昌县哈达铺当归、武都红芪、宕昌党参、渭源白条党参、瓜州枸杞、宕昌黄芪、瓜州锁阳、宕昌大黄、武都纹党参、岷县当归、陇西白条党参、陇西黄芪、景泰枸杞、天水连翘、清水半夏、玉门枸杞、华亭独活、华亭大黄
4	果类	通渭县苹果、秦州区大樱桃、麦积区核桃、玉门市花海甜瓜、民勤县蜜瓜、平川区苹果、古浪县香瓜、景泰县龙湾苹果、崇信县苹果、灵台县苹果、平川区甜瓜、景泰县条山梨、靖远县大庙香水梨、舟曲县核桃、庆阳白瓜子、靖远县旱砂西瓜、安宁区白凤桃、庆阳香瓜、皋兰县软儿梨、皋兰县旱砂西瓜、张掖葡萄、武威酿酒葡萄、金川区双湾食葵、瓜州县甜瓜、金川区双湾西瓜、瓜州县蜜瓜、秦安县苹果
5	油料、香料	崆峒胡麻、武都花椒、舟曲花椒、清水花椒、麦积花椒
6	粮食	永昌县啤酒大麦、庆阳小米、皋兰县禾尚头小麦、庆阳荞麦、古浪县红光头小麦、陇南苦荞
7	花卉	永登县苦水玫瑰、漳县紫斑牡丹
8	蜂类产品	清水县邦山蜂蜜、舟曲县棒棒槽蜂蜜、麦积区花蜜、岷县蜂蜜、宕昌县百花蜜、武都区崖蜜
9	蛋类产品	清水县粉壳蛋
10	茶叶	陇南绿茶

资料来源：2021年中国绿色食品发展中心公布数据整理。

2020年，甘肃省县域金融机构贷款余额达到5066亿元，较上年增长10.26%；金融机构存款余额4984亿元，较上年增长41.34%。贷款余额较高的有嘉峪关市、临夏市、榆中县、陇西县和敦煌市。

存贷比一般指商业银行的贷款总额比存款总额，从盈利的角度上来看，存贷比越高，证明贷款总额越是高于存款总额，则银行盈利能力越大，从资金使用的角度上来看，又说明了资金利用率较高，金融生态环境较好。一般来说，存贷比的增加是贷款余额快速增长的结果，近年来，甘肃省各县域贷款余额主要用于支农以及支持小微企业发展上。从表1-8中可以看出，存贷比超过100%的县域共有34个，主要集中在陇东和陇南地区，其中，合作市存贷比达到3.14，是存贷比最高的县域。

表1-8　　2020年甘肃省各县域金融机构贷款余额情况　　单位：亿元、%

地区	贷款余额总量	同比增长	存贷比	地区	贷款余额总量	同比增长	存贷比
永登县	182.87	6.32	1.57	金塔县	43.07	-9.25	0.89
皋兰县	181.14	17.38	2.04	瓜州县	89.56	-4.1	1.85
榆中县	308.88	17.37	1.69	肃北县	9.9	37.4	0.87
嘉峪关市	541.85	1.15	1.78	阿克塞县	6.49	-3.37	0.96
永昌县	86.8	-9.1	1.12	玉门市	80.22	-3.6	1.39
靖远县	95.50	3.41	1.09	敦煌市	176.31	2.7	1.01
会宁县	92.59	10.09	1.04	庆城县	112.79	7.1	1.09
景泰县	83.59	19.6	1.10	环县	82.71	27.2	0.86
清水县	40.38	9.52	0.72	华池县	27.27	-6.0	2
秦安县	121.52	7.91	0.79	合水县	38.44	3.93	0.61
甘谷县	62.38	1.82	0.53	正宁县	32.17	5.18	0.44
武山县	69.10	16.13	0.76	宁县	71.37	-3.31	0.60
张家川县	44.15	32.8	2.04	镇原县	76.07	9.42	0.56
肃南县	12.56	-4.48	1.04	通渭县	78.39	-1.29	1.23
民乐县	75.56	6.44	1.34	陇西县	183.86	9.01	1.33
临泽县	68.93	3.78	1.18	渭源县	56.92	4.51	0.96
高台县	63.02	2.30	0.99	临洮县	136.26	6.1	0.89
山丹县	68.98	-1.04	0.98	漳县	27.53	7.30	0.72
泾川县	69.6	-1.7	0.80	岷县	103.02	2.76	1.23
灵台县	44.53	-1.51	0.80	成县	76.44	10.92	0.89
崇信县	34.43	21.07	0.84	文县	55.22	-0.97	0.99
华亭市	70.53	0.9	0.87	宕昌县	56.72	10.12	0.91
庄浪县	74.34	5.66	0.81	康县	34.93	-0.90	0.87
静宁县	91.88	5.1	0.96	西和县	64.93	1.04	0.67
合作市	81.17	-6.18	3.14	礼县	69.96	8.42	0.69
临潭县	35.6	10.8	1.05	徽县	67.12	6.10	1.03
卓尼县	24.10	-3.1	1.14	两当县	16.11	3.25	0.87
舟曲县	46.04	9.61	1.04	临夏市	452.97	164.88	0.91

续表

地区	贷款余额总量	同比增长	存贷比	地区	贷款余额总量	同比增长	存贷比
迭部县	21.22	1.99	1.35	临夏县	35.08	-1.54	0.65
玛曲县	13.98	20.9	1.26	康乐县	28.34	1.44	0.63
碌曲县	11.56	13.86	1.28	永靖县	81.05	6.8	1.11
夏河县	16.10	2.55	0.90	广河县	38.7	-1.29	0.90
民勤县	152.64	-5.61	1.51	和政县	34.36	25.3	0.87
古浪县	90.69	4.86	1.13	东乡县	31.08	4.89	1.35
天祝县	81.41	6.05	1.42	积石山县	31.53	4.75	1.04

2. 县域产业发展

2020年，县域第一产业增加值为115亿元，较上年下降12.16%；第二产业增加值为11亿元，较上年下降84.07%；第三产业增加值60亿元，较上年下降59.45%。从表1-9中可以看出，2020年，甘肃省县域产业结构中，产业结构差异较大的有嘉峪关市（1∶33.40∶18.08）、临夏市（1∶6.55∶37.73）、华池县（1∶12.27∶2.56）和合作市（1∶2.63∶12.24）。产业结构较为均衡的县域有靖远县、甘谷县、肃南县和崇信县等。分产业来看，第一产业在产业体系中占主导地位的县域有庄浪县和静宁县，庄浪县主要发展马铃薯产业以及畜牧产业，静宁县主要发展苹果产业以及牛产业。经济增长主要依靠第二产业的县域有嘉峪关市、玉门市、庆城县、华池县、环县，嘉峪关市第二产业以钢铁、铝材产业等为主，目前重点开发铝制品深加工、新能源及装备制造、循环经济等补链强链项目，玉门市、庆城县、华池县和环县第二产业以石油产业开发为主。经济增长主要依靠第三产业的县域有永登县、肃北县、宕昌县、敦煌市、阿克塞县、西和县、临夏县、临夏市、康乐县、康县、广河县、合作市、积石山县等县域，主要发展商贸流通、现代物流以及文化旅游等产业。

表1-9　　　　　2020年甘肃省各县域三次产业结构

县域	产业结构	县域	产业结构	县域	产业结构
永登县	1:2.03:4.75	庄浪县	1:0.25:1.46	宕昌县	1:0.17:2.92
皋兰县	1:3.81:4.27	静宁县	1:0.33:1.12	康县	1:0.80:3.63
榆中县	1:5.10:4.45	华亭市	1:5.94:3.44	西和县	1:0.67:2.71
嘉峪关市	1:33.40:18.08	金塔县	1:0.56:0.86	礼县	1:0.44:2.48
永昌县	1:1.08:1.89	瓜州县	1:2.66:2.09	徽县	1:1.61:2.26
靖远县	1:0.26:0.70	肃北县	1:5.97:6.76	两当县	1:0.10:2.02
会宁县	1:0.23:1.15	阿克塞县	1:2.82:5.79	临夏市	1:6.55:37.73
景泰县	1:0.85:1.32	玉门市	1:6.36:1.52	临夏县	1:0.68:2.92
清水县	1:0.15:1.65	敦煌市	1:1.62:4.57	康乐县	1:0.76:1.50
秦安县	1:0.39:2.42	庆城县	1:4.08:2.11	永靖县	1:1.47:1.89
甘谷县	1:0.60:2.10	环县	1:3.40:2.16	广河县	1:0.82:2.57
武山县	1:0.30:1.34	华池县	1:12.27:2.56	和政县	1:1.09:4.70
张家川县	1:0.22:1.88	合水县	1:5.11:2.30	东乡县	1:0.72:2.45
民勤县	1:0.23:0.85	正宁县	1:0.34:3.06	积石山县	1:0.29:4.84
古浪县	1:0.25:1.25	宁县	1:0.48:1.68	合作市	1:2.63:12.24
天祝县	1:0.83:1.88	镇原县	1:0.74:1.37	临潭县	1:0.44:3.58
肃南县	1:1.34:1.49	通渭县	1:0.66:3.38	卓尼县	1:0.90:3.18
民乐县	1:0.51:1.44	陇西县	1:0.94:3.36	舟曲县	1:0.58:4.38
临泽县	1:0.41:1.35	渭源县	1:0.23:1.62	迭部县	1:0.92:2.58
高台县	1:0.43:1.36	临洮县	1:1.04:3.18	玛曲县	1:0.27:1.53
山丹县	1:1.02:2.07	漳县	1:0.87:2.50	碌曲县	1:0.17:1.79
泾川县	1:0.44:2.17	岷县	1:0.48:3.30	夏河县	1:0.32:1.57
灵台县	1:0.25:1.65	成县	1:3.32:3.58	—	—
崇信县	1:1.99:1.40	文县	1:4.35:2.75		

注：产业结构为第一产业:第二产业:第三产业。以第一产业对其他产业进行标准化。

整体上，纵向对比各县域，二次产业在近7年均呈现增长趋势的有皋兰县、嘉峪关市、合作市、舟曲县、迭部县、环县、华池县、镇原县等28个。横向对比各产业，各县域第三产业在三次产业中增速最大。分产业来看，甘肃省县域第一产业增速较快的前10位依次为肃北县、庄浪县、静宁县、天祝县、迭部县、古浪县、东乡县、临潭县、合作市、山丹县。第一产业增速为负的有8个,泾川县增速最低,为-6.54%。第二产业增速较快的前10位为榆中县、玉门市、通渭县、成县、文县、康乐县、和政县、东乡县、卓尼县、迭部县。第二产业增速较低的肃北县、肃南县为限制开发区域。第三产业增速较快的有榆中县、静宁县、岷县、永靖县、和政县,分别为34.34%、25.97%、23.37%、20.41%、22.72%。三产整体近7年增速较快的有榆中县、嘉峪关市(详见表1-10)。

表1-10　甘肃省各县域三次产业增加值平均增速(2014—2020年)　　单位:%

县域	一产	二产	三产	县域	一产	二产	三产
永登县	3.19	-7.95	6.56	金塔县	8.31	-8.29	-1.12
皋兰县	4.75	7.00	19.93	瓜州县	9.85	0.22	7.99
榆中县	3.58	21.63	34.34	肃北县	18.95	-20.69	7.77
嘉峪关市	4.59	10.42	9.78	阿克塞县	10.96	-7.69	7.46
永昌县	7.28	-2.95	12.93	玉门市	9.87	9.28	-1.70
靖远县	9.54	-4.17	2.08	敦煌市	-2.61	-6.70	2.85
会宁县	10.17	-5.53	8.87	庆城县	3.57	-2.50	1.15
景泰县	7.35	-8.24	6.16	环县	10.51	8.50	16.37
清水县	4.17	-8.54	6.86	华池县	3.94	2.72	5.22
秦安县	4.08	-3.27	17.24	合水县	0.91	6.27	15.11
甘谷县	5.86	-3.61	16.06	正宁县	-2.53	5.40	3.99
武山县	6.81	-5.55	10.58	宁县	7.27	-10.30	8.29
张家川县	8.76	-2.39	4.98	镇原县	7.08	7.73	8.20
肃南县	9.29	-10.05	16.87	通渭县	0.44	11.03	14.90
民乐县	9.29	-3.59	16.31	陇西县	0.75	-2.56	12.82
临泽县	7.63	-10.04	12.04	渭源县	3.50	3.72	13.37
高台县	5.05	-4.24	12.16	临洮县	2.19	0.59	16.27
山丹县	11.46	-1.18	10.25	漳县	-0.27	4.93	10.96
泾川县	-6.54	-7.42	4.67	岷县	1.44	-2.34	23.37
灵台县	-0.03	-15.36	8.40	成县	-1.43	9.16	10.28
崇信县	6.98	2.36	16.54	文县	10.36	52.33	17.11
华亭市	-0.58	1.55	13.88	宕昌县	7.29	-13.72	18.63
庄浪县	14.47	-6.02	20.22	康县	2.01	4.52	16.49

续表

县域	一产	二产	三产	县域	一产	二产	三产
静宁县	14.04	-1.76	25.97	西和县	3.83	-1.08	10.21
合作市	11.56	8.22	16.12	礼县	4.07	1.67	20.15
临潭县	11.61	0.20	13.83	徽县	0.02	2.46	14.89
卓尼县	7.20	12.35	27.17	两当县	10.03	-2.08	16.88
舟曲县	6.41	2.58	27.06	临夏市	-4.10	6.96	15.80
迭部县	13.27	30.89	21.55	临夏县	6.25	6.32	9.48
玛曲县	11.18	-4.19	15.27	康乐县	4.29	24.3	4.40
碌曲县	11.39	-17.17	23.13	永靖县	4.27	3.56	20.41
夏河县	10.08	2.90	11.24	广河县	5.10	-0.12	7.15
民勤县	8.40	-9.15	9.28	和政县	2.34	10.34	22.72
古浪县	13.19	-13.74	14.44	东乡县	11.68	16.68	21.19
天祝县	13.92	-12.87	10.47	积石山县	1.60	5.46	18.90

3. 县域人口流动

2020年，甘肃省县域常住人口1746.35万人，户籍人口1970.95万人。分县域来看，甘谷县是人口最多的县域，为57.68万人，其次为会宁县、秦安县、临洮县，均在50万人以上。阿克塞县是人口最少的县域，仅一万多人。从各县域人口流向上来看，总体来讲，甘肃省县域人口整体上处于流出状态。嘉峪关市、古浪县、崇信县、华亭市、瓜州县、肃北县、阿克塞县、玉门市、敦煌市、临夏市、合作市、玛曲县和碌曲县处于人口流入状态，其余县市均处于人口流出状态（详见表1-11）。

表1-11　　　　2020年甘肃省各县域人口流动情况　　　　单位:%

地区	常住人口增速	户籍人口增速	流向	地区	常住人口增速	户籍人口增速	流向
永登县	0.23	0.20	-	金塔县	-0.27	-0.81	-
皋兰县	1.00	0.75	-	瓜州县	0.07	-0.05	+
榆中县	0.16	0.67	-	肃北县	0.00	0.77	+
嘉峪关市	0.24	0.49	-	阿克塞县	2.80	0.59	+
永昌县	-4.39	-0.89	-	玉门市	0.54	-0.51	+

续表

地区	常住人口增速	户籍人口增速	流向	地区	常住人口增速	户籍人口增速	流向
靖远县	0.76	-0.04	-	敦煌市	0.37	-0.06	+
会宁县	0.33	-0.62	-	庆城县	0.56	0.21	-
景泰县	-0.49	-0.28	-	环县	0.61	0.52	-
清水县	0.43	0.39	-	华池县	0.67	0.20	-
秦安县	0.40	-0.43	-	合水县	0.65	0.13	-
甘谷县	0.40	-0.07	-	正宁县	0.54	-0.21	-
武山县	0.41	0.05	-	宁县	0.44	-0.34	-
张家川县	0.51	0.69	-	镇原县	0.50	-0.23	-
肃南县	0.57	0.32	-	通渭县	0.15	-0.58	-
民乐县	0.44	-0.29	-	陇西县	0.15	0.03	-
临泽县	0.36	-0.18	-	渭源县	0.12	-0.46	-
高台县	0.41	0.65	-	临洮县	0.15	-0.05	-
山丹县	0.18	-0.22	-	漳县	0.15	-0.48	-
泾川县	0.28	-0.90	-	岷县	0.15	-0.01	-
灵台县	0.27	-0.64	-	成县	0.04	0.38	-
崇信县	0.29	-0.10	+	文县	0.09	-1.77	-
华亭市	-100.00	-0.02	+	宕昌县	0.18	-1.55	-
庄浪县	0.29	-0.14	-	康县	0.38	-0.97	-
静宁县	0.30	-0.44	-	西和县	0.52	-0.13	-
合作市	0.31	0.54	+	礼县	0.70	-0.62	-
临潭县	0.35	-0.05	-	徽县	0.20	0.00	-
卓尼县	0.28	0.03	-	两当县	1.08	-0.25	-
舟曲县	0.30	0.09	-	临夏市	1.27	1.91	+
迭部县	0.37	-0.75	-	临夏县	0.32	-0.56	-
玛曲县	1.37	0.55	+	康乐县	0.45	0.81	-
碌曲县	0.52	0.41	+	永靖县	0.70	-0.49	-
夏河县	0.33	0.57	-	广河县	0.16	0.45	-
民勤县	-0.17	-1.06	-	和政县	0.67	0.77	-
古浪县	0.03	-0.80	+	东乡县	0.92	1.10	-
天祝县	1.06	-0.68	-	积石山县	0.36	-1.57	-

二 创新发展现状

"十三五"以来，特别是党的十九大以来，党中央、国务院对科技创新高度重视，不断推进全面创新相关机制体制改革。全面创新在国家发展全局中的战略核心地位不断提升，对其他领域的支撑作用日益凸显，创新驱动正逐步取代要素驱动和投资驱动成为推动经济发展的第一动力。为服务国家创新驱动发展战略，激发创新主体潜力，破解制约创新发展障碍，释放科技创新潜在动能，通过科技创新的方式促进产业优化转型升级进而持久的推动经济发展，甘肃省紧跟国家步伐出台了《甘肃省支持科技创新若干措施》等一系列相关政策，提出了构建开放合作创新体系、培育科技创新主体、扶持创新创业人才队伍、优化成果转化激励机制、营造良好创新创业环境的新举措。

近年来，甘肃省科技创新工作取得积极进展，全省科技活动投入指数居全国第24位，科技活动产出指数居全国第18位，产出指标高于投入指标，在科技创新方面体现出了低投入高产出的倾向。此外，全省大力推进大众创业、万众创新深入发展，不断探索创新人才队伍的建设，对人才的吸引能力也在不断提高。但不容忽视的是，从《中国区域科技创新评价报告2020》[1]的分析结果来看，甘肃省科技创新综合水平指数为51.63%，在31个省份中排第23位，处于全国综合科技创新水平第二梯队（马卫等，2021）。而在经济发展水平方面，2020年甘肃省地区生产总值在全国31个省市区（除港澳台地区）的排名为第27名，人均地区生产总值排名垫底。甘肃省科技进步水平在全国处于第二梯队位置，但经济发展水平却排名靠后，说明以科技创新驱动经济发展的动能还未能充分释放。整体来看，全省县域经济发展水平依然较为落后，科技创新能力和水平依然偏低，存在着创新能力缺乏、人才流失严重，创新环境不完善、科技资源浪费、科研成果转化率低、科技投入总水平低等一系列问题，制约了地区经济发展速度。县域经济作为地区经济的基本单元，

---

[1] 中国科学技术发展战略研究院：《中国区域科技创新评价报告2020》，科学技术文献出版社2020年版。

其发展的好坏直接影响着整个地区经济的发展速度及运行质量。在高质量发展的背景下，甘肃省作为西部经济欠发达地区及重要的生态保护屏障区，各县需尽快通过创新驱动传统生产方式进行转型升级，促进动能转换，带动经济持续快速发展。

（一）科技产出情况

党的十九大以来，甘肃省自主创新能力不断加强，2020 年，甘肃省综合科技创新水平居全国第 23 位，在全国处于偏中下游水平。全省专利申请共 32280 件，授权专利 20991 件，如图 1-1 所示，实用新型专利申请与授权的比例分别达到 73% 和 83%；由表 1-12 可知，兰州市在专利申请量和专利授权量两个方面均位居全省首位。每万人口发明专利拥有量达到 3.14 件，PCT 国际专利申请受理 53 件。有效发明专利 8310 件，此外，签订技术合同 7403 项，技术合同成交金额 233.16 亿元。登记省级科技成果 2140 项，较上年增加 661 项，增幅 44.69%，科技对经济增长的贡献率达到 55.1%。按成果类型划分，应用技术成果 1463 项，占 68.36%，较上年增长 58.68%；基础理论研究成果 648 项，占 30.28%，较上年增长 28.57%；软科学成果 29 项，占 1.36%，较上年下降 45.28%。高新技术领域表现活跃，在 1463 项应用技术成果中，有 1235 项属于高新技术领域，占到应用技术成果八成以上。应用成果中实现产业化应用 550 项，小批量或小范围应用 538 项，试用 198 项。

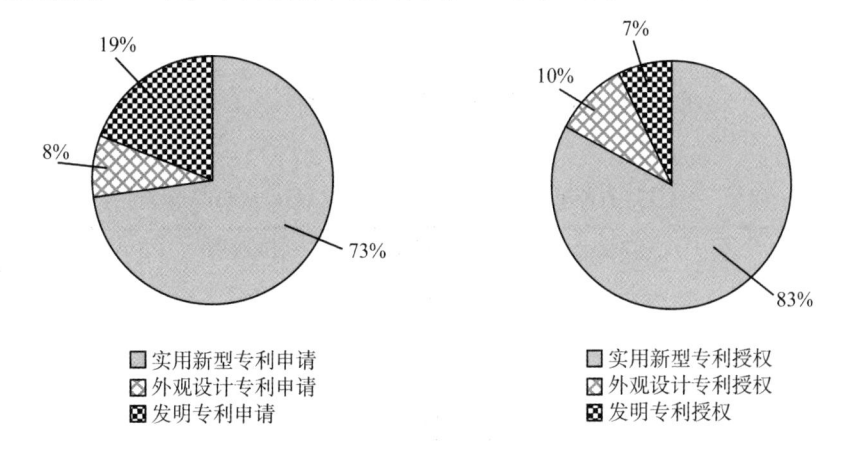

图 1-1　2020 年甘肃省专利申请及授权类型分布

甘肃省各市州科技创新综合水平指数如图1-2所示，从图中可以看出，兰州市、张掖市、金昌市、天水市、嘉峪关市和酒泉市科技创新综合水平指数超过50%。全省仅兰州市与张掖市的科技创新综合水平指数高于全省综合水平，部分市州科技创新综合水平指数较低，整体呈现出区域创新发展不平衡的倾向。兰州市在发明专利申请量、授权量及有效发明量都远远超过了其他市州，这与兰州市区内集聚了甘肃省内大部分的高校、科研院所等单位有关。同时，从GDP分布看，除排名第一的兰州市外，庆阳、天水、酒泉和白银市的GDP近几年都排在前列，但是专利申请量却远没有张掖、武威等地区的高，存在GDP和专利申请量分布不同步的现象。

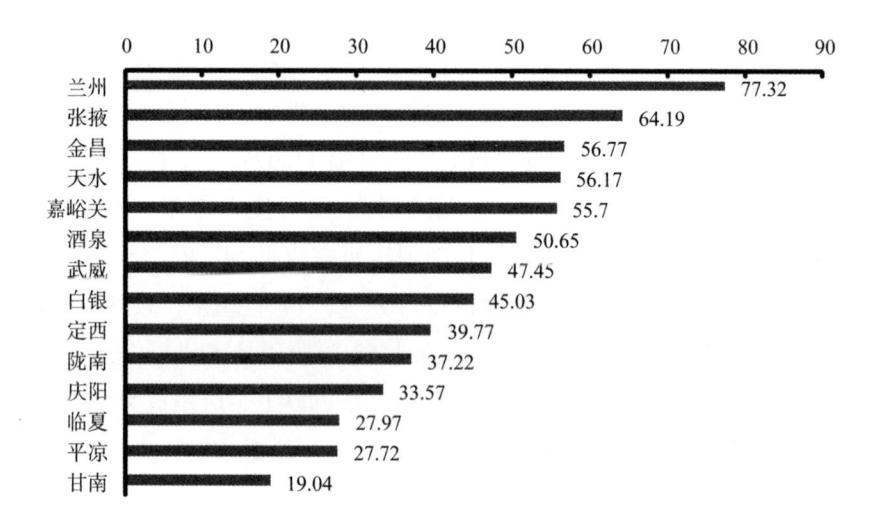

地区	数值
兰州	77.32
张掖	64.19
金昌	56.77
天水	56.17
嘉峪关	55.7
酒泉	50.65
武威	47.45
白银	45.03
定西	39.77
陇南	37.22
庆阳	33.57
临夏	27.97
平凉	27.72
甘南	19.04

图1-2　2020年甘肃省各市州科技创新综合水平指数

表1-12　　甘肃省各市州2020年专利及经济总量发展情况 单位：件、亿元

地区	专利申请量	专利授权量	有效发明	GDP总量
兰州市	14050	9289	5618	2886.74
嘉峪关市	904	501	251	281.6
金昌市	1052	815	403	358.62
白银市	2055	944	420	497.27
天水市	1563	956	267	666.90

续表

地区	专利申请量	专利授权量	有效发明	GDP 总量
武威市	2066	1461	260	526.41
张掖市	2916	2912	302	467.05
平凉市	871	358	75	476.16
酒泉市	1637	1299	214	657.75
庆阳市	1462	1025	95	754.73
定西市	1105	474	197	441.36
陇南市	845	449	91	451.79
临夏州	647	191	62	331.3
甘南州	124	60	28	219.06

全省各县区创新发展势头强劲，根据表1-13，2018年全省专利申请量超过500件的县共5个，为临泽县、山丹县、民乐县、高台县、民勤县。授权专利超过200件的县共4个，为临泽县、民乐县、山丹县、民勤县。临泽县、民乐县、山丹县、民勤县在申请量与授权量上均位于前列，整体专利创新力较强。以专利授权量与专利申请量的比值作为专利授权率，经计算得：授权率在70%以上的县共8个，包含临潭县、成县、玉门市、永靖县、景泰县、宁县、永登县、文县，相关从业者技术水平相对较高。

表1-13　　　2018年甘肃省各县域专利申请及授权数量　　　单位：件

地区	专利申请量	专利授权量	地区	专利申请量	专利授权量
永登县	57	44	金塔县	153	60
皋兰县	82	35	瓜州县	150	45
榆中县	347	123	肃北县	17	10
嘉峪关市	747	450	阿克塞县	39	17
永昌县	128	87	玉门市	244	213
靖远县	214	119	敦煌市	235	123
会宁县	182	52	庆城县	135	50
景泰县	148	121	环县	54	16
清水县	25	5	华池县	73	28
秦安县	63	29	合水县	42	12

续表

地区	专利申请量	专利授权量	地区	专利申请量	专利授权量
甘谷县	99	29	正宁县	51	9
武山县	102	10	宁县	86	69
张家川县	17	1	镇原县	89	81
肃南县	338	70	通渭县	50	8
民乐县	725	323	陇西县	169	35
临泽县	903	472	渭源县	104	268
高台县	609	136	临洮县	323	195
山丹县	502	433	漳县	40	10
泾川县	103	42	岷县	77	16
灵台县	137	28	成县	53	50
崇信县	45	4	文县	124	95
华亭市	96	50	宕昌县	66	39
庄浪县	49	20	康县	116	38
静宁县	65	75	西和县	88	15
合作市	174	52	礼县	76	5
临潭县	1	2	徽县	116	57
卓尼县	0	1	两当县	58	30
舟曲县	9	0	临夏市	183	77
迭部县	12	3	临夏县	178	43
玛曲县	6	0	康乐县	33	1
碌曲县	0	0	永靖县	63	52
夏河县	5	2	广河县	37	5
民勤县	567	420	和政县	17	3
古浪县	296	103	东乡县	77	1
天祝县	171	107	积石山县	59	9

注：由于各县域2019年及以后的数据无法获取，此表统计至2018年。

（二）科技型企业建设情况

科技创新是企业增强其自身竞争力，提高效益的必然选择，也是推动地区经济实现跨越发展的有效途径。企业是科技创新的主体，引导企业树立科技创新意识，使企业成为科技创新决策、投资、开发、成果转化和受益的主体，是进一步激发自主创新内生动力的必然要求。

人才资源是企业科技创新强有力的智力支撑，吸引高层次、创新性的科技人才已成为提高地区核心竞争力、促进经济增长的重要手段，而科技型企业的壮大发展对吸引技术性人才加盟具有重要影响作用。甘肃省历来重视科技人才发展战略，2020年，全省R&D人员总量达到4.3万人，主要集中在企业，其次为高校。兰州市R&D人员数量优势明显，占到了全省总量的62.1%（见图1-3）。

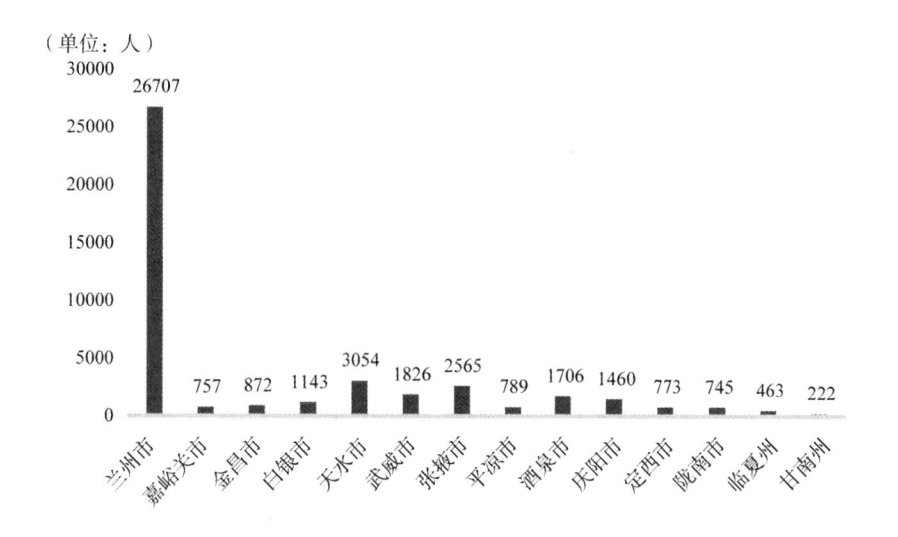

图1-3 2020年甘肃省各市州R&D人员数

全省各县立足自身经济社会发展实际，鼓励支持企业创建国家、省级工程技术研究中心和重点实验室，激励企业建设市级工程技术研究中心、技术创新中心和企业技术研发示范中心，引导企业开展技术创新，促使企业成为创新投入、研究开发和成果应用的主体，通过高新技术企业攀升登高、科技型小微企业创新升级、产学研深度融合不断提高科技创新能力，促进了县域经济高质量发展。

敦煌市大力实施创新驱动发展战略，深入推进科技创新。全市获批省科技项目6项、酒泉市科技项目3项，获批资金252万元。首航节能"高温熔盐聚光发电技术储热调峰关键技术研究与示范"项目获批省级重大专项，到位资金350万元。敦煌动漫基地、敦煌文化创意等4家企业入围省2020年第二批科技型中小企业。获批酒泉市级众创空间2家，新增高新技术企业1家。全市选派科技特派员212名，新建成8个科技特派员工作站，组建镇级服务团队8个，村级服务小分队33个。争取了中国流动科技馆、国家图书馆启动"跨界流动助力基层"巡展试点。争取中国流动科技馆在敦煌三中巡展，新建成了七里镇中学校园科技馆、敦煌二中机器人教育基地，争取了敦煌市首辆科普大篷车并常态化开展巡展，市科协获中国流动科技馆甘肃省巡展活动一等奖，举办了2020年全国科普日"中国飞天梦"科普中国万里行活动，敦煌市被确定为甘肃巡展首站，新增酒泉市科普示范社区3家。

秦安县积极推动建立以企业为主体、市场为导向、产学研相结合的技术创新体系。全县共组织实施科技项目39项。争取新上项目11项，其中省列项目2项，市列项目9项，争取省级科技经费35万元，市级专项经费57万元；安排县列项目28项，投入科技经费120万元。验收科技项目31项。全县共有202名科技特派员赴193个贫困村开展驻村帮扶工作，建立科技示范村2个、示范基地2处。全县拥有国家高新技术企业1家，国家级示范生产力促进中心1家，国家星创天地1家，省级企业技术研发中心1家，省级科技型中小企业入库3家，省级引智示范基地1处，市级众创空间4家。累计孵化企业（团队）106个，在孵企业（团队）76个，成功孵化企业30家。

临洮县大力支持科技创新，积极鼓励中小企业加大研发投入。全年财政科学技术支出3009.07万元，全社会研发经费8991万元。荣获全市优秀科技成果二等奖1项，取得各类科技成果3项。申报各类科技项目25项，下达项目资金475.4万元。选派科技特派员244名。通过高新技术企业认定7家，入围国家科技型中小企业12家。

永昌县着力健全科技创新和服务体系，加大科技扶持力度，提升民营企业自主创新水平。全年县财政列支科技三项费用42万元，全县共申报实施省市级科技项目59项，向上争取到位项目资金552万元。持续推动高原夏菜和食用菌2项院地科技合作项目，年内新建科技示范点8个，引进蔬菜、食用菌新品种98个，推广实用技术11项，建立科技示范基地3个。加快"双创"步伐，年内新培育认定高新技术企业7家，市级科技型企业2家、市级工程技术研究中心2家、市级农业科技示范园区2家，新培育市级农业科技示范村3个、农业科技示范户5户，选派市级科技特派员17名，举办科技创新能力提升等培训班4期，受训人数260多人（次）。

2020年，古浪县深入实施创新驱动战略，强化企业创新主体地位，着力促进科技成果转化步伐，组织开展关键技术攻关15项，开发新产品18个，建成高新技术企业4家、国家"星创天地"1家、省级技术转移中心2家、市级工程技术研究中心4家、市级众创空间3家、市级产业技术创新联盟2家，14家企业进入科技部科技创新型中小企业库。大力开展技术贸易活动，技术市场交易额达到7.03亿元。累计选派科技特派员1239名，引进推广农业生产新技术25项，培育科技示范户635户，省级农业科技园区获批，认定为省级创新型试点县。

目前，甘肃省大部分县已经制定了相应促进政策推动科技型企业的建设，整体来看各县科技创新基础在不断夯实，企业创新主体地位、科技创新服务体系、成果转化能力稳步提升，科技创新动能逐渐增强。未来发展中，要发挥科技创新在县域供给侧结构性改革中的支撑引领作用，强化科技与县域经济社会发展的有效对接。

三　协调发展现状

（一）协调发展环境

1. 城乡融合方面

2019年4月15日，中共中央、国务院发布了《关于建立健全城乡融合发展体制机制和政策体系的意见》，部署如何实现各地城乡融合发展。2019年10月1日，甘肃省委、甘肃省人民政府发布《关于建立健全城乡融合发展体制机制和政策措施的实施意见》，从要素配置、产业发展、基础设施、公共服务四个方面构建了城乡相互融合和协调发展的体制机制。紧接着，2020年5月12日，甘肃省委印发了《甘肃省关于加快推进新型城镇化和城乡融合发展的政策措施》，对加快人口市民化转移、打造城镇化空间格局、增强城市综合承载能力、要素配置等进行了详细规定，力促城乡双轮驱动、良性互动。各县也响应省市政策，通过制定相关实施方案来促进城乡融合,如肃北县、山丹县相继发布关于贯彻落实全省加快推进新型城镇化和城乡融合发展的政策措施的实施方案。

2. 区域协调方面

2019 年 7 月 23 日,中共甘肃省省委发布《关于建立更加有效的区域协调发展新机制的实施意见》,从建立区域战略统筹机制、健全市场一体化发展机制、深化区域合作机制、优化落实区域互助机制、建立健全区际利益补偿机制等方面制定了措施。具体来说,一是要深入融入和实施"一带一路"建设、西部大开发战略以及长江经济带建设;二是加快培育兰州新区及省内国家级经济开发区、高新技术开发区等增长极,推动构建省域内西陇海兰新经济带、中部经济增长带、陇东南经济增长带三大区域联动增长带;三是促进城乡间区域劳动力、土地等要素自由流动,积极参与区域市场一体化建设;四是推进兰州—西宁城市群、关中平原城市群建设,优化区域中心城市与周边小城镇协调发展格局;五是深化同天津、厦门、福州、青岛等东部协作地区的交流合作。

(二) 城乡融合现状

1. 土地流转形式多样化发展,为城乡融合建设提供保障

中华人民共和国成立以来,土地改革经历了"农民私有—土地集体化—家庭联产承包责任制"的变化,从本质上调整着农民、土地、集体的财产关系和利益关系。随着我国工业化和城市化的推进,农村人口大量涌向城市,产生农村土地撂荒等问题。同时,为建设城市和乡村,一些非农建设项目需要土地。在这一背景下,土地流转市场应运而生。

土地流转指拥有土地承包经营权的农户将土地使用权通过土地互换、出租、入股等方式转让给其他农户或经济组织,进一步激活农业剩余劳动力转移,改善土地资源配置效率,为农业规模化、集约化、高效利用化经营创造条件的资源配置方式。从城乡协调视角来说,土地流转可以为城乡建设有效供给用地,可以合理调整城乡用地建设布局,也可以为乡村振兴和新型城镇化建设提供发展资本。因此,在耕地保有量稳定的条件下,有效促进土地流转,创新土地流转模式,对城乡建设意义重大。从土地流转方式与用途上来说,一是便于农业规模化发展,主要方式有将土地承包给合作社、企业以及土地入股合作社等。2020 年,甘肃省全

省农村土地流转面积达到1419.2万亩，流转率21.8%，收入同比增长101.7%。二是便于盘活乡村搁置土地用于城乡建设，主要方式为城乡用地增减挂钩，即在保证耕地保护红线不被突破的前提下，减少农民用地，增加城市开发用地。2019年1月，兰州新区与镇原县、环县正式签约，兰州新区以总价1.64亿元的价格从镇原县和环县共购得增减挂钩节余指标1306亩，其中镇原县866亩、环县440亩[①]。

设施农业的发展基础是土地的规模化。甘肃省的气候、地理以及生产条件决定了大力发展节水、高效的设施农业生产的适宜性。2020年末，设施农业占地面积居前5位的县有徽县、靖远县、民勤县、甘谷县、古浪县，分别为19740公顷、4425公顷、2319公顷、1567公顷、1518公顷（见表1-14）。

表1-14　　2020年甘肃省各县域设施农业种植占地面积　　单位：公顷

县域	面积	增加量	县域	面积	增加量
永登县	367	0	金塔县	1278	46
皋兰县	615	615	瓜州县	591	187
榆中县	743	642	肃北县	6	0
嘉峪关市	1156	115	阿克塞县	8	-22
永昌县	394	241	玉门市	1441	161
靖远县	4223	-202	敦煌市	28	0
会宁县	756	-67	庆城县	283	0
景泰县	143	17	环县	193	13
清水县	206	122	华池县	206	-147
秦安县	87	24	合水县	201	20
甘谷县	1188	-379	正宁县	26	8
武山县	202	7	宁县	387	24
张家川县	100	-91	镇原县	265	-1205
肃南县	1	0	通渭县	65	5
民乐县	629	29	陇西县	493	25

① 甘肃日报：《零的突破！甘肃省首次实现城乡建设用地增减挂钩节余指标在省域内流转》，2019年1月15日，http://www.gszy.gov.cn/xwzx/zyyw/content_29722，2021年12月28日。

续表

县域	面积	增加量	县域	面积	增加量
临泽县	664	-31	渭源县	240	225
高台县	1165	40	临洮县	760	90
山丹县	218	-129	漳县	844	844
泾川县	1599	450	岷县	44	44
灵台县	205	18	成县	147	53
崇信县	295	-17	文县	38	-45
华亭市	24	-2	宕昌县	35	0
庄浪县	13	6	康县	55	21
静宁县	104	43	西和县	30	0
合作市	/	/	礼县	71	-66
临潭县	3	1	徽县	1212	-18528
卓尼县	/	/	两当县	132	-201
舟曲县	35	-17	临夏市	305	262
迭部县	14	-15	临夏县	596	466
玛曲县	/	/	康乐县	31	3
碌曲县	/	/	永靖县	441	4
夏河县	/	/	广河县	10	0
民勤县	2359	40	和政县	32	1
古浪县	1237	-281	东乡县	15	-1
天祝县	394	7	积石山县	20	-20

2. 人口流动稳中有序，为城乡融合培养动力

以人为核心的新型城镇化加速推进，全省县域常住人口城镇化率由2010年的36.12%提高到2019年的48.49%，比上年末提高0.8个百分点。随着城镇化保障机制逐步完善，农业转移人口进城意愿和能力不断增强，农业转移人口市民化有序推进，人口集聚水平进一步提高。流动人口持续增长并以省内城乡和地区间流动为主。

但是，在推进人口市民化进程中，城乡、地区间人口流动仍然面临户籍、财政、土地等制度改革不到位形成的体制性约束，人口集聚与产业集聚不同步、人口城镇化滞后于土地城镇化、户籍人口城镇化落后于常住人口城镇化、城乡公共服务资源的空间分布不能适应人口分布的变化等问题依然突出。2018年甘肃省各县域常住人口城镇化率见表1-15。

表1-15　　　2018年甘肃省各县域常住人口城镇化率　　　单位:%

县域	常住人口城镇化率	县域	常住人口城镇化率
永登县	48.26	金塔县	33.4
皋兰县	47.1	瓜州县	39.41
榆中县	23.52	肃北县	64.29
嘉峪关市	93.65	阿克塞县	96.26
永昌县	50.94	玉门市	63.2
靖远县	37.57	敦煌市	68.45
会宁县	31.65	庆城县	14.71
景泰县	21.39	环县	29.51
清水县	26.55	华池县	36.84
秦安县	26.93	合水县	36.95
甘谷县	11.42	正宁县	37.49
武山县	33.55	宁县	24.26
张家川县	15.69	镇原县	32.77
肃南县	40.47	通渭县	25.27
民乐县	38.02	陇西县	17.67
临泽县	44.85	渭源县	26.72
高台县	37.39	临洮县	35.8
山丹县	46.53	漳县	26.75
泾川县	36.78	岷县	26.24
灵台县	25.3	成县	48.7
崇信县	43.06	文县	32.76
华亭市	58.31	宕昌县	25.77
庄浪县	24.96	康县	29.93
静宁县	22.45	西和县	27.04
合作市	61.54	礼县	42.26
临潭县	36.04	徽县	35.38
卓尼县	31.61	两当县	43.66
舟曲县	30.77	临夏市	88.69

续表

县域	常住人口城镇化率	县域	常住人口城镇化率
迭部县	40.17	临夏县	19.94
玛曲县	30.93	康乐县	20.49
碌曲县	39.15	永靖县	51.21
夏河县	21.2	广河县	30.41
民勤县	36.18	和政县	27.76
古浪县	29.47	东乡县	23.17
天祝县	47.44	积石山县	19.11

常住人口指非本地城镇户籍人口但在城市中居住6个月以上的人群，包括一次性居住6个月，或者是一年之内居住过6个月以上。常住人口城镇化率是指一个地区城镇常住人口占该地区常住总人口的比例。总体来看，甘肃省各县域常住人口城镇化率在逐渐提升，如天水市清水县城镇化率2018年上升到26.55%。但甘肃省县域城镇化率差异较大。甘肃省86个县2018年城镇化率均值为42.95%，而低于均值的有53个县，其中临夏县、积石山县、陇西县、张家川县、庆城县、甘谷县城镇化率低于20%。阿克塞县城镇化率达到96.26%，而城镇化率最低的天水市甘谷县仅为11.42%，相差较大。

相当一部分人群尽管居住在城镇，但并没有真正享受市民化待遇，城市融入也受到阻碍，加快提升户籍人口城镇化水平，推动社会公共服务均等化任重道远。需加快构建全体居民共享发展成果的体制机制，协调推进城镇化和美丽乡村建设，加快形成城乡统一社会保障体系。推动城镇基本公共服务向农村延伸，推进城乡基本公共服务均等化。全面增强城市就业、服务、居住功能和人口吸纳能力，促进产城融合，拓展农业转移人口就近城镇化的空间。

（三）城乡发展差距现状

1. 城乡居民收入渐进式增长

2020年，甘肃城镇居民人均可支配收入33 821.80元，比上年增长4.6%。其中，工资性收入、经营净收入、财产净收入和转移净收入分别增长5.5%、0.2%、3.5%和3.7%。全省农村居民人均可支配收入10 344.30元，比上年增长7.4%。其中，工资性收入、经营净收入、财产净收入和转移净收入分别增长7.8%、7.6%、4.5%和6.8%。从图1-4中可以看出，除2016年外，近年农村居民人均可支配收入增速均快于城镇居民。

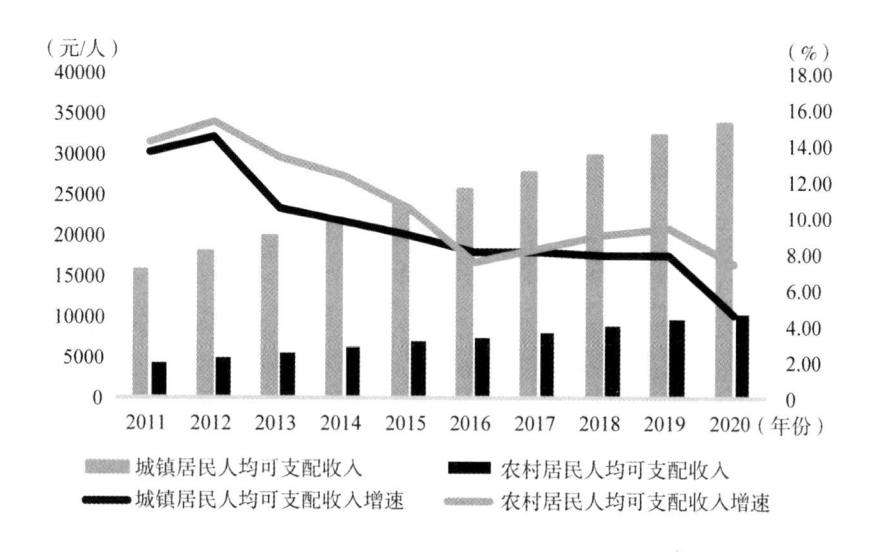

图1-4 甘肃省城乡居民人均可支配收入增长情况（2011—2020年）

结合省情对于城乡居民收入增长原因进行分析，有利于在此基础上实现收入的进一步增长。城镇居民经营性收入和工资性收入增长的主要因素是就业稳定以及对机关事业单位工作人员基本工资的调整。转移性收入的增长原因是退休人员养老金标准的提高以及政府转移力度的加大。农村居民收入的增长快于城镇居民收入，在于农民工资性收入上逐步落实的招商引资政策和不断完善的基础设施建设，为农村居民提供大量就近岗位，且工作较稳定，农民经营性收入上得益于农、牧产业的较快发展和强势拉动，农民转移性收入上得益于精准扶贫政策的不断巩固提升。而农民财产性收入的回落主要原因是农村土地流转集中在年初，导致之后土地流转面积下降，流转率不高，转让承包土地经营权租金收入明显减少。

2. 各地城乡居民收入差距凸显不同

泰尔指数作为衡量群体、个体或区域之间的城乡收入差距的指标，对高收入阶层以及低收入阶层的收入变动较为敏感，符合甘肃城乡收入差距主要体现在高收入和低收入两端的变化。选用2017—2020年相关数据计算泰尔指数，以此来度量甘肃城乡居民收入差距，公式为：

$$T = \sum_{j=1}^{2} (y_{j,t}/y_t) * \ln[(y_{j,t}/y_t)/(x_{j,t}/x_t)]$$

其中，$j=1$、2分别代表城镇和农村地区，$y_{j,t}$代表t年城镇或农村的人均可支配收入，y_t代表t年的总人均可支配收入，而$x_{j,t}$代表t年城镇或农村的人口，x_t代表t年的总人口。

表1-16　甘肃省各市州城乡收入差距泰尔指数（2017—2020年）

地区	2017	2018	2019	2020
嘉峪关市	0.0099	0.0102	0.0104	0.0101
金昌市	0.0724	0.0712	0.0690	0.0677
白银市	0.1591	0.1565	0.1538	0.1464
天水市	0.1866	0.1863	0.1823	0.1778
武威市	0.0934	0.0958	0.0953	0.0932
张掖市	0.0443	0.0464	0.0462	0.0453
平凉市	0.1729	0.1747	0.1719	0.1674
酒泉市	0.0239	0.0549	0.0535	0.0523
庆阳市	0.1804	0.1802	0.1787	0.1740
定西市	0.1739	0.1755	0.1728	0.1683
陇南市	0.1915	0.1919	0.1893	0.1816
临夏州	0.1613	0.1618	0.1588	0.1522
甘南州	0.1761	0.1768	0.1730	0.1667

泰尔指数不仅考虑了城乡居民绝对收入的变化，而且将城镇人口结构变化也考虑在内，泰尔指数越大说明城乡收入差距越大。根据表1-16中的计算结果，横向层面上，13个市州的城乡收入差距总体上有所减小。纵向层面上，对比甘肃省各地级市，城乡收入差距较大的有陇南市、天水市、庆阳市，分别为0.1816、0.1778、0.1740。

城乡收入比可以有效衡量甘肃省县域内城乡发展差距。从表1-17中可以看出，城乡差异较小的是肃北县、阿克塞县、临夏市、肃南县、临泽县、高台县，比值小于1.8。甘肃省县域中，仅14个县的城乡收入比小于2，而城乡收入比最大的是崇信县，为3.97，其次是庄浪县，为3.89。

表1-17　　　　　　　2020年甘肃省各县域城乡居民收入比

县域	城乡收入比	县域	城乡收入比
永登县	2.12	金塔县	1.87
皋兰县	2.02	瓜州县	1.83
榆中县	2.18	肃北县	1.45
嘉峪关市	1.99	阿克塞县	1.39
永昌县	2.10	玉门市	1.86
靖远县	2.50	敦煌市	1.88
会宁县	2.35	庆城县	3.34
景泰县	2.32	环县	3.30
清水县	3.44	华池县	3.43
秦安县	3.22	合水县	3.14
甘谷县	3.23	正宁县	2.82
武山县	2.97	宁县	3.23
张家川县	3.38	镇原县	3.18
肃南县	1.58	通渭县	3.27
民乐县	1.93	陇西县	2.75
临泽县	1.65	渭源县	3.01
高台县	1.73	临洮县	2.97
山丹县	1.87	漳县	3.21
泾川县	2.51	岷县	3.24
灵台县	2.58	成县	2.61
崇信县	3.97	文县	3.25
华亭市	3.52	宕昌县	3.35
庄浪县	3.89	康县	3.29
静宁县	3.19	西和县	3.31
合作市	2.97	礼县	3.20

续表

县域	城乡收入比	县域	城乡收入比
临潭县	3.13	徽县	2.57
卓尼县	3.08	两当县	3.58
舟曲县	3.09	临夏市	1.50
迭部县	3.15	临夏县	2.70
玛曲县	2.65	康乐县	2.79
碌曲县	2.63	永靖县	2.87
夏河县	3.02	广河县	2.50
民勤县	1.76	和政县	2.94
古浪县	3.15	东乡县	3.45
天祝县	3.14	积石山县	3.28

3. 城乡居民消费水平持续增加，更加重视"精神"消费

2020年全省城镇居民人均生活消费支出24614.60元，比上年增长0.7%；农村居民人均生活消费支出9922.90元，增长2.4%。更具体来说，从图1-5中可以看出，甘肃2011—2020年城镇和乡村人均消费支出呈持续增加状态，这与居民收入增长有直接关系，但对比来说，城市居民人均消费支出增长趋势显著高于农村居民人均消费支出，且呈现支出差异的扩大。从两者增速来看，城市居民人均消费支出增速和农村居民人均消费支出的增速处于交叉状态，具体来说，在2012年、2014年、2016年和2019年城镇居民人均消费支出增速高于农村居民人均消费支出，其余年份则相反。其中，2017—2018年连续两年的农村高于城镇的支出增长于2019年出现了逆转，表现在农村人均居民消费支出与上一年持平，而城镇人均居民消费支出仍然呈增长趋势。

从2020年城乡消费支出结构上可以看出，城镇和农村居民都在人均居住、食品烟酒和交通通信即"衣食住行"上支出较大，分别为23.51%、28.72%、12.52%以及19.21%、30.89%、12.44%（见图1-6、图1-7）。其中，城镇居民在居住和交通通信两方面支出高于农村居民，具体原因是城市交通更为便捷、消费方式更加多样、住房价格更高。

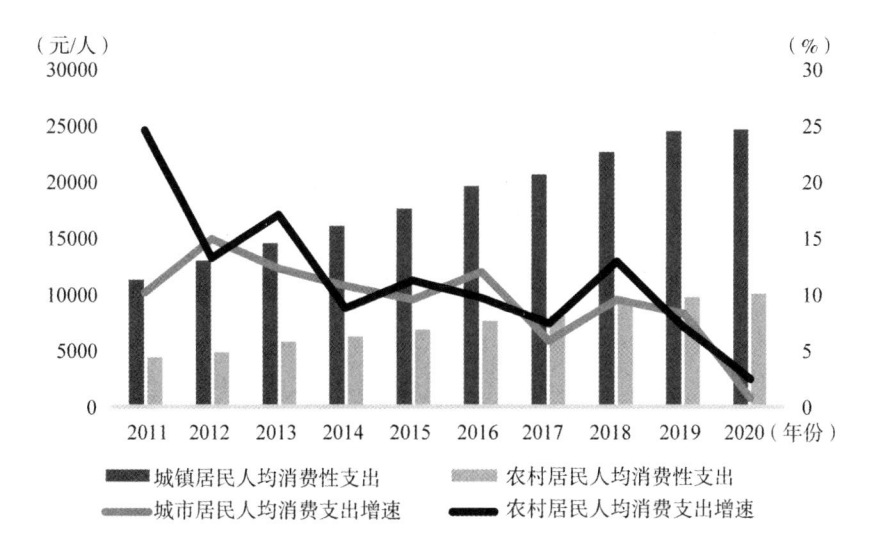

图1-5 甘肃省城乡居民人均消费支出情况（2011—2020年）

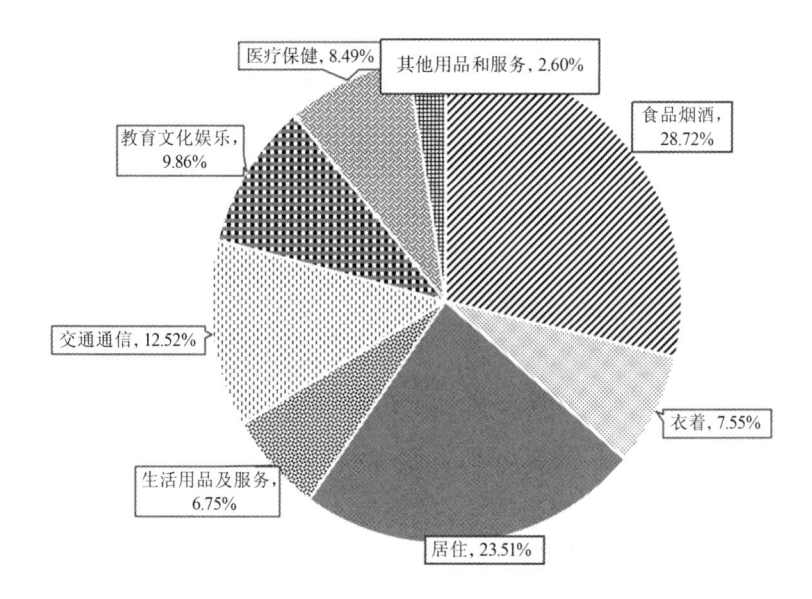

图1-6 2020年甘肃省城镇居民消费支出构成

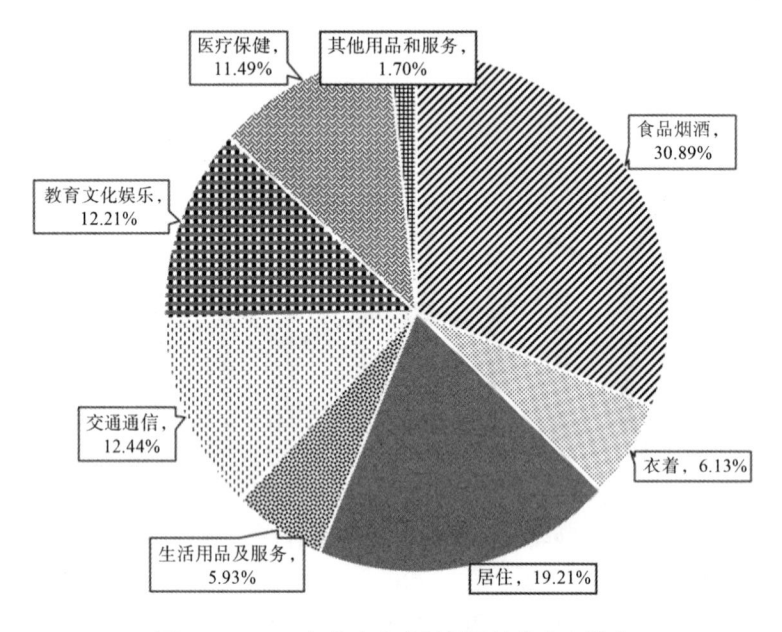

图1-7　2020年甘肃省农村居民消费支出构成

四　绿色发展现状

生态文明建设在社会发展全局工作中的地位日益凸显，推行绿色发展方式是实现经济可持续增长的保障。党的十九大以来，为推进"五位一体"整体布局与"四个全面"战略布局，贯彻落实"八个着力"的重要精神，响应国家生态屏障保护建设工作，甘肃省积极调整发展策略，出台了一系列政策构建完善生态文明体系。2016年，甘肃省委、省政府下发《甘肃省加快推进生态文明建设实施方案》，明确了甘肃省加快生态文明建设的八项重点任务及发展目标，提出要把生态文明建设放在更加突出的位置，融入经济、政治、文化、社会建设各方面和全过程。2017年，甘肃省委、省政府出台《甘肃省生态文明建设目标评价考核办法》，公布了甘肃省绿色发展指标体系及甘肃省生态文明建设考核目标体系，明确将以综合得分对各市州绿色发展及生态文明建设情况进行考核。为全省生态文明建设工作指明了方向，提供了政策支撑。2018年1月，甘肃省第十三届四次全会通过了《关于构建生态产业体系推动绿色发展崛起的决定》，提出甘肃省要培育发展十大生态产业，坚定走好生产发展、生活富裕、生态良好的绿色发展崛起之路。2月，落实《甘肃省推进绿色生态产业发展规划》，进一步提升了十大生态产业高质量发展的科技支撑能力。7月，对标国家"7+4"部署，出台《甘肃省污染防治攻坚方案》，提出"1235"攻坚任务，明确了各市州各部门攻坚目标任务、职责分工、时间节点及工作要求，并确立了31个专项行动方案制定清单。12月，生态环境厅印发《全面加强生态环境保护坚决打好污染防治攻坚战宣传工作方案》，指出要以满足人民日益增长的优美生态环境需要为总目标，以生态环境质量改善为核心，加大生态环境宣传力度，积极引导社会舆论，提高全社会生态环境意识，扩大生态环境保护事业统一战线，力争全省生态文明建设水平迈上新台阶（王华存，2020）。

甘肃省是国家"两屏三带"生态安全屏障的核心区域，属于国家重点生态功能区范围，全省限制开发区与禁止开发区面积约占总面积的90%左右，发展生态产业十分必要。但是，就目前发展情况来看，甘肃省县域经济发展水平还比较落后，生态环境仍然较为脆弱，对社会经济发展的承载力低，经济发展与保护环境之间的矛盾依然突出。与此同时，绿色生态产业作为新兴产业还未形成完整的生产链，支持绿色生态产业发展的科技创新能力与专业人才存在不足现象，生产的产品还集中于初级加工行业。各县域需发挥自身特色竞争优势，有针对性地提出打造创新驱动新引擎、推进县域城乡统筹发展、优化特色产业、加快产业集群化发展、提升政府绿色发展观念等能促进县域经济全面均衡、绿色发展的实现路径，加快县域经济向绿色发展方式转型升级，推动甘肃"生态立省"发展战略的有效实施。

甘肃省将推动绿色发展崛起、构建生态产业体系作为主要发展方向，制定了先进制造、清洁生产、数据信息绿色生态产业发展三年行动计划，配合制定中医药、军民融合产业三年行动计划，以及三个专项行动计划推进方案和"一企一策"工作手册，全系统工作推进机制基本建立。为统筹推进十大生态产业发展，2018年全省共谋划265个总投资达8200亿元的绿色生态产业项目，形成"一区两带"的发展布局。在中部地区，将围绕兰州新区、兰白国家自主创新示范区建设，打造中部绿色生态产业示范区，引领全省绿色发展。河西地区将以构建河西内陆河流域生态屏障为重点，建设河西走廊干旱区绿色生态产业经济带，促进产业结构转型升级。陇东南地区将以加强黄土高原综合治理、构建长江上游生态屏障为重点，建设陇东南开放型绿色生态产业区域合作经济带，推动绿色经济迅速发展。

为深入贯彻全省推进十大生态产业发展精神，各县区积极推进十大生态产业发展的落实工作：临洮县出台了《临洮县十大生态产业发展绩效评价考核办法（试行）》；肃南县制定印发了"十大生态产业工作方案""项目包抓责任制办法"，出台了"十大生态产业发展绩效考核办法"，推进了一大批涉及清洁生产、节能环保、清洁能源、文化旅游、循环农业等重点建设项目；民乐县确定了总投资达411.58亿元的128项十大生态产业项目；金塔县出台了土地出让、税收优惠、以奖代补等扶持政策，构建了一系列生态产业规划……各县区出台的一系列政策为构建生态产业体系提供了有力支撑，推进十大生态产业发展已成为推动县域经济高质量发展的战略任务。

绿色产业的快速发展也带动了大批科技成果的产出，比如，国内首个百兆瓦级熔盐塔式光热电站并网投用，全国首个国家网域大规模720兆瓦时电池储能电站试验示范项目获批，全国最大的日光温室蔬菜有机生态无土栽培示范区建成，国内首条年产1万吨羰基镍生产线试生产等。绿色产业的带动和支撑作用初步显现。此外，绿色产业整体工作稳步推进。重离子技术装备制造应用推广工程、三维大数据、物联网智能制造产业园等11个重大带动性工程项目进展顺利。中车大连公司与酒钢、白银公司、兰州轨道交通等省内企业签署了产业链协同合作协议。大禹节水公司被认定为国家级服务型制造示范企业，省轻工研究院的省农产品深加工行业服务型制造示范平台被认定为国家级平台。兰州科天公司、西北永新集团产品被工信部认定为国家绿色设计示范产品，兰州电机项目作为国家智能制造新模式获国家资金支持，兰石集团、长城电工项目成为国家智能制造试点示范项目。各单位间合作联系不断加强，创新能力不断提升。

五　开放发展现状

（一）开放发展环境

在中国 40 余年的改革开放大潮中，甘肃省渐次打开对外开放的大门，对外人文交流和经济合作水平得到不断提高。然而，深处内陆腹地和远离海港的地理位置使得甘肃省对外开放时面临重重困难。党的十八大以来，特别是随着国家"一带一路"建设的深入推进，使得地处丝绸之路经济带黄金通道上的甘肃省一跃成为对外开放的前沿阵地。甘肃省积极抢抓"一带一路"建设重大机遇，发挥区位优势，谋划开放战略，加快平台建设，扩大交流合作，全方位提高对外开放水平。为抢抓重大机遇，甘肃省先后制定出台了《"丝绸之路经济带"甘肃段建设总体方案》和《甘肃省参与建设丝绸之路经济带与 21 世纪海上丝绸之路的实施方案》，对甘肃省积极融入"一带一路"建设进行了明确规划，拉开了甘肃省丝绸之路经济带黄金段建设的大幕。2016 年省政府办公厅印发《甘肃省"十三五"开放型经济发展规划》，确定了甘肃省"十三五"时期对外开放的指导思想和重点任务；2017 年 5 月，甘肃省第十三次党代会明确提出，要深度融入"一带一路"建设，打造丝绸之路经济带黄金段，充分发挥敦煌国际文博会、兰洽会、国际旅游节等重点节会作用，积极"引进来"和"走出去"，加大招商引资力度，加快开放型经济发展。2020 年 6 月，甘肃省办公厅印发了《中共甘肃省委甘肃省人民政府贯彻落实中央关于新时代推进西部大开发形成新格局决策部署的实施意见》，该《意见》指出要用足用好"一带一路"最大机遇，构建开放新格局。此外，在改善营商环境方面，2019 年甘肃省出台了《关于进一步加强招商引资工作的意见》，对 11 个重大招商引资项目实行省级领导包抓，解决突出问题；修订完善《甘肃省外商投资投诉处理暂行办法》，着力营造亲商、安商、暖商的良好投资环境；相继召开全省招商引资暨陇商大会、举办 2019 中国绿公司年会、组织沪浙考察招商活动、成功举办第 25 届兰洽会等，推进甘肃省对外贸易和投资合作不断上台阶（杜林杰，2019）。

从县域层面而言，各县在遵照上级政府的政策指示外，还积极颁布各项地方性政策法令，构建全方位对外开放新格局，优化投资环境，进一步扩大对外开放的广度和深度,对外开放的步伐不断加快,并取得较好效果。如嘉峪关市人民政府于 2005 年印发了《关于进一步扩大对外开放加快外经贸发展的意见》,此外又颁布了《嘉峪关市招商引资若干政策规定》等一系列政策提升嘉峪关市对外开放水平。肃北蒙古族自治县在认真执行 2017 年颁布的《肃北县关于激励工业发展的扶持意见》《肃北县实施"旅游兴县"战略促进一三产业融合发展扶持办法(试行)》等的基础上,于 2020 年出台《肃北县招商引资及重大项目奖励办法(试行)》,针对在肃北注册的法人公司和实行属地纳税的扶持项目企业,出台"硬核"措施筑巢引凤。阿克塞哈萨克族自治县制定出台了《阿克塞哈萨克族自治县 2018 年招商引资若干优惠政策》,就全县招商引资工作共提出了 23 条优惠政策,对提高自治县对外开放水平、加速传统产业转型升级,促进新兴产业发展壮大、着力构建全新产业格局提供了强有力的政策支撑。

(二)对外贸易规模

自从 2000 年西部大开发战略实施以来,甘肃省充分利用国内和国外的有利契机,积极发展对外贸易且成绩显著。甘肃省的进出口总额实现了从 2000 年 5.7 亿美元到 2020 年 372.8 亿美元的快速发展。图 1-8 展示了甘肃省 2000—2020 年的进、出口变化。由图可知,甘肃省进、出口呈现先增后减随后又增加的趋势。2000—2007 年,甘肃省对外贸易连续 8 年稳定增长,进出口总量屡创历史同期新高。2008 年上半年进出口总值为 31.8 亿美元,比 2007 年同期增长 15.9%。但由于受全球金融危机的影响,2008 年单月进出口总额、进口额增速首次出现大幅下滑。2009 年受金融危机冲击影响,进出口总额下降明显。2010—2015 年,甘肃省的进口总额先升后降,出口额则不断增加,但在 2015 年之后,变化方向逆转。2017—2018 年,甘肃省的进、出口总额均呈上升趋势。2018 年之后,出口总额下降幅度大于进口总额,进出口总额呈下降趋势。

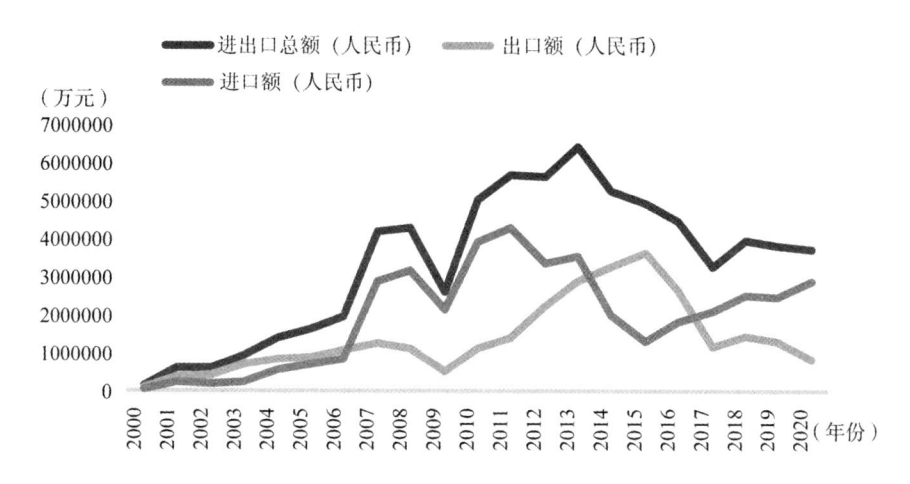

图 1-8 甘肃省进出口总额变化趋势（2000—2020 年）

但从全国来看，甘肃省对外开放的水平还比较低。2020 年甘肃省实现进出口总额 372.8 亿元，占全国的比重仅为 0.12%，在全国排名第 28 位。

就甘肃省 14 个市州而言，从外贸依存度（包括进口依存度和出口依存度）以及外商投资企业进出口商品总值与地区 GDP 的比值来看，可将 2020 年甘肃省 14 个市州对外开放发展水平划分为三个层次。第一层次包括兰州市、天水市，这两个城市的进口依存度以及出口依存度均大于 1%，属于对外开放程度较高的地区；第二层次包括嘉峪关市、金昌市、白银市，这三个城市的进口依存度较大，而出口依存度数值较低，属于开放程度中等的城市。第三个层次包括武威市、张掖市、平凉市、酒泉市、庆阳市、定西市、陇南市、临夏州、甘南州，这九个市州的进口依存度和出口依存度都小于 1%，属于开放层次较低的地区。由表 1-18 可知，甘肃省 14 个市州对外开放水平差距较大，区域发展不平衡。

表 1-18　　　　　　2020 年甘肃省各市州对外开放状况

地区	出口依存度	进口依存度	外商投资企业进出口商品总值/GDP	旅游外汇收入/GDP	外国人入境旅游人次（人次）
兰州市	0.0113	0.0242	0.22	0.024	19426

续表

地区	出口依存度	进口依存度	外商投资企业进出口商品总值/GDP	旅游外汇收入/GDP	外国人入境旅游人次（人次）
嘉峪关市	0.0018	0.0405	0.00	0.049	6337
金昌市	0.0103	0.3561	0.00	0.003	499
白银市	0.0119	0.1182	0.00	0.001	181
天水市	0.0360	0.0228	0.01	0.002	455
武威市	0.0049	0.0030	0.00	0.003	493
张掖市	0.0090	0.0004	0.01	0.004	4000
平凉市	0.0046	0.0013	0.00	0.002	136
酒泉市	0.0088	0.0006	0.00	0.135	7589
庆阳市	0.0021	0	0.00	0.000	20
定西市	0.0018	0.0027	0.00	0.000	0
陇南市	0.0044	0	0.00	0.000	0
临夏州	0.0036	0	0.05	0.002	85
甘南州	0.0010	0.0003	0.00	0.121	7359

就国际旅游（外汇）收入与地区 GDP 比值和外国旅游者人数这两个指标而言，兰州市、嘉峪关市、酒泉市、甘南州四个地区对外开放程度较高。嘉峪关市物流中心的建设、城市基础设施的不断完善、方特欢乐世界的运行、敦煌旅游项目的推进，促进了嘉峪关市对外开放水平的提高。而兰州作为甘肃省的省会城市，借助中川国际机场的交通优势，兰州市物流、旅游业发展迅速，进出口贸易额较高，吸引外资能力较强，旅游城市地位不断提高。酒泉市以及甘南州凭借着丰厚的旅游资源，吸引外国游客入境旅游人数较多。金昌市、白银市、天水市、武威市、张掖市、平凉市，属于中等开放层次。临夏州、庆阳市、陇南市、定西市受地理位置偏远、交通不便利、旅游资源不够丰厚、经济发展水平较低等因素的影响，这四个城市旅游资源没有得到充分开发，对外开放竞争力不强。

对外贸易方面，2019 年县级外贸企业同样表现亮眼。2019 年，甘肃省认定的首批"外贸龙头企业"中就包括了天水市秦州区的天水华天集团有限公司、甘肃省外贸骨干企业包括静宁县鑫龙果品贸易有限责任公司等。甘肃省外贸新兴企业包括静宁县盛源果业有限公司、皋兰县的甘肃泛植制药有限公司。

（三）对外经济贸易品类和范围

近年来，甘肃省对外贸易结构和产品品类的层级不断提升，出口涉及装备制造、农产品、矿产品、化工产品、塑料橡胶产品、纺织产品、动植物产品、食品等20大类200多个品种。进口则主要包括矿产品、金属原材料和电气设备及其零件产品。虽然甘肃省出口的规模和品类逐渐扩大，但出口产品仍多以原料、初级产品、劳动密集型产品为主，高技术、高附加值产品，资本密集型产品占比很小，这基本上符合甘肃省劳动力充裕、资本稀缺的要素结构（夏丽红，2016）。同时，甘肃省出口商品结构与对外贸易发达的省份相比较为单一，其所具有附加值远低于其他省市出口的同类产品。这使得其对外贸易的抗风险能力较弱，对外贸易的发展缺乏有效的支撑力量。甘肃省对外贸易方式主要以一般贸易为主，加工贸易在全省的对外贸易中只占小部分。虽然其对外贸易方式符合我国目前对外贸易方式所呈现出的一般贸易出口额逐渐超过加工贸易出口额成为主要贸易模式的趋势，但从甘肃省贸易出口额和对外贸易商品的种类可以发现，其一般贸易方式是低层次的，与东部对外贸易发展较好的省份较高层次的一般贸易在商品内容上有着本质的差别。

（四）对内开放水平

重视人力资本开发，提升当地人力资本水平是促进开放发展的重要途径。当一个地方的开放水平越高，对人才的吸引力就越大。在吸引人才能力方面，用常住人口比上户籍人口的比例可以代表该地对外来人才的吸引能力，以及能留住本地人才的能力，这一比例越高说明当地对外来人才的吸引力越强。

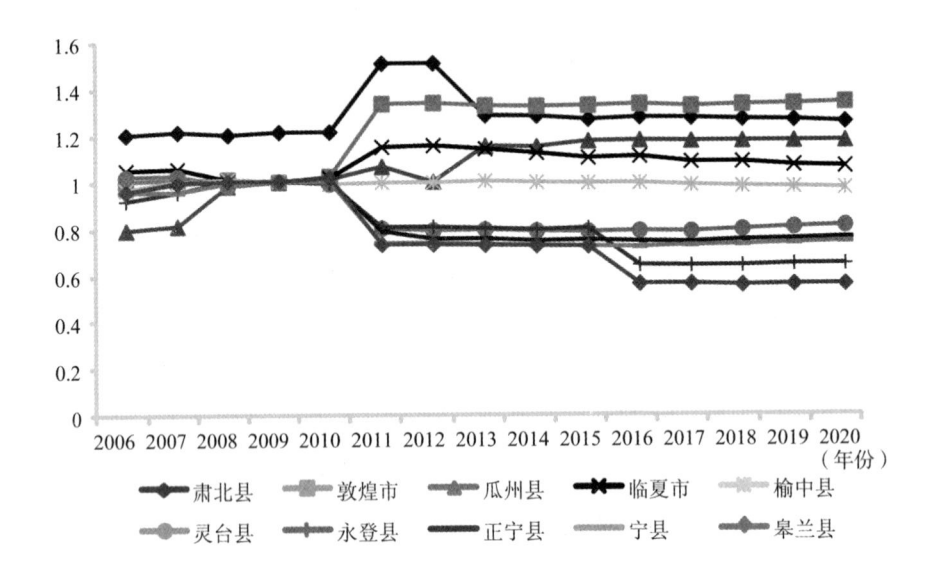

图1-9 甘肃省前5位和后5位县域的平均吸引人才能力

图1-9列出了2006—2020年甘肃省平均吸引人才能力排名前5位和后5位的县。排名前5位的县分别为：肃北县、敦煌市、瓜州县、临夏市、榆中县，排名后5位的县分别为：灵台县、永登县、正宁县、宁县、皋兰县。此外，观察各个县域的折线走势可以发现敦煌市的人才吸引力有了很大的提升，而临夏市、永登县、皋兰县的人才吸引力则不断下降。

六 共享发展现状

（一）共享发展环境

为推动全省城乡高质量协调发展，以及贯彻落实《中共中央、国务院关于建立健全城乡融合发展体制机制和政策体系的意见》精神，甘肃省政府办公厅于2019年10月印发了《中共甘肃省委甘肃省人民政府关于建立健全城乡融合发展体制机制和政策措施的实施意见》，从促进城乡要素合理配置、促进城乡基本公共服务均等化、城乡基础设施一体化、乡村经济多元化发展、促进农民收入可持续性增长五个方面，提出诸如激励各类人才入乡创业就业、改革完善农村土地制度、推进农村集体产权制度改革、促进资本入乡、科技成果转化、城乡教育资源均衡配置、健全城乡公共文化服务体系等具体措施来加快促进甘肃省城乡融合发展。2020年6月，甘肃省办公厅印发了《中共甘肃省委甘肃省人民政府贯彻落实中央关于新时代推进西部大开发形成新格局决策部署的实施意见》，指出要大力促进城乡融合发展，坚持把实施乡村振兴战略作为新时代"三农"工作总抓手，坚持农业农村现代化发展方向，全力抓好粮食和重要农产品生产、乡村产业发展、农村改革、农村基础设施和公共服务改善、农村基层党组织建设等重点任务，打造一批省级乡村振兴先行示范区，推动农业全面升级、农村全面进步、农民全面发展，加强和改进乡村治理，健全乡村治理工作体系。加强农村人居环境和综合服务设施建设，重点推动农村"厕所革命"和村庄清洁行动，统筹推进村容村貌整治提升和农村垃圾污水治理，建设美丽宜居村庄。在基础设施建设方面，甘肃省政府办公厅2018年12月印发《关于贯彻国务院部署保持基础设施领域补短板力度的实施方案》。该《实施方案》提出，甘肃省将抢抓"一带一路"建设政策机遇，紧紧围绕打好精准脱贫、污染防治攻坚战，着力补齐铁路、公路、水运、机场、水利、能源、农业农村、生态环保、公共服务、城乡基础设施、棚户区改造等领域短板。

从县域层面来讲，各县遵照上级政策指示，积极编制《乡村振兴战略规划》，全面提升农业农村发展速度与水平，加快实现城乡高质量协调发展。从加强农村人居环境整治，着力补齐农业农村发展短板，加快实现农业农村现代化，强化制度性供给，完善基础设施，提升公共服务水平等方面入手，积极颁布各项地方性政策法令，促进城乡融合发展。如礼县于2017年《关于印发〈甘肃省新型农村合作医疗深化支付方式改革实施方案（试行）〉的通知》，2018年制定了《礼县农村C级危房改造实施方案》《礼县贫困村社基础设施建设项目资金管理实施细则（试行）》等政策措施。正宁县为加快推进城乡融合进程，加快实施以交通为牵引的基础设施攻坚工程，扎实推进道路硬化、危房改造、饮水安全、易地扶贫搬迁、电网改造提升等重点项目，使农村基础设施条件得到明显改善。

(二) 城乡共享

1. 公共服务方面

教育方面,近年来甘肃省把信息化建设作为缩小城乡教育差距的重要手段,坚持以教育信息化带动教育现代化的发展战略,满足学校日益增长的优质教育和个性化教育的需求。目前,甘肃省城乡优质资源共享的局面初步形成。从2013年至2019年6月,全省86个县区中有70个县区陆续通过了教育部评估,实现了义务教育基本均衡发展的目标。同时,2013—2018年,"全面改薄项目"累计在我省投入238亿元,其中投入信息化建设资金20.01亿元,项目覆盖全省12 123所义务教育学校260万名学生,分别占义务教育阶段学校数和学生数的93%和95%,全省中小学互联网接入率达到86%以上,义务教育学校面貌焕然一新。借助多媒体手段发展义务教育,数字教育资源已覆盖全省所有教学点,"同步课堂""异地课堂"等形式让贫困地区的课堂丰富了起来。以会宁县为例,全县366所学校、班级、备课组100%以光纤接入"宽带网络校校通";已建设使用2587间"优质资源班班通"教室,实现全县各级各类学校教室的全覆盖。通过大力推进"互联网+教育"促进城乡优质教育资源共享,基础教育普及程度高出全国平均水平,2020年学前教育毛入园率、九年义务教育巩固率、高中阶段毛入学率分别达到93%、96.6%和95%,分别高于全国平均水平7.8、1.4和3.8个百分点,较2015年分别提高18、3.6和3个百分点。高等教育毛入学率达到44%,较2015年提高12个百分点。终身教育不断发展,劳动年龄人口平均受教育年限达到10.01年。

虽然甘肃省的义务教育正在深化教育领域综合改革、大力促进教育公平、普及农村学前教育、积极推进县域内义务教育均衡发展等方面取得巨大进步,但县域之间教育资源仍具有较大差距。图1-10展示了甘肃省小学生人数与专任教师数比例排行前五名与最后五名的县际差距。排名前五的县分别是嘉峪关市、临夏市、广河县、康乐县、东乡县,平均19.3人拥有一名专任教师,而排名后五位的县平均7.7个人拥有一名专任教师。图1-11展示了甘肃省中学生人数与专任教师数比例排行前五名与最后五名的县际差距。排名前五的县平均15.4人拥有一名专任教师,而排名后五位的县平均7.1人拥有一名专任教师。

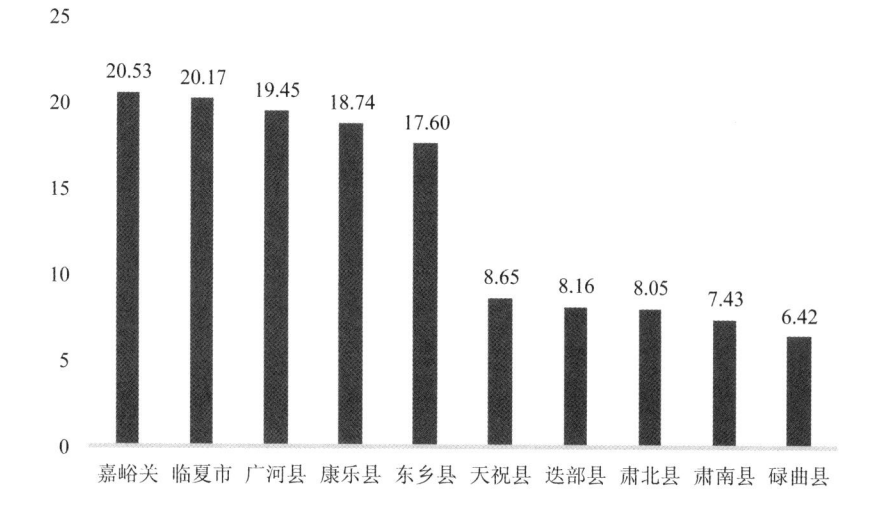

图1-10　2020年甘肃省各县域小学生人数占专任教师人数比值

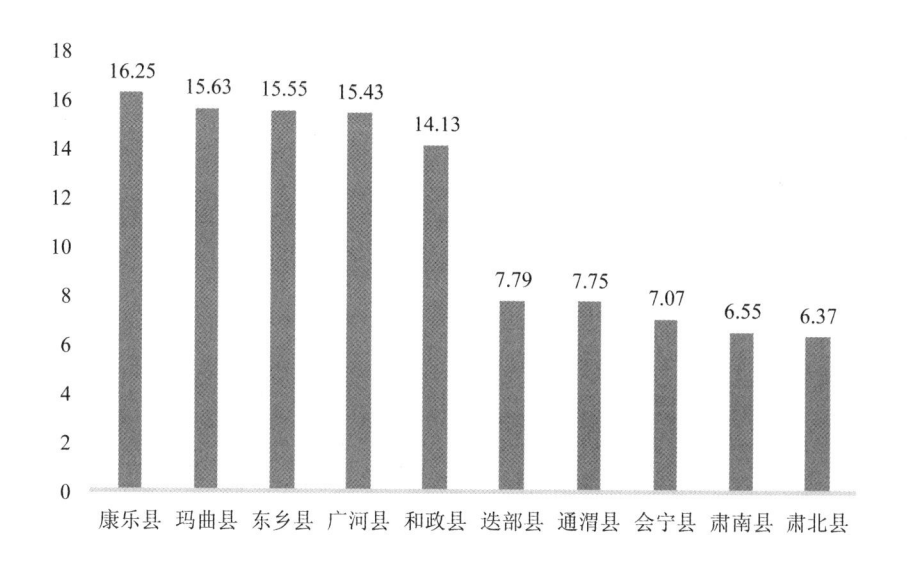

县域	比值
嘉峪关	20.53
临夏市	20.17
广河县	19.45
康乐县	18.74
东乡县	17.60
天祝县	8.65
迭部县	8.16
肃北县	8.05
肃南县	7.43
碌曲县	6.42

图1-11　2020年甘肃省各县域中学生人数占专任教师人数比值

县域	比值
康乐县	16.25
玛曲县	15.63
东乡县	15.55
广河县	15.43
和政县	14.13
迭部县	7.79
通渭县	7.75
会宁县	7.07
肃南县	6.55
肃北县	6.37

卫生医疗方面，2020年，年末全省共有医疗卫生机构26 250个，卫生技术人员18.89万人，医疗卫生机构拥有床位数17.79万张，其中医院13.86万张、卫生院2.87万张。全年总诊疗人次11 591.08万人次，出院

人数452.88万人。与全国水平相比,甘肃省每万人拥有卫生机构数为10.48个,高于全国平均水平3.24个;甘肃省每万人拥有床位数68.7张,略高于全国平均水平4.1张;甘肃省每万人拥有卫生机构人员数72人,低于全国平均水平4人。

从甘肃省14个市州层面来分析,由表1-19可知,甘肃省医疗资源聚集水平区域差异大,两极分化较为严重。医疗卫生资源多集中在兰州市、嘉峪关市、张掖市等,而地广人稀的甘南州、临夏州等,医疗卫生资源相对薄弱、公平性较差。

表1-19　　　2020年甘肃省各市州医疗卫生水平状况

地区	每万人卫生机构数	每万人床位数	每万人卫生机构人员数
兰州市	5.31	73.77	114.44
嘉峪关市	3.55	81.85	125.85
金昌市	12.01	76.59	109.15
白银市	10.01	57.77	95.14
天水市	11.73	68.05	90.19
武威市	13.23	98.36	117.46
张掖市	12.57	93.08	111.55
平凉市	13.18	79.05	95.31
酒泉市	9.24	75.90	102.04
庆阳市	8.70	63.16	83.02
定西市	10.53	77.76	77.58
陇南市	18.16	58.86	84.03
临夏州	8.05	57.40	73.35
甘南州	12.84	51.66	91.27

2. 基础设施方面

甘肃省紧扣交通脱贫兜底性任务,统筹推进交通扶贫、乡村振兴和"四好农村路(建好、管好、护好、运营好)"建设,安排车购税资金44亿元用于农村公路建设。坚持管养一体化发展,出台农村公路工程管理办法,制定农村公路路长制工作方案,建立全省自然村组道路建设项目数据库、乡镇及建制村"畅返不畅"路段整治数据库,启动农村公路

"畅返不畅"路段整治工程，建成"五位一体"乡（镇）交通综合服务中心 21 个，探索推广农村公路"路长制"，农村公路管理养护水平不断提高。新改建农村公路 1.08 万千米，其中完成"畅返不畅"端整治 4147 千米，建成自然村组道路 3858 千米，建成一批资源路、旅游路、产业路。新增通客车建制村 606 个，建制村通客车率达到 98.3%，贫困地区交通出行条件得到显著改善。累计创建国家和省级"四好农村路"示范县 21 个，其中清水县、陇西县、西和县、民乐县、定西市安定区等 5 个县（区）被交通运输部、农业农村部、国务院扶贫办联合命名为"四好农村路"全国示范县，典型引领作用日益显现。

3. 人居环境方面

2019 年甘肃省全力推进农村人居环境整治工作，扎实开展农村"厕所革命""垃圾革命""风貌革命"，省内大部分村庄环境明显改善，进一步促进城乡融合。全省 457 万人次参与到以"三清一改"为主要内容的村庄清洁行动，累计清理农村生活垃圾 178 万吨，依法清理烂房烂墙烂圈、废弃厂房棚舍 29 万处。各地结合实际开展了一批特色突出、内容丰富、成效明显的整治活动。如陇南市开展"拆危治乱"集中行动，拆除危房 45.7 万余间；积石山县开展"百日大会战"，集中整治农村脏乱差问题；临泽县开展门前建"两园"（小花园、小菜园）、庭院抓"五改"（后院改庭院、改圈舍、改厕、改炕、改厨），以家家环境小改善，推动村村大变样。甘肃省稳步推进农村"厕所革命"，在基础条件较好、群众改厕意愿较强的 2061 个村整村推进农村改厕。全省改建新建农村卫生户厕 55.73 万座，76.7% 的行政村建成卫生公厕，超额完成年度任务。甘肃省探索推广了防冻直通式、节水防冻三格式和生活污水一体处理式等 11 种适应不同区域、经济适用、适应"寒""旱"、群众接受的改厕做法和模式，得到群众普遍认可及农业农村部的充分肯定。甘肃省统筹推进全域无垃圾专项治理行动和农村"垃圾革命"，加快推进农村生活垃圾收运体系和处理设施建设，积极推进分类就近就地减量，农村垃圾清扫保洁、收集转运、处理闭合体系不断完善。95% 的行政村可以对生活垃圾进行收集、运输，80% 的行政村可以对生活垃圾进行处理。公路边、铁路边、河塘边，城乡接合部等重点部位垃圾堆积点明显减少。

4. 共建共享方面

城乡共建共享发展水平的提高可以从生产、收入分配、消费三个方面进行衡量。

生产方面，用从业人员占总人口的比例来衡量当地人民参与社会生产的程度。比例越高，说明该地的生产共建共享的发展水平越高。图1-12列出了2006—2018年生产共建共享能力排名前五位和后五位的县。排名前五位的县分别为：高台县、正宁县、玉门市、民乐县、山丹县，排名后五位的县分别为：夏河县、漳县、迭部县、合作市、临夏市。此外，观察各个县域的折线走势可以发现，夏河县、漳县、迭部县、山丹县的生产共建共享能力在过去的十三年里有了很大的提升，而其余各县的生产共建共享能力变化不大。

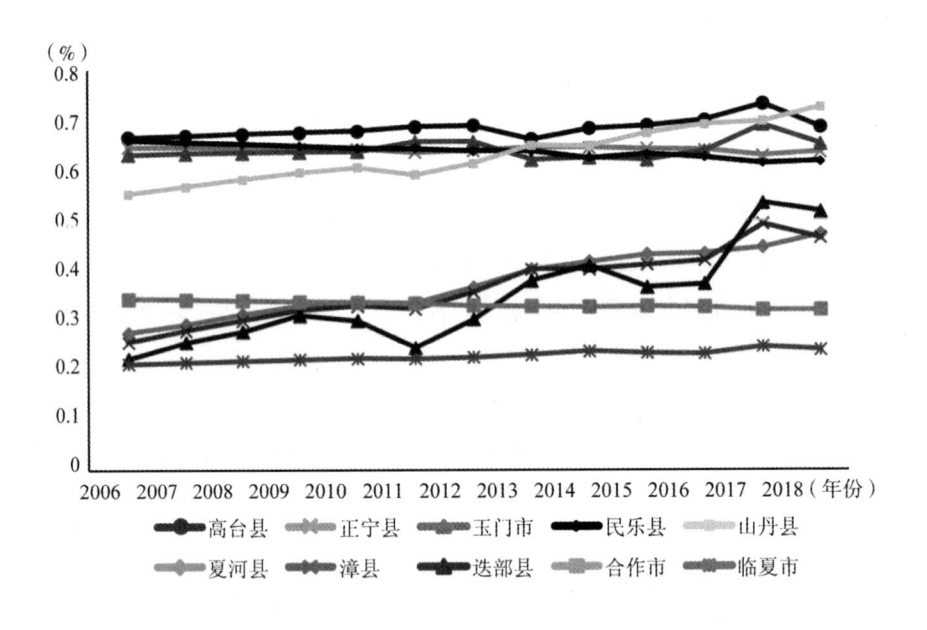

图1-12 甘肃省各县域从业人员占总人口比例（2006—2018年）

收入分配方面，用农村居民可支配收入占人均GDP的比例来衡量当地收入分配的均等程度。这一比例越高，说明当地在城乡收入分配上越趋于公平。图1-13列出了2010—2020年收入分配均等程度排名前五位和后五位的县。排名前五位的县分别为：广河县、礼县、岷县、积石山县、东乡县，排名后五位的县分别为：嘉峪关市、合作市、玉门市、肃北县、华池县。此外，观察各个县域的折线走势可以发现，2012年之后大多数县域的收入分配均等程度逐渐上升。

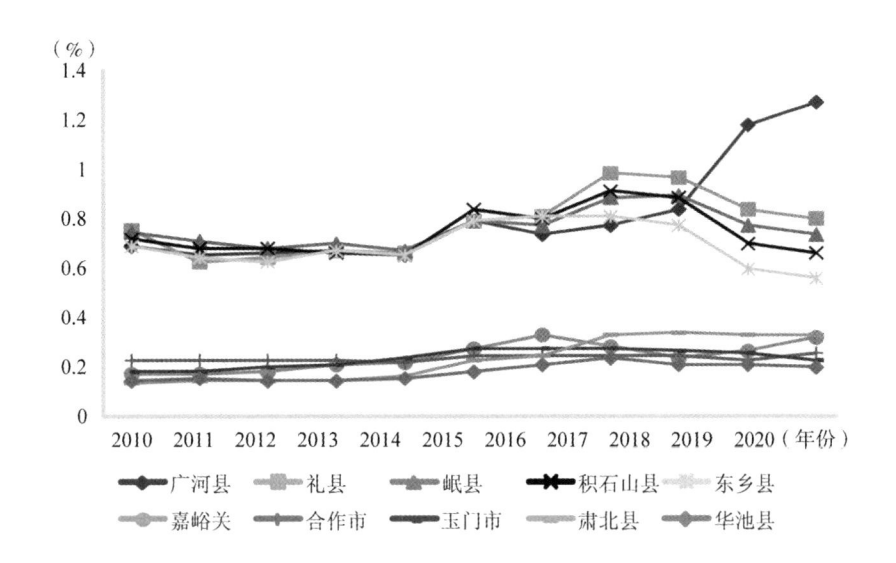

图1-13 甘肃省各县域农村人均可支配收入占人均GDP比例（2010—2020年）

消费方面，可以用社会消费品零售总额与GDP的比值以及食品（烟酒）支出与收入的比值，这两个指标来衡量当地消费共建共享水平以及当地居民消费水平。这两个指标的比值越高说明当地消费共建共享水平以及当地居民消费水平越高。图1-14列出了2010—2020年消费共建共享排名前五位和后五位的县。排名前五位的县分别为：临夏市、正宁县、静宁县、秦安县、天祝县，排名后五位的县分别为：阿克塞县、徽县、东乡县、华池县、肃北县。此外，观察各个县域的折线走势可以发现，排名前5位的县市消费共建共享水平自2017年以后呈现出下降的趋势，而排名后5位的县市消费共建共享水平总体提高，2019年以后出现略微下降的趋势。

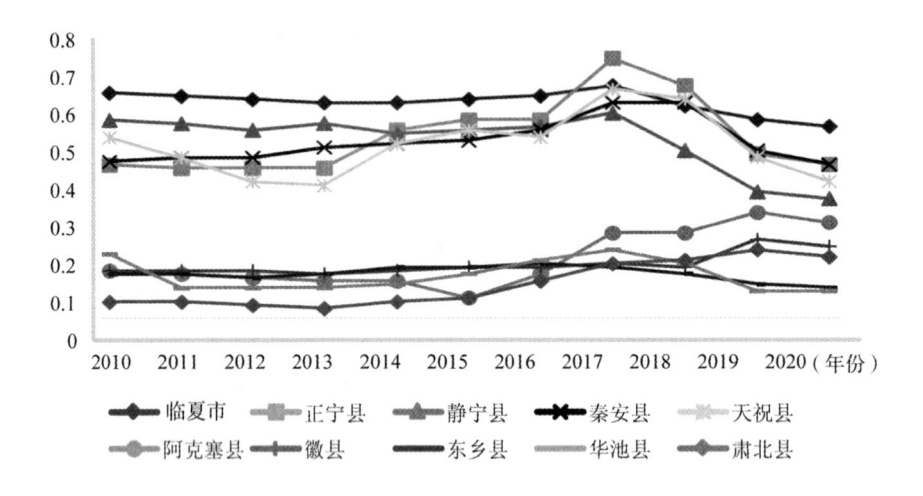

图 1-14 甘肃省各县域社会消费品零售总额占 GDP 比值（2010—2020 年）

图 1-15 列出了 2006—2018 年居民消费水平排名前 5 位和后 5 位的县。排名前 5 位的县分别为：会宁县、玛曲县、文县、渭源县、积石山县，排名后 5 位的县分别为：山丹县、瓜州县、正宁县、永昌县、敦煌市。此外，观察各个县域的折线走势可以发现，排名前 5 位的县域的居民消费水平在近几年呈现下降趋势。

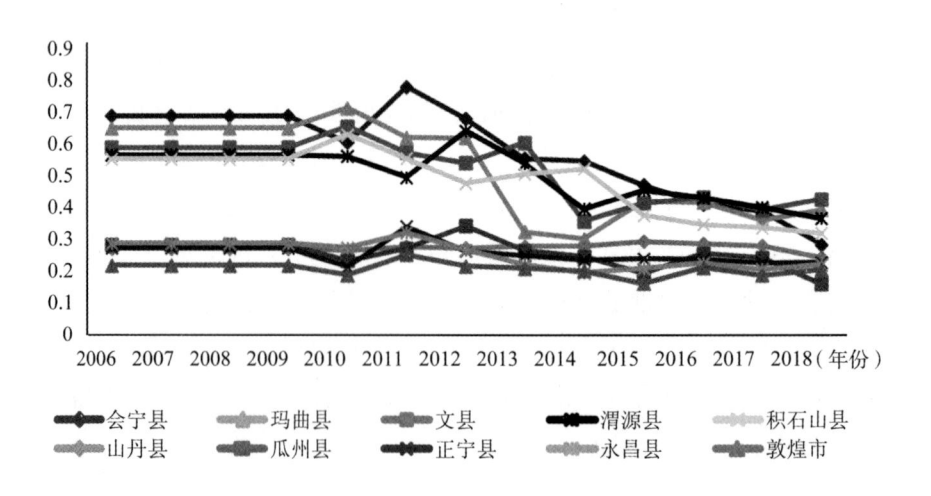

图 1-15 甘肃省各县域食品（烟酒）支出占收入的比值（2006—2018 年）

第二章

甘肃省县域经济高质量发展水平综合测度

本章按照"构建指标体系—选择测度方法—计算测度结果"的标准评价范式，在甘肃省主体功能区规划背景下，遵循战略导向、区际公平、可比性、以人民为中心、可操作性等原则，构建了由 6 个子系统和 17 项指标构成的县域经济高质量发展评价指标体系，对 2006—2020 年甘肃省县域经济高质量发展水平进行定量测度。考虑到市辖区与县级市、县和自治县在社会经济发展环境和条件方面存在较大不同，本书将研究县域限定为县级市、县和自治县，不包括市辖区。另外，由于嘉峪关市为不设区的地级市，且其行政管辖面积较小，故将其视为县级市，纳入本书的研究范畴，见表 2-1。

表2-1　甘肃省县域名录（研究范围之内）

市州	县域	功能分类	市州	县域	功能分类	市州	县域	功能分类
兰州市	永登县	重点生态功能区	平凉市	庄浪县	重点生态功能区	定西市	岷县	重点生态功能区
	皋兰县	重点开发区		静宁县	重点生态功能区		康县	重点生态功能区
	榆中县	重点开发区		华亭市	重点开发区		西和县	农产品主产区
嘉峪关市	嘉峪关市	重点开发区	酒泉市	金塔县	农产品主产区		礼县	农产品主产区
金昌市	永昌县	农产品主产区		瓜州县	农产品主产区		徽县	重点开发区
白银市	靖远县	农产品主产区		肃北县	重点生态功能区		两当县	重点生态功能区
	会宁县	重点生态功能区		阿克塞县	重点生态功能区	临夏州	临夏市	农产品主产区
	景泰县	农产品主产区		玉门市	农产品主产区		临夏县	重点生态功能区
天水市	清水县	农产品主产区		敦煌市	重点生态功能区		康乐县	重点生态功能区
	秦安县	农产品主产区	庆阳市	庆城县	重点生态功能区		永靖县	农产品主产区
	甘谷县	农产品主产区		环县	重点生态功能区		广河县	农产品主产区
	武山县	农产品主产区		华池县	农产品主产区		和政县	农产品主产区
	张家川县	重点生态功能区		合水县	农产品主产区		东乡县	农产品主产区
武威市	民勤县	重点生态功能区		正宁县	农产品主产区		积石山县	农产品主产区
	古浪县	重点生态功能区		宁县	重点开发区	甘南州	合作市	重点生态功能区
	天祝县	重点生态功能区		镇原县	重点生态功能区		临潭县	重点生态功能区
张掖市	肃南县	重点生态功能区	陇南市	成县	重点开发区		卓尼县	重点生态功能区
	民乐县	重点生态功能区		文县	重点生态功能区		舟曲县	重点生态功能区

续表

市州	县域	功能分类	市州	县域	功能分类	市州	县域	功能分类
张掖市	临泽县	重点开发区	陇南市	宕昌县	重点生态功能区	甘南州	迭部县	重点生态功能区
	高台县	农产品主产区		康县	重点生态功能区		玛曲县	重点生态功能区
	山丹县	重点生态功能区		西和县	农产品主产区		碌曲县	重点生态功能区
平凉市	泾川县	重点开发区		礼县	农产品主产区		夏河县	—
	灵台县	农产品主产区		徽县	重点开发区		—	—
	崇信县	农产品主产区		两当县	重点生态功能区			

一　指标体系构建

（一）指标体系构建原则

为保证测度指标体系的科学性、系统性和适用性，在构建测度指标体系过程中遵循以下原则。

1. 战略导向原则。国家和省上对高质量发展的推进方向作出了重要部署，而且随着黄河流域生态保护和高质量发展上升为国家战略，甘肃省作为黄河上游流域生态保护的主阵地，测度指标体系必须要对这些战略方向有所反映，以更好地引导各县域的高质量发展。

2. 区际公平原则。甘肃省东西横跨1655千米，自然环境复杂多样，是我国重要的生态屏障，《甘肃省主体功能区规划》中以县域为单位对区域发展方向作了明确的规定，故测度指标体系需要针对不同功能区来进行相应的调整。

3. 可比性原则。所选取的指标一定要在横向和纵向上都具有一定差距的指标，而且避免采用绝对值，尽量选择平均值或比值；针对不同功能区定位的县域，虽然部分指标不一致，但利用代表性指标确定的各类指标权重是一致的，使得县域之间具有一定的可比性。

4. 以人民为中心原则。所选取的指标要能体现促进社会公平，增进民生福祉，不断实现人民对美好生活的向往等方面，真正体现人民的获得感、幸福感，不能只考虑硬件环境。

5. 可操作性原则。所选取的指标是国家及省上统计部门或政府机构发布的数据，避免采用统计口径和标准不一致的指标或反映主观感受的指标。

（二）测度指标体系的构建

紧扣"创新、协调、绿色、开放、共享"的新发展理念，本书选择分为6个子系统和17项指标构成甘肃省县域经济高质量发展水平测度指标体系。6个子系统由综合发展和新发展理念的五大方面组成，即综合发展、创新发展、协调发展、绿色发展、开放发展和共享发展，具体指标见表2-2。

表 2-2　　甘肃省县域经济高质量发展水平测度指标体系

子系统	重点开发区指标	农产品主产区指标	重点生态功能区指标	指标说明
综合发展	全员劳动生产率	全员劳动生产率	全员劳动生产率	经济效率
	交通运输、仓储和邮政业增加值增速	交通运输、仓储和邮政业增加值增速	交通运输、仓储和邮政业增加值增速	经济活力
	财政自给率	财政自给率	财政支出/GDP（上级政府的支持）	政府支持
	金融机构贷存比	金融机构贷存比	金融机构贷存比	金融风险
创新发展	每亿元 GDP 专利申请量	每亿元 GDP 专利申请量	每亿元 GDP 专利申请量	社会创新
	产业结构高级化指数	劳均机械化水平	乡村非农从业人员占比	生产改善
协调发展	常住人口城镇化率	常住人口城镇化率	常住人口城镇化率	城镇化发展
	城乡居民人均可支配收入比	城乡居民人均可支配收入比	城乡居民人均可支配收入比	城乡发展差距
绿色发展	一般工业固体废弃物综合利用水平	一般工业固体废弃物综合利用水平	一般工业固体废弃物综合利用水平	工业生产污染
	单位农业增加值化肥施用量	单位农业增加值化肥施用量	单位农业增加值化肥施用量	农业生产污染
	二氧化硫排放水平（工业）	二氧化硫排放水平（工业）	二氧化硫排放水平（工业）	空气质量
开放发展	进出口/人均 GDP	进出口/人均 GDP	交通运输、仓储和邮政业和住宿餐饮业增加值占三产比重	对外经贸
	常住人口/户籍人口	常住人口/户籍人口	常住人口/户籍人口	吸引人口能力
共享发展	从业人员占比	从业人员占比	从业人员占比	生产共建共享

续表

子系统	重点开发区指标	农产品主产区指标	重点生态功能区指标	指标说明
共享发展	社会消费品零售总额/GDP	社会消费品零售总额/GDP	社会消费品零售总额/GDP	消费共建共享
	农村居民人均可支配收入/人均 GDP	农村居民人均可支配收入/人均 GDP	农村居民人均可支配收入/人均 GDP	收入分配水平
	食品（烟酒）支出占收入比	食品（烟酒）支出占收入比	食品（烟酒）支出占收入比	居民消费水平

注：产业结构高级化指数 = ［三产/（一产+二产）］×［二产/（一产+二产）］×（人均GDP/高收入国家收入标准）。

二 测度方法

指标体系的测度方法一般包括指标权重的确定和综合得分的计算，本章计算综合得分的方法采用最为简单的综合法，故这里不再介绍，以下具体介绍指标权重的确定方法（赋权法）。主流的赋权方法主要有主观赋权法、客观赋权法和综合赋权法，本章采用能够融合专家主观经验和数据客观事实两项优点的综合赋权法，该方法是在熵权法计算出指标权重的基础上，由课题组成员根据客观权重对指标进行打分，运用层次分析法计算出最终权重，具体过程如下（曾建丽等，2022）。

熵权法对指标赋权的优点在于充分衡量了指标值之间的差异程度，克服了主观赋权法主观性过大的缺点（刘宏，1996）。熵权法适用于对包含多元指标的对象进行指标赋权或综合评价，其对指标赋权的具体步骤如下。

步骤1 构造初始指标数据矩阵。假设有 m 个待评价地区，n 项评价指标，构成初始指标数据矩阵：

$$X = (x_{ij})_{m \times n} \quad (0 \leq i \leq m, \ 0 \leq j \leq n) \tag{1}$$

则 x_{ij} 为第 i 个待评价地区第 j 个指标的指标值。

步骤2 数据标准化。由于各指标之间存在量纲、量级及正负号等差异，所以要在对数据操作之前进行标准化处理。熵权法通常采用归一化方法来对数据进行同量度化处理，计算初始矩阵中第 j 项指标下第 i 个地

区指标值的比重 p_{ij}：

$$p_{ij} = \frac{x_{ij}}{\sum_{i=1}^{m} x_{ij}} \quad (2)$$

定义标准化矩阵 $P_{ij} = (p_{ij})_{m \times n}$，其中 $0 \leq p_{ij} \leq 1$。

步骤3 计算评价指标 j 的熵值：

$$e_j = (-1/\ln m) \sum_{i=1}^{m} p_{ij} \ln p_{ij} \quad (0 \leq e_j \leq 1) \quad (3)$$

若 $p_{ij} = 0$，则令 $p_{ij} \ln p_{ij} = 0$。

步骤4 计算评价指标的差异性系数：

$$k_j = 1 - e_j \quad (4)$$

步骤5 定义评价指标的权重：

$$w_j = k_j / \sum_{j=1}^{m} k_j \quad (5)$$

层次分析法的基本思路是把复杂的问题分解成几个密切相关的指标，将这些指标按支配关系分组，并将各个分组构建成有序的递阶层次体系，通常把与问题有关的指标分成目标层、准则层和方案层等诸多层次，由专家对属于同一支配元素的指标进行两两对比，得到两两对比的判断矩阵。通过对判断矩阵的计算，确定每一支配元素中的指标相对于其支配元素的重要程度（权重），然后逐层合成指标权重，最终得到层次体系最底层指标相对于最高层目标的综合指标权重（许树伯，1998；魏敏、李书昊，2018）。具体步骤如下。

步骤1 构建层次结构模型。基于层次分析法的基本思路，将甘肃省县域经济高质量发展水平测度指标体系分解成目标层、要求层和指标层。如图2-1所示，自上而下依次为目标层、要求层和指标层。

步骤2 构造各层次判断矩阵。构造判断矩阵首先要对指标进行两两对比，在这里根据熵权法的计算结果列出要求层和指标层中属于同一支配元素的指标的两两对比结果，并用数字1至9及其倒数作为标度来表示两者的相对重要程度，之后课题组成员结合自身认识进行调整，最终根据量化结果的标度来构造判断矩阵 $A_{ij} = (a_{ij})_{n \times n}$，具体表示如表2-3所示。

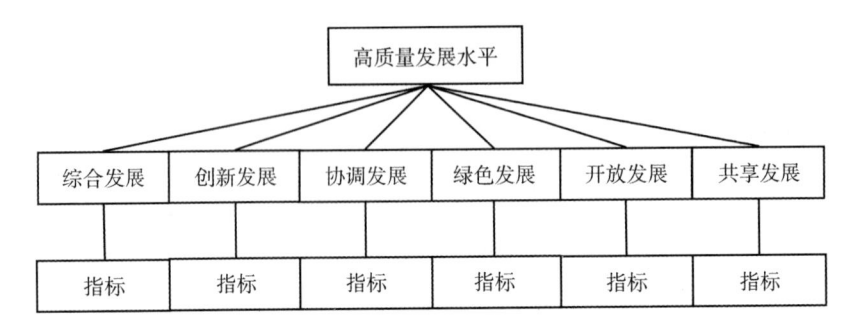

图 2 - 1 甘肃省县域经济高质量发展水平测度指标体系层次结构模型

表 2 - 3   指标相对重要性数字标度表

标度	含义
1	表示指标 i 与 j 相比，前者与后者同等重要
3	表示指标 i 与 j 相比，前者比后者稍微重要
5	表示指标 i 与 j 相比，前者比后者明显重要
7	表示指标 i 与 j 相比，前者比后者强烈重要
9	表示指标 i 与 j 相比，前者比后者极端重要
2, 4, 6, 8	表示以上判断的中间值
倒数	指标 j 与 i 相比的重要程度是指标 i 与 j 相比的重要程度的倒数

步骤3 层次单排序。层次单排序是指就支配元素而言，对属于某支配元素的所有指标进行重要性排序，而重要性排序的依据就是各指标的权重，故层次单排序的实质就是求出判断矩阵的权重向量。目前，确定指标权重的方法有方根法、特征向量法、求和法、最小二乘法，这里采用方根法来确定指标权重。假设某一支配元素中的指标个数为 n，其判断矩阵为 $A_{ij} = (a_{ij})_{n \times n}$，运用方根法确定指标权重的具体过程如下：

1）计算判断矩阵的所有特征值，并找出最大特征值 $\lambda_{\max}$。

2）找出最大特征值 $\lambda_{\max}$ 所对应的特征向量 $(k_1, k_2, \cdots, k_n)^T$。

3）对向量 $(k_1, k_2, \cdots, k_n)^T$ 进行归一化处理，指标 i 的权重即为

$$W_i = \frac{K_i}{\sum_{i=1}^{n} K_i} \qquad (6)$$

则 $W = [W_1, W_2, \cdots, W_n]^T$ 即为所求的权重向量。

步骤 4　层次总排序。层次总排序就是确定构建的层次结构模型中最底层所有元素对于总目标相对重要性的排序过程，就是要确定最底层所有元素对应于最高层的权重。假设某一层次结构模型包含 A、B、C 三个层次，B 层 n 个元素对 A 层目标的排序为 $b_1, b_2, \cdots, b_n$，C 层 m 个元素对 B 层元素的排序为 $c_{1j}, c_{2j}, \cdots, c_{mj}$ $(j = 1, 2, \cdots, n)$，则 C 层元素 i 对 A 层目标的权重 Z_i 为

$$Z_i = \sum_{j=1}^n b_j c_{ij} \tag{7}$$

在分别求出 C 层元素对 A 层目标的权重之后，得到 C 层元素对 A 层目标的层次总排序为 $Z_1, Z_2, \cdots, Z_m$。

层次分析法后续的步骤还有层次单排序和层次总排序的一致性检验，具体过程不再赘述，请参考相关研究文献。

三　测度结果

在按照前面构建的测度指标体系和选定的测度方法，确定各项指标及各子系统权重，计算总体及各子系统得分之前，需要明确以下问题。

一是不同类型指标权重的确定问题。本章基于主体功能区的不同定位分别构建了三套测度指标体系，若分别确定指标权重，则会导致测度结果的可比性不强。本章鉴于表 2-1 中重点开发区指标更具有普遍性，故各项指标权重以该套指标数据的计算为准。

二是不同年份指标权重的确定问题。目前学术界对熵权法的应用多停留在横截面数据中，而本章的数据为面板数据，若对每一年份逐一进行熵权法赋权，则同一指标在不同年份的权重不同，使得不同年份的指标得分并不具有可比性。确定评价基期是解决这一问题较为简单的方法，就是以某一年的指标数据为基础，计算指标权重，并用于各个年份指标得分的计算。本章将 2018 年作为评价基期，以 2018 年指标数据确定的指标权重作为指标的唯一权重，从而计算各指标及子系统的得分。

各指标及子系统的权重计算结果见表 2-4，之后根据确定的权重计算出 2006—2020 年甘肃省各县域经济高质量发展总体及各项子系统水平

得分，计算结果如表 2-4 至表 2-11 所示。

表 2-4　　各子系统及指标权重

子系统	综合权重	指标	综合权重
综合发展	0.2260	全员劳动生产率	0.1056
		交通运输、仓储和邮政业增加值增速	0.0626
		财政自给率（财政支出/GDP）	0.0216
		金融机构贷存比	0.0362
创新发展	0.1947	每亿元 GDP 专利申请量	0.0876
		产业结构高级化指数（劳均机械化水平、乡村非农从业人员占比）	0.1071
协调发展	0.1236	常住人口城镇化率	0.0387
		城乡居民人均可支配收入比	0.0848
绿色发展	0.1765	一般工业固体废弃物综合利用水平	0.0390
		单位农业增加值化肥施用量	0.0812
		二氧化硫排放水平（工业）	0.0563
开放发展	0.1182	进出口/人均 GDP（交通运输、仓储和邮政业、住宿餐饮业增加值占三产比重）	0.0322
开放发展	0.1182	常住人口/户籍人口	0.0860
共享发展	0.1609	从业人员占比	0.0258
		社会消费品零售总额/GDP	0.0154
		农村居民人均可支配收入/人均 GDP	0.0752
		食品（烟酒）支出占收入比	0.0446

注：考虑到评价结果的客观真实性，计算中包含了全省 17 个市辖区，并将其结果一并呈现，但后续分析并不包含市辖区。

表2-5 甘肃省各县域经济高质量发展总体水平得分（2006—2020年）

年份 地区	2006	2007	2008	2009	2010	2011	2012	2013	2014	2015	2016	2017	2018	2019	2020
城关区	0.4828	0.4833	0.4863	0.4888	0.4983	0.5048	0.5180	0.5304	0.5500	0.5539	0.5715	0.5834	0.5954	0.5731	0.5662
七里河区	0.4116	0.4149	0.4173	0.4181	0.4231	0.4326	0.4403	0.4528	0.4631	0.4757	0.4910	0.5016	0.5117	0.4888	0.4845
西固区	0.4174	0.4265	0.4216	0.4235	0.4302	0.4378	0.4366	0.4362	0.4481	0.4611	0.4633	0.4568	0.4571	0.4667	0.4572
安宁区	0.4542	0.4497	0.4420	0.4464	0.4518	0.4635	0.4782	0.5012	0.4963	0.5173	0.5240	0.5398	0.5571	0.5223	0.5233
红古区	0.3917	0.3888	0.3929	0.3926	0.3983	0.4014	0.4088	0.4118	0.4190	0.4287	0.4258	0.4408	0.4490	0.4411	0.4507
皋兰县	0.3330	0.3340	0.3381	0.3340	0.3368	0.3473	0.3500	0.3535	0.3641	0.3762	0.3797	0.3790	0.3881	0.3889	0.4047
榆中县	0.3275	0.3335	0.3334	0.3331	0.3315	0.3335	0.3375	0.3407	0.3421	0.3775	0.3785	0.3816	0.3711	0.3813	0.3851
嘉峪关市	0.4178	0.4221	0.4287	0.4266	0.4371	0.4397	0.4600	0.4819	0.4742	0.4904	0.5078	0.5022	0.5354	0.4995	0.4889
金川区	0.3883	0.3929	0.3946	0.3926	0.4134	0.4188	0.4382	0.4489	0.4518	0.4626	0.4853	0.4895	0.4956	0.4722	0.4676
白银区	0.3765	0.3776	0.3824	0.3889	0.3964	0.4093	0.4186	0.4231	0.4411	0.4484	0.4708	0.4648	0.4619	0.4650	0.4684
平川区	0.3259	0.3427	0.3428	0.3461	0.3478	0.3496	0.3507	0.3585	0.3599	0.3651	0.3724	0.3824	0.3830	0.3868	0.3962
秦州区	0.3380	0.3393	0.3393	0.3419	0.3465	0.3470	0.3526	0.3536	0.3600	0.3700	0.3677	0.3760	0.3835	0.3816	0.3970
麦积区	0.3256	0.3294	0.3316	0.3280	0.3330	0.3318	0.3374	0.3468	0.3550	0.3563	0.3563	0.3581	0.3594	0.3572	0.3747
凉州区	0.3538	0.3502	0.3504	0.3562	0.3631	0.3642	0.3724	0.3723	0.3750	0.3846	0.3921	0.3923	0.3973	0.3962	0.4175
甘州区	0.3591	0.3593	0.3608	0.3613	0.3647	0.3756	0.3814	0.3835	0.3880	0.4051	0.4039	0.4141	0.4175	0.4219	0.4449
临泽县	0.3410	0.3436	0.3489	0.3534	0.3528	0.3596	0.3674	0.3697	0.3721	0.3942	0.4151	0.4185	0.4562	0.4594	0.4549
崆峒区	0.3382	0.3404	0.3412	0.3437	0.3454	0.3501	0.3625	0.3704	0.3734	0.3834	0.3900	0.3906	0.3926	0.3917	0.4091
泾川县	0.2901	0.2937	0.3018	0.3064	0.3227	0.3176	0.2906	0.3295	0.3328	0.3422	0.3456	0.3567	0.3712	0.3578	0.3867

续表

年份地区	2006	2007	2008	2009	2010	2011	2012	2013	2014	2015	2016	2017	2018	2019	2020
华亭市	0.3249	0.3206	0.3244	0.3231	0.3259	0.3400	0.3477	0.3549	0.3653	0.3750	0.3769	0.3818	0.3700	0.3631	0.3762
肃州区	0.3728	0.3711	0.3727	0.3723	0.3735	0.3754	0.3870	0.4011	0.3911	0.4190	0.4161	0.4225	0.4393	0.4262	0.4431
西峰区	0.3497	0.3536	0.3566	0.3573	0.3604	0.3651	0.3541	0.3786	0.3748	0.3779	0.3869	0.3934	0.4120	0.4215	0.4135
宁县	0.3404	0.3318	0.3372	0.3338	0.3319	0.3333	0.3283	0.3267	0.3271	0.3282	0.3300	0.3343	0.3474	0.3457	0.3773
成县	0.3281	0.3318	0.3406	0.3369	0.3398	0.3458	0.3456	0.3478	0.3528	0.3547	0.3575	0.3614	0.3714	0.3654	0.3932
徽县	0.3125	0.3113	0.3201	0.2988	0.3238	0.3323	0.3369	0.3326	0.3362	0.3351	0.3523	0.3501	0.3580	0.3614	0.3687
靖远县	0.3104	0.3171	0.3304	0.3298	0.3430	0.3491	0.3581	0.3531	0.3600	0.3572	0.3821	0.3772	0.3899	0.3794	0.4013
景泰县	0.3096	0.3164	0.3348	0.3387	0.3433	0.3443	0.3612	0.3622	0.3618	0.3665	0.3708	0.3782	0.3967	0.3959	0.4111
清水县	0.3078	0.3123	0.3158	0.3148	0.3132	0.3207	0.3186	0.3221	0.3216	0.2956	0.3180	0.3295	0.3327	0.3451	0.3629
秦安县	0.3281	0.3308	0.3337	0.3368	0.3386	0.3342	0.3355	0.3364	0.2950	0.3400	0.3440	0.3444	0.3497	0.3425	0.3585
甘谷县	0.3328	0.3341	0.3347	0.3353	0.3394	0.3318	0.3373	0.3386	0.3393	0.3453	0.3391	0.3490	0.3513	0.3572	0.3677
武山县	0.3358	0.3354	0.3380	0.3364	0.3313	0.3292	0.3359	0.3411	0.3530	0.3506	0.3484	0.3659	0.3576	0.3537	0.3671
高台县	0.3556	0.3605	0.3612	0.3606	0.3642	0.3737	0.3775	0.3745	0.3804	0.3908	0.4082	0.4075	0.4138	0.4204	0.4379
灵台县	0.2849	0.2897	0.2938	0.3014	0.3089	0.3153	0.3276	0.3305	0.3372	0.3584	0.3594	0.3727	0.3749	0.3942	0.3965
崇信县	0.2962	0.2972	0.3049	0.3068	0.3137	0.3154	0.3188	0.3295	0.3291	0.3347	0.3340	0.3327	0.3435	0.3468	0.3509
金塔县	0.3688	0.3722	0.3702	0.3681	0.3709	0.3782	0.3881	0.3902	0.3937	0.4078	0.4027	0.4156	0.4118	0.4352	0.4474
瓜州县	0.3836	0.3930	0.3747	0.3679	0.3584	0.3619	0.3809	0.3882	0.3886	0.3413	0.3968	0.3964	0.4048	0.4238	0.4192
玉门市	0.3690	0.3683	0.3722	0.3740	0.3921	0.3904	0.4007	0.4180	0.4209	0.4347	0.4231	0.4209	0.4301	0.4294	0.4341

第二章　甘肃省县域经济高质量发展水平综合测度 ◇ 69

续表

年份 地区	2006	2007	2008	2009	2010	2011	2012	2013	2014	2015	2016	2017	2018	2019	2020
合水县	0.3236	0.3242	0.3269	0.3266	0.3277	0.3215	0.3252	0.3223	0.3242	0.3352	0.3388	0.3560	0.3367	0.3488	0.3665
正宁县	0.3289	0.3300	0.3372	0.3339	0.3356	0.3344	0.3348	0.3398	0.3454	0.3593	0.3606	0.3601	0.3626	0.3759	0.4008
安定区	0.3101	0.3114	0.3193	0.3228	0.3360	0.3318	0.3307	0.3431	0.3437	0.3665	0.3636	0.3631	0.3674	0.3659	0.3863
陇西县	0.3107	0.3095	0.3173	0.3182	0.3229	0.3270	0.3250	0.3254	0.3374	0.3469	0.3490	0.3555	0.3491	0.3701	0.3787
渭源县	0.3155	0.3085	0.3238	0.3285	0.3330	0.3325	0.3295	0.3293	0.3375	0.3427	0.3487	0.3467	0.3605	0.3592	0.3935
临洮县	0.3249	0.3210	0.3252	0.3316	0.3365	0.3447	0.3450	0.3472	0.3468	0.3623	0.3590	0.3492	0.3550	0.3593	0.3773
漳县	0.3074	0.3138	0.3226	0.3221	0.3212	0.3191	0.3251	0.3211	0.3440	0.3544	0.3410	0.3403	0.3468	0.3612	0.3785
岷县	0.3193	0.3240	0.3278	0.3321	0.3318	0.3330	0.3314	0.3330	0.3385	0.3519	0.3484	0.3536	0.3545	0.3502	0.3680
西和县	0.2891	0.2622	0.3127	0.3142	0.3134	0.3134	0.3199	0.3215	0.3300	0.3395	0.3412	0.3475	0.3515	0.3625	0.3732
临夏市	0.4041	0.4031	0.4070	0.4117	0.4076	0.4170	0.4235	0.4285	0.4339	0.4451	0.4412	0.4451	0.4472	0.4311	0.4393
礼县	0.3369	0.3352	0.3387	0.3347	0.3451	0.3467	0.3481	0.3468	0.3509	0.3504	0.3551	0.3628	0.3653	0.3508	0.3674
永靖县	0.2931	0.3081	0.3171	0.3158	0.3210	0.3284	0.3324	0.3360	0.3498	0.3546	0.3510	0.3604	0.3626	0.3559	0.3699
广河县	0.3314	0.3345	0.3478	0.3469	0.3421	0.3487	0.3544	0.3601	0.3593	0.3710	0.3672	0.3699	0.3755	0.4008	0.4787
东乡县	0.2983	0.3066	0.3152	0.3181	0.3126	0.3102	0.3128	0.3082	0.3189	0.3296	0.3296	0.3338	0.3345	0.3224	0.3374
永登县	0.4013	0.4061	0.4093	0.4099	0.4095	0.4125	0.4130	0.4186	0.4182	0.4222	0.4291	0.4288	0.4391	0.4456	0.4478
永昌县	0.3309	0.3458	0.3041	0.3747	0.3828	0.3776	0.3977	0.3971	0.4000	0.3967	0.4253	0.4218	0.4275	0.4223	0.4555
会宁县	0.3251	0.3266	0.3343	0.3421	0.3480	0.3354	0.3481	0.3550	0.3650	0.3788	0.3807	0.3924	0.4014	0.3829	0.4208
张家川县	0.3605	0.3502	0.3639	0.3721	0.3818	0.3812	0.3804	0.3793	0.3775	0.3853	0.3888	0.3996	0.3902	0.3981	0.4123

续表

年份地区	2006	2007	2008	2009	2010	2011	2012	2013	2014	2015	2016	2017	2018	2019	2020
民勤县	0.3629	0.3650	0.3798	0.3776	0.3834	0.3809	0.3881	0.3971	0.3986	0.4078	0.3998	0.4256	0.4231	0.4060	0.4611
古浪县	0.3771	0.3786	0.3790	0.3771	0.3798	0.3810	0.3920	0.3838	0.3809	0.4075	0.3929	0.4056	0.4157	0.3839	0.4107
天祝县	0.3387	0.3439	0.3607	0.3508	0.3556	0.3519	0.3624	0.3688	0.3775	0.3914	0.3824	0.4108	0.4147	0.3924	0.4208
肃南县	0.3725	0.3751	0.3876	0.3857	0.3883	0.3902	0.4177	0.4092	0.4135	0.4244	0.4443	0.4475	0.4414	0.4534	0.4492
民乐县	0.3774	0.3785	0.3773	0.3775	0.3755	0.3871	0.3894	0.3950	0.4002	0.4113	0.4186	0.4290	0.4658	0.4263	0.4580
山丹县	0.4184	0.4198	0.4305	0.4334	0.4397	0.4460	0.4518	0.4589	0.4663	0.4710	0.4833	0.4808	0.5015	0.5045	0.5224
庄浪县	0.3470	0.3481	0.3456	0.3579	0.3698	0.3472	0.3736	0.3823	0.3818	0.3925	0.4211	0.4201	0.3859	0.3864	0.4066
静宁县	0.3119	0.3171	0.3268	0.3380	0.3424	0.3461	0.3690	0.3648	0.3676	0.3923	0.4092	0.4370	0.4393	0.4102	0.4264
肃北县	0.4097	0.4222	0.4174	0.4325	0.4511	0.4623	0.4680	0.4232	0.4817	0.4993	0.5021	0.5087	0.5271	0.4763	0.4925
阿克塞县	0.4152	0.4147	0.4310	0.4347	0.4289	0.4463	0.4381	0.4213	0.4334	0.4801	0.4695	0.5175	0.4965	0.5101	0.4878
敦煌市	0.4150	0.4172	0.4189	0.4185	0.4413	0.4586	0.4684	0.4678	0.4611	0.4698	0.4710	0.5020	0.5057	0.5098	0.5141
庆城县	0.3300	0.3338	0.3423	0.3418	0.3599	0.3701	0.3774	0.3763	0.3917	0.3921	0.4006	0.4024	0.4054	0.3868	0.4213
环县	0.3332	0.3338	0.3360	0.3305	0.3378	0.3629	0.3604	0.3593	0.3576	0.3976	0.3830	0.3850	0.3848	0.3927	0.4063
华池县	0.3216	0.3296	0.3233	0.3338	0.3425	0.3465	0.3516	0.3590	0.3621	0.3819	0.3879	0.3905	0.3917	0.3913	0.4015
镇原县	0.3536	0.3594	0.3682	0.3621	0.3783	0.3810	0.3930	0.3772	0.3757	0.3855	0.3969	0.4062	0.4076	0.4007	0.4276
通渭县	0.3449	0.3515	0.3599	0.3687	0.3717	0.3683	0.3755	0.3667	0.3624	0.3702	0.3684	0.3759	0.3768	0.3735	0.3959
武都区	0.3120	0.3281	0.3335	0.3220	0.3345	0.3412	0.3437	0.3760	0.3830	0.4021	0.4034	0.4151	0.4171	0.4018	0.4079
文县	0.3394	0.3483	0.3638	0.3565	0.3628	0.3722	0.3672	0.3570	0.3692	0.3798	0.3838	0.4082	0.4241	0.3834	0.3829

第二章　甘肃省县域经济高质量发展水平综合测度　◇　71

续表

年份 地区	2006	2007	2008	2009	2010	2011	2012	2013	2014	2015	2016	2017	2018	2019	2020
宕昌县	0.3544	0.3597	0.3709	0.3542	0.3674	0.3727	0.3847	0.3791	0.3856	0.3998	0.4015	0.3956	0.4162	0.3938	0.4203
康县	0.3770	0.3848	0.3976	0.3623	0.3542	0.3634	0.3695	0.3642	0.3596	0.3697	0.3667	0.3751	0.4028	0.3843	0.3950
两当县	0.3030	0.3380	0.3461	0.3286	0.3450	0.3610	0.3468	0.3467	0.3670	0.3742	0.4003	0.4081	0.4248	0.3942	0.3951
临夏县	0.3484	0.3478	0.3509	0.3554	0.3605	0.3647	0.3741	0.3866	0.3880	0.4052	0.4152	0.4146	0.4279	0.4310	0.4626
康乐县	0.3420	0.3442	0.3540	0.3593	0.3602	0.3641	0.3752	0.3792	0.3775	0.3934	0.3949	0.4009	0.4034	0.4215	0.4338
和政县	0.3622	0.3461	0.3728	0.3793	0.3742	0.3722	0.3781	0.3838	0.3984	0.4255	0.4409	0.4544	0.4543	0.4458	0.4572
积石山县	0.3515	0.3573	0.3707	0.3764	0.3740	0.3755	0.3828	0.3821	0.3763	0.4084	0.4035	0.4066	0.4098	0.3992	0.4112
合作市	0.3468	0.3512	0.3499	0.3581	0.3688	0.3749	0.3651	0.3674	0.3871	0.3942	0.3989	0.4197	0.3990	0.4157	0.3922
临潭县	0.3791	0.3761	0.3812	0.3609	0.3576	0.3618	0.3672	0.3672	0.3760	0.3774	0.3764	0.3644	0.3857	0.3903	0.4129
卓尼县	0.3463	0.3471	0.3581	0.3499	0.3425	0.3443	0.3439	0.3513	0.3562	0.3688	0.3721	0.3675	0.3751	0.3728	0.3940
舟曲县	0.3542	0.3515	0.3842	0.3872	0.3924	0.3930	0.4039	0.4011	0.4059	0.4305	0.4194	0.4264	0.4198	0.4202	0.4212
迭部县	0.3405	0.3516	0.3504	0.3550	0.3536	0.3590	0.3587	0.3694	0.3792	0.3851	0.3859	0.3838	0.3848	0.3927	0.4150
玛曲县	0.3409	0.3414	0.3434	0.3383	0.3317	0.3286	0.3379	0.3525	0.3602	0.3628	0.3758	0.3626	0.3699	0.3915	0.3808
碌曲县	0.3765	0.3700	0.3618	0.3627	0.3448	0.3619	0.3512	0.3484	0.3617	0.3637	0.3785	0.3805	0.3715	0.3715	0.3760
夏河县	0.3727	0.3646	0.3691	0.3655	0.3577	0.3871	0.3899	0.3817	0.3762	0.3823	0.4092	0.3957	0.3841	0.3854	0.3901

表2-6 甘肃省各县域经济高质量发展综合子系统水平得分（2006—2020年）

年份 地区	2006	2007	2008	2009	2010	2011	2012	2013	2014	2015	2016	2017	2018	2019	2020
城关区	0.0831	0.0805	0.0802	0.0770	0.0803	0.0828	0.0847	0.0866	0.0884	0.0877	0.0896	0.0894	0.0893	0.0884	0.0875
七里河区	0.0634	0.0634	0.0653	0.0652	0.0698	0.0736	0.0744	0.0797	0.0808	0.0844	0.0857	0.0881	0.0876	0.0853	0.0827
西固区	0.0857	0.0888	0.0872	0.0884	0.0928	0.0980	0.0948	0.0918	0.0979	0.1066	0.1051	0.0956	0.0907	0.0996	0.0963
安宁区	0.0520	0.0527	0.0524	0.0530	0.0599	0.0755	0.0785	0.0801	0.0807	0.0789	0.0756	0.0773	0.0742	0.0752	0.0754
红古区	0.0558	0.0555	0.0580	0.0590	0.0634	0.0666	0.0690	0.0727	0.0797	0.0831	0.0813	0.0904	0.0979	0.0895	0.0879
皋兰县	0.0411	0.0438	0.0479	0.0447	0.0445	0.0492	0.0509	0.0548	0.0610	0.0630	0.0641	0.0644	0.0782	0.0733	0.0679
榆中县	0.0420	0.0427	0.0432	0.0423	0.0426	0.0432	0.0437	0.0459	0.0475	0.0467	0.0460	0.0445	0.0455	0.0482	0.0455
嘉峪关市	0.0957	0.0988	0.1028	0.1047	0.1019	0.0978	0.1096	0.1196	0.1220	0.1179	0.1178	0.1138	0.1509	0.1242	0.1256
金川区	0.0714	0.0772	0.0766	0.0782	0.0828	0.0918	0.0992	0.1097	0.1134	0.1090	0.1187	0.1221	0.1275	0.1162	0.1193
白银区	0.0734	0.0738	0.0757	0.0792	0.0827	0.0906	0.0896	0.0917	0.1037	0.1082	0.1172	0.1124	0.1057	0.1097	0.1100
平川区	0.0577	0.0594	0.0610	0.0606	0.0636	0.0693	0.0670	0.0709	0.0725	0.0709	0.0735	0.0745	0.0739	0.0720	0.0719
秦州区	0.0502	0.0508	0.0464	0.0494	0.0513	0.0528	0.0550	0.0559	0.0573	0.0584	0.0596	0.0593	0.0611	0.0598	0.0599
麦积区	0.0492	0.0488	0.0472	0.0479	0.0476	0.0484	0.0496	0.0510	0.0521	0.0523	0.0535	0.0531	0.0536	0.0531	0.0524
凉州区	0.0484	0.0478	0.0489	0.0490	0.0507	0.0552	0.0561	0.0561	0.0572	0.0588	0.0588	0.0563	0.0587	0.0612	0.0664
甘州区	0.0521	0.0504	0.0518	0.0511	0.0524	0.0553	0.0558	0.0554	0.0558	0.0556	0.0547	0.0574	0.0560	0.0598	0.0596
临泽县	0.0445	0.0443	0.0457	0.0447	0.0455	0.0468	0.0492	0.0508	0.0519	0.0528	0.0525	0.0520	0.0531	0.0564	0.0551
崆峒区	0.0479	0.0454	0.0429	0.0422	0.0432	0.0452	0.0475	0.0481	0.0488	0.0490	0.0506	0.0500	0.0500	0.0516	0.0529
泾川县	0.0402	0.0400	0.0412	0.0416	0.0425	0.0433	0.0455	0.0460	0.0473	0.0460	0.0460	0.0465	0.0448	0.0435	0.0459

第二章　甘肃省县域经济高质量发展水平综合测度　◇　73

续表

年份 地区	2006	2007	2008	2009	2010	2011	2012	2013	2014	2015	2016	2017	2018	2019	2020
华亭市	0.0480	0.0478	0.0543	0.0551	0.0575	0.0650	0.0661	0.0655	0.0681	0.0658	0.0661	0.0707	0.0626	0.0671	0.0685
肃州区	0.0482	0.0479	0.0488	0.0503	0.0529	0.0545	0.0582	0.0618	0.0640	0.0642	0.0661	0.0649	0.0675	0.0667	0.0681
西峰区	0.0505	0.0530	0.0531	0.0532	0.0561	0.0611	0.0606	0.0616	0.0597	0.0600	0.0621	0.0663	0.0704	0.0882	0.0752
宁县	0.0389	0.0396	0.0412	0.0412	0.0429	0.0440	0.0432	0.0451	0.0452	0.0456	0.0455	0.0452	0.0458	0.0451	0.0464
成县	0.0493	0.0500	0.0434	0.0421	0.0435	0.0463	0.0484	0.0526	0.0514	0.0509	0.0510	0.0529	0.0522	0.0502	0.0499
徽县	0.0450	0.0428	0.0419	0.0219	0.0379	0.0430	0.0458	0.0477	0.0481	0.0478	0.0482	0.0480	0.0493	0.0494	0.0484
靖远县	0.0405	0.0403	0.0413	0.0413	0.0415	0.0434	0.0471	0.0434	0.0434	0.0455	0.0422	0.0411	0.0409	0.0440	0.0419
景泰县	0.0381	0.0381	0.0407	0.0399	0.0400	0.0427	0.0434	0.0449	0.0452	0.0452	0.0462	0.0473	0.0483	0.0513	0.0486
清水县	0.0368	0.0388	0.0396	0.0392	0.0402	0.0417	0.0424	0.0427	0.0405	0.0396	0.0404	0.0413	0.0425	0.0428	0.0416
秦安县	0.0391	0.0398	0.0404	0.0414	0.0398	0.0398	0.0410	0.0413	0.0405	0.0404	0.0400	0.0401	0.0402	0.0405	0.0399
甘谷县	0.0401	0.0388	0.0392	0.0394	0.0408	0.0419	0.0420	0.0432	0.0432	0.0427	0.0433	0.0430	0.0414	0.0434	0.0423
武山县	0.0396	0.0392	0.0394	0.0387	0.0396	0.0393	0.0400	0.0407	0.0406	0.0401	0.0412	0.0419	0.0415	0.0416	0.0412
高台县	0.0431	0.0431	0.0436	0.0430	0.0441	0.0456	0.0459	0.0479	0.0474	0.0465	0.0478	0.0464	0.0483	0.0522	0.0506
灵台县	0.0406	0.0450	0.0429	0.0421	0.0440	0.0443	0.0465	0.0476	0.0473	0.0468	0.0472	0.0466	0.0476	0.0391	0.0462
崇信县	0.0425	0.0449	0.0461	0.0460	0.0471	0.0500	0.0521	0.0551	0.0533	0.0517	0.0519	0.0529	0.0540	0.0623	0.0544
金塔县	0.0430	0.0430	0.0452	0.0472	0.0488	0.0474	0.0500	0.0517	0.0532	0.0544	0.0555	0.0553	0.0557	0.0611	0.0594
瓜州县	0.0435	0.0420	0.0416	0.0400	0.0349	0.0367	0.0425	0.0446	0.0453	0.0464	0.0481	0.0482	0.0485	0.0654	0.0557
玉门市	0.0645	0.0632	0.0647	0.0659	0.0635	0.0655	0.0693	0.0741	0.0746	0.0759	0.0742	0.0684	0.0716	0.0803	0.0748

续表

年份 地区	2006	2007	2008	2009	2010	2011	2012	2013	2014	2015	2016	2017	2018	2019	2020
合水县	0.0377	0.0371	0.0398	0.0409	0.0417	0.0434	0.0454	0.0464	0.0458	0.0472	0.0474	0.0472	0.0478	0.0606	0.0519
正宁县	0.0388	0.0405	0.0458	0.0462	0.0457	0.0449	0.0437	0.0447	0.0439	0.0445	0.0447	0.0443	0.0445	0.0441	0.0446
安定区	0.0393	0.0377	0.0391	0.0385	0.0391	0.0396	0.0396	0.0398	0.0395	0.0392	0.0397	0.0414	0.0418	0.0420	0.0418
陇西县	0.0388	0.0385	0.0394	0.0390	0.0389	0.0394	0.0393	0.0392	0.0387	0.0363	0.0358	0.0375	0.0378	0.0402	0.0395
渭源县	0.0358	0.0362	0.0374	0.0374	0.0388	0.0391	0.0397	0.0397	0.0380	0.0364	0.0360	0.0366	0.0374	0.0359	0.0379
临洮县	0.0398	0.0397	0.0398	0.0395	0.0406	0.0414	0.0418	0.0430	0.0428	0.0416	0.0415	0.0399	0.0391	0.0421	0.0422
漳县	0.0384	0.0386	0.0397	0.0392	0.0396	0.0415	0.0418	0.0412	0.0399	0.0407	0.0411	0.0407	0.0416	0.0422	0.0420
岷县	0.0372	0.0375	0.0374	0.0377	0.0382	0.0384	0.0389	0.0385	0.0369	0.0368	0.0365	0.0352	0.0338	0.0366	0.0360
西和县	0.0421	0.0071	0.0398	0.0391	0.0393	0.0405	0.0405	0.0412	0.0418	0.0400	0.0396	0.0398	0.0400	0.0379	0.0392
礼县	0.0384	0.0399	0.0396	0.0399	0.0403	0.0403	0.0400	0.0400	0.0396	0.0395	0.0389	0.0387	0.0387	0.0389	0.0384
临夏市	0.0513	0.0515	0.0525	0.0534	0.0551	0.0569	0.0589	0.0615	0.0641	0.0666	0.0655	0.0616	0.0604	0.0401	0.0568
永靖县	0.0307	0.0426	0.0439	0.0424	0.0429	0.0436	0.0446	0.0488	0.0460	0.0463	0.0476	0.0452	0.0452	0.0468	0.0457
广河县	0.0353	0.0353	0.0383	0.0371	0.0362	0.0368	0.0369	0.0374	0.0354	0.0364	0.0373	0.0372	0.0368	0.0381	0.0965
东乡县	0.0312	0.0326	0.0359	0.0366	0.0368	0.0366	0.0365	0.0354	0.0347	0.0339	0.0344	0.0339	0.0335	0.0348	0.0342
永登县	0.0388	0.0400	0.0427	0.0442	0.0452	0.0490	0.0500	0.0478	0.0528	0.0525	0.0528	0.0544	0.0521	0.0566	0.0535
永昌县	0.0405	0.0408	0.0409	0.0414	0.0418	0.0410	0.0422	0.0435	0.0435	0.0434	0.0448	0.0453	0.0469	0.0486	0.0458
会宁县	0.0369	0.0367	0.0399	0.0400	0.0402	0.0411	0.0419	0.0416	0.0416	0.0414	0.0417	0.0422	0.0421	0.0428	0.0424
张家川县	0.0365	0.0355	0.0410	0.0423	0.0438	0.0439	0.0446	0.0445	0.0441	0.0445	0.0438	0.0448	0.0458	0.0474	0.0465

续表

年份 地区	2006	2007	2008	2009	2010	2011	2012	2013	2014	2015	2016	2017	2018	2019	2020
民勤县	0.0417	0.0424	0.0446	0.0456	0.0463	0.0465	0.0475	0.0481	0.0478	0.0477	0.0472	0.0459	0.0448	0.0489	0.0573
古浪县	0.0389	0.0396	0.0412	0.0418	0.0424	0.0438	0.0440	0.0437	0.0420	0.0434	0.0428	0.0444	0.0438	0.0445	0.0436
天祝县	0.0431	0.0433	0.0444	0.0446	0.0460	0.0459	0.0473	0.0468	0.0471	0.0472	0.0465	0.0464	0.0483	0.0494	0.0479
肃南县	0.0470	0.0490	0.0512	0.0525	0.0543	0.0575	0.0601	0.0626	0.0627	0.0634	0.0616	0.0632	0.0652	0.0721	0.0688
民乐县	0.0374	0.0380	0.0389	0.0399	0.0407	0.0427	0.0427	0.0421	0.0398	0.0394	0.0392	0.0412	0.0424	0.0468	0.0443
山丹县	0.0426	0.0434	0.0458	0.0468	0.0479	0.0491	0.0494	0.0492	0.0477	0.0465	0.0463	0.0477	0.0475	0.0534	0.0509
庄浪县	0.0378	0.0395	0.0415	0.0425	0.0436	0.0446	0.0447	0.0443	0.0435	0.0437	0.0434	0.0441	0.0427	0.0486	0.0445
静宁县	0.0368	0.0398	0.0422	0.0422	0.0416	0.0412	0.0427	0.0431	0.0416	0.0418	0.0422	0.0417	0.0404	0.0472	0.0443
肃北县	0.0606	0.0641	0.0698	0.0732	0.0810	0.0860	0.0961	0.1063	0.1111	0.1120	0.1149	0.1074	0.1127	0.0974	0.1093
阿克塞县	0.0540	0.0534	0.0563	0.0587	0.0602	0.0652	0.0638	0.0667	0.0688	0.0718	0.0776	0.0710	0.0699	0.0890	0.0806
敦煌市	0.0491	0.0498	0.0513	0.0536	0.0557	0.0583	0.0607	0.0613	0.0628	0.0633	0.0652	0.0655	0.0652	0.0616	0.0643
庆城县	0.0519	0.0537	0.0572	0.0601	0.0620	0.0653	0.0704	0.0768	0.0781	0.0804	0.0820	0.0801	0.0787	0.0526	0.0734
环县	0.0395	0.0411	0.0420	0.0424	0.0429	0.0438	0.0449	0.0443	0.0429	0.0440	0.0445	0.0445	0.0440	0.0641	0.0507
华池县	0.0476	0.0507	0.0539	0.0586	0.0624	0.0643	0.0681	0.0719	0.0730	0.0780	0.0811	0.0810	0.0841	0.0859	0.0834
镇原县	0.0396	0.0409	0.0408	0.0424	0.0433	0.0435	0.0436	0.0451	0.0443	0.0446	0.0456	0.0470	0.0484	0.0512	0.0488
通渭县	0.0363	0.0380	0.0405	0.0405	0.0400	0.0411	0.0425	0.0420	0.0386	0.0378	0.0366	0.0384	0.0402	0.0406	0.0401
武都区	0.0398	0.0399	0.0461	0.0437	0.0429	0.0423	0.0374	0.0366	0.0363	0.0355	0.0351	0.0344	0.0330	0.0375	0.0354
文县	0.0371	0.0357	0.0489	0.0443	0.0443	0.0390	0.0394	0.0398	0.0399	0.0399	0.0407	0.0421	0.0423	0.0416	0.0409

续表

年份地区	2006	2007	2008	2009	2010	2011	2012	2013	2014	2015	2016	2017	2018	2019	2020
宕昌县	0.0397	0.0416	0.0462	0.0468	0.0437	0.0439	0.0446	0.0457	0.0451	0.0429	0.0421	0.0435	0.0461	0.0450	0.0455
康县	0.0395	0.0401	0.0485	0.0478	0.0436	0.0431	0.0430	0.0442	0.0424	0.0431	0.0434	0.0421	0.0396	0.0440	0.0437
两当县	0.0441	0.0430	0.0476	0.0523	0.0468	0.0458	0.0467	0.0487	0.0453	0.0453	0.0455	0.0475	0.0486	0.0491	0.0481
临夏县	0.0417	0.0369	0.0407	0.0414	0.0425	0.0433	0.0446	0.0438	0.0425	0.0430	0.0444	0.0435	0.0439	0.0468	0.0461
康乐县	0.0367	0.0376	0.0405	0.0412	0.0444	0.0441	0.0446	0.0434	0.0418	0.0429	0.0451	0.0449	0.0461	0.0490	0.0485
和政县	0.0384	0.0226	0.0426	0.0430	0.0442	0.0457	0.0468	0.0412	0.0443	0.0441	0.0450	0.0457	0.0473	0.0459	0.0453
积石山县	0.0338	0.0377	0.0437	0.0443	0.0450	0.0476	0.0468	0.0458	0.0435	0.0439	0.0437	0.0467	0.0473	0.0462	0.0444
合作市	0.0392	0.0404	0.0427	0.0461	0.0476	0.0437	0.0442	0.0472	0.0493	0.0533	0.0479	0.0501	0.0521	0.0540	0.0535
临潭县	0.0394	0.0414	0.0440	0.0454	0.0453	0.0439	0.0453	0.0453	0.0437	0.0425	0.0427	0.0435	0.0430	0.0443	0.0449
卓尼县	0.0401	0.0427	0.0476	0.0457	0.0445	0.0431	0.0449	0.0473	0.0431	0.0440	0.0433	0.0431	0.0426	0.0437	0.0440
舟曲县	0.0424	0.0443	0.0488	0.0527	0.0599	0.0514	0.0495	0.0460	0.0437	0.0449	0.0459	0.0464	0.0469	0.0442	0.0443
迭部县	0.0394	0.0405	0.0400	0.0404	0.0416	0.0457	0.0489	0.0453	0.0440	0.0457	0.0464	0.0434	0.0477	0.0405	0.0458
玛曲县	0.0446	0.0459	0.0462	0.0477	0.0454	0.0468	0.0487	0.0483	0.0447	0.0453	0.0482	0.0486	0.0496	0.0484	0.0464
碌曲县	0.0424	0.0436	0.0434	0.0459	0.0452	0.0460	0.0463	0.0457	0.0429	0.0466	0.0461	0.0491	0.0506	0.0475	0.0449
夏河县	0.0460	0.0431	0.0430	0.0420	0.0444	0.0452	0.0476	0.0463	0.0451	0.0458	0.0481	0.0483	0.0473	0.0479	0.0473

表 2-7　甘肃省各县域经济高质量发展创新子系统水平得分（2006—2020 年）

年份 地区	2006	2007	2008	2009	2010	2011	2012	2013	2014	2015	2016	2017	2018	2019	2020
城关区	0.0228	0.0259	0.0296	0.0310	0.0329	0.0400	0.0492	0.0571	0.0750	0.0894	0.1029	0.1177	0.1272	0.0966	0.1161
七里河区	0.0114	0.0121	0.0129	0.0131	0.0125	0.0164	0.0207	0.0227	0.0272	0.0357	0.0394	0.0457	0.0535	0.0336	0.0524
西固区	0.0032	0.0038	0.0047	0.0043	0.0049	0.0062	0.0070	0.0090	0.0138	0.0163	0.0170	0.0180	0.0204	0.0183	0.0222
安宁区	0.0152	0.0176	0.0197	0.0252	0.0280	0.0320	0.0381	0.0524	0.0547	0.0630	0.0711	0.0850	0.1068	0.0635	0.1123
红古区	0.0023	0.0026	0.0028	0.0027	0.0032	0.0038	0.0045	0.0063	0.0066	0.0076	0.0079	0.0095	0.0102	0.0087	0.0112
皋兰县	0.0005	0.0007	0.0014	0.0019	0.0016	0.0020	0.0026	0.0023	0.0039	0.0055	0.0072	0.0079	0.0119	0.0114	0.0142
榆中县	0.0053	0.0055	0.0056	0.0029	0.0033	0.0046	0.0041	0.0039	0.0055	0.0090	0.0095	0.0139	0.0151	0.0134	0.0182
嘉峪关市	0.0034	0.0039	0.0047	0.0057	0.0056	0.0068	0.0081	0.0137	0.0156	0.0191	0.0225	0.0217	0.0250	0.0143	0.0189
金川区	0.0026	0.0032	0.0045	0.0038	0.0065	0.0080	0.0088	0.0128	0.0122	0.0141	0.0151	0.0158	0.0183	0.0130	0.0148
白银区	0.0034	0.0043	0.0059	0.0074	0.0098	0.0147	0.0160	0.0163	0.0193	0.0193	0.0239	0.0220	0.0237	0.0162	0.0227
平川区	0.0015	0.0021	0.0039	0.0019	0.0060	0.0081	0.0035	0.0071	0.0063	0.0112	0.0097	0.0079	0.0078	0.0086	0.0128
秦州区	0.0038	0.0045	0.0052	0.0047	0.0069	0.0066	0.0084	0.0108	0.0140	0.0151	0.0132	0.0185	0.0226	0.0129	0.0214
麦积区	0.0067	0.0082	0.0101	0.0048	0.0095	0.0093	0.0096	0.0129	0.0167	0.0159	0.0161	0.0146	0.0188	0.0146	0.0251
凉州区	0.0025	0.0026	0.0027	0.0021	0.0026	0.0026	0.0051	0.0055	0.0060	0.0088	0.0113	0.0127	0.0147	0.0124	0.0195
甘州区	0.0014	0.0017	0.0021	0.0025	0.0033	0.0043	0.0048	0.0081	0.0079	0.0112	0.0137	0.0207	0.0297	0.0222	0.0431
临泽县	0.0026	0.0033	0.0036	0.0046	0.0031	0.0048	0.0111	0.0085	0.0120	0.0207	0.0216	0.0396	0.0823	0.0763	0.0620
崆峒区	0.0037	0.0040	0.0045	0.0039	0.0056	0.0058	0.0075	0.0073	0.0077	0.0088	0.0104	0.0156	0.0185	0.0120	0.0238
泾川县	0.0008	0.0013	0.0019	0.0018	0.0008	0.0016	0.0020	0.0022	0.0012	0.0019	0.0023	0.0035	0.0098	0.0034	0.0099

续表

年份 地区	2006	2007	2008	2009	2010	2011	2012	2013	2014	2015	2016	2017	2018	2019	2020
华亭市	0.0007	0.0009	0.0011	0.0022	0.0020	0.0025	0.0028	0.0035	0.0034	0.0050	0.0036	0.0057	0.0076	0.0084	0.0134
肃州区	0.0014	0.0020	0.0033	0.0064	0.0072	0.0112	0.0150	0.0308	0.0141	0.0192	0.0157	0.0227	0.0348	0.0190	0.0368
西峰区	0.0012	0.0016	0.0022	0.0032	0.0048	0.0053	0.0135	0.0154	0.0105	0.0143	0.0192	0.0230	0.0340	0.0201	0.0336
宁县	0.0008	0.0007	0.0013	0.0024	0.0031	0.0039	0.0037	0.0043	0.0028	0.0033	0.0043	0.0071	0.0122	0.0062	0.0146
成县	0.0009	0.0008	0.0014	0.0017	0.0018	0.0023	0.0037	0.0042	0.0034	0.0036	0.0038	0.0063	0.0116	0.0059	0.0264
徽县	0.0002	0.0003	0.0008	0.0018	0.0017	0.0007	0.0030	0.0032	0.0033	0.0044	0.0122	0.0076	0.0140	0.0114	0.0110
靖远县	0.0067	0.0071	0.0076	0.0050	0.0091	0.0117	0.0107	0.0099	0.0139	0.0144	0.0232	0.0121	0.0199	0.0162	0.0217
景泰县	0.0149	0.0152	0.0167	0.0196	0.0168	0.0183	0.0295	0.0275	0.0279	0.0262	0.0208	0.0188	0.0332	0.0255	0.0299
清水县	0.0011	0.0019	0.0026	0.0036	0.0025	0.0036	0.0037	0.0042	0.0048	0.0040	0.0041	0.0110	0.0046	0.0078	0.0110
秦安县	0.0031	0.0028	0.0032	0.0029	0.0034	0.0044	0.0038	0.0052	0.0076	0.0061	0.0091	0.0048	0.0078	0.0072	0.0074
甘谷县	0.0025	0.0022	0.0025	0.0016	0.0025	0.0035	0.0033	0.0033	0.0062	0.0054	0.0054	0.0072	0.0087	0.0070	0.0097
武山县	0.0026	0.0026	0.0027	0.0040	0.0029	0.0042	0.0044	0.0083	0.0144	0.0097	0.0051	0.0158	0.0062	0.0048	0.0083
高台县	0.0104	0.0100	0.0108	0.0103	0.0117	0.0116	0.0203	0.0172	0.0208	0.0272	0.0351	0.0321	0.0432	0.0372	0.0437
灵台县	0.0031	0.0030	0.0034	0.0040	0.0044	0.0051	0.0072	0.0069	0.0111	0.0110	0.0051	0.0079	0.0136	0.0196	0.0130
崇信县	0.0037	0.0039	0.0040	0.0042	0.0046	0.0055	0.0050	0.0062	0.0070	0.0093	0.0045	0.0055	0.0059	0.0053	0.0086
金塔县	0.0151	0.0152	0.0162	0.0183	0.0200	0.0228	0.0287	0.0320	0.0338	0.0387	0.0346	0.0449	0.0393	0.0480	0.0544
瓜州县	0.0113	0.0122	0.0114	0.0127	0.0141	0.0186	0.0223	0.0276	0.0250	0.0323	0.0273	0.0239	0.0286	0.0266	0.0332
玉门市	0.0137	0.0166	0.0178	0.0186	0.0200	0.0222	0.0254	0.0273	0.0268	0.0317	0.0273	0.0292	0.0359	0.0269	0.0306

第二章 甘肃省县域经济高质量发展水平综合测度 ◇ 79

续表

年份 地区	2006	2007	2008	2009	2010	2011	2012	2013	2014	2015	2016	2017	2018	2019	2020
合水县	0.0030	0.0050	0.0050	0.0066	0.0094	0.0079	0.0106	0.0088	0.0092	0.0094	0.0100	0.0276	0.0101	0.0083	0.0177
正宁县	0.0021	0.0024	0.0040	0.0036	0.0034	0.0080	0.0094	0.0073	0.0063	0.0080	0.0092	0.0071	0.0087	0.0101	0.0165
安定区	0.0067	0.0079	0.0108	0.0149	0.0205	0.0221	0.0215	0.0310	0.0286	0.0322	0.0277	0.0224	0.0234	0.0264	0.0414
陇西县	0.0036	0.0047	0.0056	0.0063	0.0076	0.0111	0.0119	0.0085	0.0122	0.0187	0.0167	0.0185	0.0109	0.0183	0.0174
渭源县	0.0026	0.0025	0.0041	0.0072	0.0070	0.0064	0.0099	0.0097	0.0127	0.0104	0.0144	0.0086	0.0188	0.0175	0.0413
临洮县	0.0036	0.0039	0.0054	0.0093	0.0108	0.0140	0.0120	0.0124	0.0124	0.0166	0.0142	0.0100	0.0117	0.0141	0.0230
漳县	0.0031	0.0039	0.0042	0.0061	0.0103	0.0069	0.0082	0.0076	0.0287	0.0223	0.0133	0.0088	0.0120	0.0184	0.0250
岷县	0.0013	0.0022	0.0023	0.0029	0.0037	0.0037	0.0055	0.0045	0.0084	0.0050	0.0039	0.0048	0.0073	0.0060	0.0144
西和县	0.0011	0.0013	0.0014	0.0023	0.0029	0.0034	0.0040	0.0035	0.0050	0.0041	0.0037	0.0051	0.0081	0.0056	0.0118
礼县	0.0014	0.0017	0.0018	0.0020	0.0020	0.0029	0.0032	0.0028	0.0052	0.0048	0.0071	0.0047	0.0063	0.0061	0.0096
临夏市	0.0086	0.0085	0.0087	0.0085	0.0057	0.0083	0.0070	0.0086	0.0115	0.0128	0.0055	0.0083	0.0184	0.0139	0.0200
永靖县	0.0050	0.0060	0.0070	0.0065	0.0075	0.0117	0.0111	0.0100	0.0151	0.0144	0.0077	0.0152	0.0147	0.0098	0.0187
广河县	0.0030	0.0032	0.0034	0.0026	0.0038	0.0049	0.0051	0.0038	0.0058	0.0077	0.0048	0.0047	0.0068	0.0054	0.0118
东乡县	0.0024	0.0026	0.0027	0.0014	0.0031	0.0034	0.0047	0.0049	0.0108	0.0046	0.0024	0.0027	0.0035	0.0063	0.0066
永登县	0.0446	0.0469	0.0484	0.0527	0.0545	0.0538	0.0565	0.0589	0.0585	0.0575	0.0578	0.0592	0.0615	0.0605	0.0624
永昌县	0.0288	0.0313	0.0340	0.0395	0.0386	0.0398	0.0443	0.0407	0.0489	0.0522	0.0557	0.0545	0.0616	0.0623	0.0761
会宁县	0.0225	0.0251	0.0268	0.0317	0.0284	0.0309	0.0324	0.0343	0.0388	0.0399	0.0333	0.0373	0.0404	0.0345	0.0497
张家川县	0.0251	0.0277	0.0291	0.0305	0.0429	0.0433	0.0439	0.0450	0.0452	0.0461	0.0476	0.0489	0.0423	0.0443	0.0449

续表

年份 地区	2006	2007	2008	2009	2010	2011	2012	2013	2014	2015	2016	2017	2018	2019	2020
民勤县	0.0115	0.0143	0.0247	0.0236	0.0242	0.0280	0.0310	0.0398	0.0407	0.0491	0.0439	0.0686	0.0664	0.0521	0.0769
古浪县	0.0289	0.0315	0.0315	0.0342	0.0322	0.0368	0.0429	0.0427	0.0421	0.0629	0.0607	0.0629	0.0722	0.0529	0.0627
天祝县	0.0241	0.0267	0.0313	0.0329	0.0331	0.0382	0.0426	0.0452	0.0457	0.0530	0.0431	0.0652	0.0664	0.0511	0.0662
肃南县	0.0175	0.0200	0.0253	0.0275	0.0270	0.0256	0.0497	0.0389	0.0402	0.0465	0.0682	0.0554	0.0628	0.0624	0.0494
民乐县	0.0183	0.0208	0.0209	0.0217	0.0214	0.0232	0.0269	0.0347	0.0384	0.0481	0.0559	0.0639	0.0994	0.0612	0.0813
山丹县	0.0574	0.0600	0.0624	0.0647	0.0683	0.0700	0.0733	0.0797	0.0797	0.0791	0.0861	0.0844	0.1170	0.1132	0.1203
庄浪县	0.0478	0.0503	0.0518	0.0549	0.0597	0.0591	0.0602	0.0649	0.0643	0.0679	0.0807	0.0768	0.0486	0.0603	0.0691
静宁县	0.0259	0.0289	0.0312	0.0310	0.0310	0.0322	0.0335	0.0346	0.0367	0.0479	0.0596	0.0621	0.0868	0.0570	0.0619
肃北县	0.0108	0.0133	0.0147	0.0144	0.0188	0.0215	0.0175	0.0319	0.0241	0.0330	0.0255	0.0300	0.0359	0.0297	0.0458
阿克塞县	0.0266	0.0292	0.0270	0.0287	0.0323	0.0419	0.0476	0.0391	0.0523	0.0505	0.0347	0.0732	0.0529	0.0619	0.0524
敦煌市	0.0356	0.0381	0.0406	0.0412	0.0443	0.0498	0.0594	0.0616	0.0547	0.0577	0.0576	0.0609	0.0730	0.0662	0.0809
庆城县	0.0157	0.0184	0.0197	0.0244	0.0361	0.0383	0.0407	0.0415	0.0413	0.0424	0.0436	0.0414	0.0434	0.0427	0.0459
环县	0.0213	0.0245	0.0271	0.0299	0.0326	0.0663	0.0675	0.0666	0.0617	0.0684	0.0620	0.0626	0.0621	0.0613	0.0719
华池县	0.0114	0.0143	0.0126	0.0133	0.0146	0.0170	0.0184	0.0175	0.0177	0.0202	0.0214	0.0245	0.0217	0.0214	0.0234
镇原县	0.0231	0.0257	0.0426	0.0434	0.0545	0.0568	0.0736	0.0563	0.0545	0.0554	0.0576	0.0605	0.0625	0.0576	0.0685
通渭县	0.0390	0.0424	0.0425	0.0453	0.0463	0.0478	0.0474	0.0506	0.0506	0.0494	0.0497	0.0517	0.0483	0.0497	0.0581
武都区	0.0125	0.0149	0.0150	0.0157	0.0169	0.0165	0.0305	0.0711	0.0707	0.0709	0.0703	0.0807	0.0861	0.0741	0.0716
文县	0.0348	0.0372	0.0421	0.0454	0.0480	0.0499	0.0502	0.0504	0.0538	0.0553	0.0606	0.0710	0.0873	0.0605	0.0513

续表

年份 地区	2006	2007	2008	2009	2010	2011	2012	2013	2014	2015	2016	2017	2018	2019	2020
宕昌县	0.0243	0.0268	0.0322	0.0317	0.0322	0.0325	0.0423	0.0367	0.0434	0.0525	0.0571	0.0434	0.0626	0.0461	0.0630
康县	0.0555	0.0579	0.0628	0.0301	0.0305	0.0306	0.0364	0.0371	0.0378	0.0384	0.0351	0.0405	0.0604	0.0467	0.0478
两当县	0.0350	0.0375	0.0357	0.0346	0.0355	0.0403	0.0412	0.0511	0.0631	0.0475	0.0670	0.0678	0.0864	0.0563	0.0511
临夏县	0.0414	0.0440	0.0457	0.0467	0.0484	0.0482	0.0535	0.0622	0.0644	0.0688	0.0750	0.0728	0.0829	0.0780	0.0964
康乐县	0.0154	0.0180	0.0187	0.0181	0.0192	0.0238	0.0240	0.0276	0.0280	0.0329	0.0308	0.0324	0.0334	0.0359	0.0376
和政县	0.0343	0.0369	0.0396	0.0387	0.0376	0.0416	0.0391	0.0444	0.0532	0.0697	0.0821	0.0873	0.0847	0.0886	0.0906
积石山县	0.0396	0.0422	0.0423	0.0426	0.0440	0.0440	0.0453	0.0470	0.0462	0.0555	0.0518	0.0460	0.0490	0.0479	0.0523
合作市	0.0020	0.0056	0.0087	0.0129	0.0225	0.0312	0.0237	0.0242	0.0314	0.0282	0.0353	0.0524	0.0302	0.0348	0.0195
临潭县	0.0398	0.0423	0.0437	0.0299	0.0248	0.0327	0.0371	0.0388	0.0402	0.0358	0.0369	0.0332	0.0377	0.0446	0.0534
卓尼县	0.0109	0.0134	0.0173	0.0172	0.0160	0.0151	0.0150	0.0184	0.0172	0.0174	0.0263	0.0199	0.0247	0.0302	0.0424
舟曲县	0.0269	0.0295	0.0421	0.0425	0.0431	0.0478	0.0576	0.0577	0.0599	0.0751	0.0629	0.0617	0.0628	0.0759	0.0665
迭部县	0.0129	0.0154	0.0123	0.0204	0.0279	0.0304	0.0247	0.0389	0.0369	0.0413	0.0413	0.0355	0.0312	0.0520	0.0581
玛曲县	0.0000	0.0042	0.0052	0.0062	0.0044	0.0040	0.0057	0.0100	0.0109	0.0078	0.0171	0.0044	0.0041	0.0251	0.0138
碌曲县	0.0029	0.0054	0.0062	0.0043	0.0042	0.0057	0.0056	0.0079	0.0071	0.0078	0.0228	0.0177	0.0070	0.0100	0.0117
夏河县	0.0148	0.0174	0.0230	0.0234	0.0223	0.0499	0.0498	0.0414	0.0294	0.0271	0.0529	0.0363	0.0262	0.0285	0.0296

表2-8 甘肃省各县域经济高质量发展协调子系统水平得分（2006—2020年）

年份 地区	2006	2007	2008	2009	2010	2011	2012	2013	2014	2015	2016	2017	2018	2019	2020
城关区	0.1174	0.1187	0.1189	0.1215	0.1219	0.1218	0.1218	0.1219	0.1220	0.1164	0.1165	0.1162	0.1162	0.1165	0.1169
七里河区	0.1014	0.1061	0.1052	0.1052	0.1051	0.1050	0.1061	0.1079	0.1087	0.1019	0.1102	0.1108	0.1112	0.1095	0.1097
西固区	0.1043	0.1091	0.1047	0.1038	0.1043	0.1048	0.1046	0.1045	0.1055	0.1033	0.1047	0.1049	0.1052	0.1073	0.1078
安宁区	0.1094	0.1091	0.1083	0.1087	0.1096	0.1075	0.1085	0.1084	0.1084	0.1098	0.1097	0.1090	0.1090	0.1167	0.1167
红古区	0.1066	0.1056	0.1060	0.1050	0.1058	0.1061	0.1041	0.1056	0.1060	0.1057	0.1036	0.1074	0.1051	0.1077	0.1081
皋兰县	0.0772	0.0758	0.0766	0.0759	0.0789	0.0858	0.0874	0.0877	0.0910	0.0920	0.0925	0.0933	0.0891	0.0931	0.0937
榆中县	0.0603	0.0634	0.0648	0.0654	0.0656	0.0652	0.0670	0.0663	0.0671	0.0828	0.0808	0.0834	0.0771	0.0878	0.0886
嘉峪关市	0.1046	0.1036	0.1043	0.1054	0.1061	0.1084	0.1089	0.1093	0.1095	0.1089	0.1083	0.1082	0.1083	0.1089	0.1093
金川区	0.0964	0.0934	0.0905	0.0918	0.0944	0.0984	0.1041	0.0989	0.0994	0.1033	0.1031	0.1034	0.1037	0.1039	0.1047
白银区	0.0944	0.0917	0.0929	0.0943	0.0942	0.0941	0.0940	0.0956	0.0961	0.0952	0.0970	0.0977	0.0979	0.1015	0.1029
平川区	0.0748	0.0802	0.0728	0.0789	0.0718	0.0680	0.0683	0.0711	0.0685	0.0685	0.0717	0.0752	0.0732	0.0806	0.0827
秦州区	0.0637	0.0657	0.0670	0.0685	0.0688	0.0680	0.0686	0.0698	0.0709	0.0737	0.0742	0.0740	0.0723	0.0805	0.0828
麦积区	0.0689	0.0696	0.0702	0.0707	0.0695	0.0710	0.0698	0.0703	0.0696	0.0712	0.0711	0.0712	0.0716	0.0741	0.0766
凉州区	0.0796	0.0783	0.0778	0.0781	0.0792	0.0843	0.0853	0.0844	0.0858	0.0874	0.0878	0.0874	0.0897	0.0905	0.0919
甘州区	0.0870	0.0866	0.0870	0.0877	0.0892	0.0897	0.0898	0.0899	0.0924	0.1024	0.0934	0.0937	0.0944	0.0950	0.0959
临泽县	0.0792	0.0789	0.0793	0.0814	0.0819	0.0821	0.0820	0.0856	0.0834	0.0906	0.0931	0.0916	0.0935	0.0939	0.0947
崆峒区	0.0744	0.0753	0.0764	0.0785	0.0801	0.0801	0.0813	0.0838	0.0857	0.0858	0.0867	0.0886	0.0885	0.0895	0.0903
泾川县	0.0541	0.0570	0.0577	0.0595	0.0617	0.0631	0.0540	0.0673	0.0691	0.0756	0.0757	0.0765	0.0776	0.0787	0.0802

续表

年份 地区	2006	2007	2008	2009	2010	2011	2012	2013	2014	2015	2016	2017	2018	2019	2020
华亭市	0.0637	0.0585	0.0565	0.0539	0.0563	0.0597	0.0649	0.0685	0.0707	0.0721	0.0720	0.0726	0.0734	0.0605	0.0625
肃州区	0.0835	0.0831	0.0836	0.0855	0.0916	0.0862	0.0867	0.0866	0.0878	0.0968	0.0958	0.0955	0.0961	0.0967	0.0978
西峰区	0.0707	0.0728	0.0734	0.0749	0.0760	0.0774	0.0582	0.0781	0.0786	0.0800	0.0802	0.0809	0.0810	0.0811	0.0827
宁县	0.0754	0.0652	0.0662	0.0645	0.0633	0.0621	0.0606	0.0610	0.0614	0.0616	0.0617	0.0619	0.0631	0.0662	0.0679
成县	0.0630	0.0647	0.0724	0.0719	0.0697	0.0703	0.0709	0.0704	0.0732	0.0758	0.0780	0.0785	0.0807	0.0805	0.0833
徽县	0.0599	0.0575	0.0591	0.0600	0.0615	0.0619	0.0627	0.0616	0.0635	0.0654	0.0729	0.0735	0.0756	0.0779	0.0804
靖远县	0.0713	0.0686	0.0684	0.0673	0.0682	0.0677	0.0731	0.0739	0.0745	0.0754	0.0759	0.0768	0.0778	0.0789	0.0804
景泰县	0.0760	0.0750	0.0751	0.0749	0.0754	0.0747	0.0738	0.0733	0.0737	0.0737	0.0731	0.0731	0.0739	0.0870	0.0894
清水县	0.0518	0.0522	0.0524	0.0514	0.0522	0.0530	0.0543	0.0533	0.0549	0.0538	0.0535	0.0536	0.0607	0.0615	0.0654
秦安县	0.0661	0.0661	0.0660	0.0657	0.0700	0.0637	0.0624	0.0614	0.0613	0.0630	0.0632	0.0635	0.0639	0.0674	0.0687
甘谷县	0.0590	0.0590	0.0588	0.0585	0.0597	0.0581	0.0570	0.0579	0.0547	0.0566	0.0562	0.0566	0.0575	0.0672	0.0693
武山县	0.0607	0.0608	0.0616	0.0604	0.0587	0.0597	0.0598	0.0617	0.0642	0.0661	0.0672	0.0683	0.0699	0.0716	0.0728
高台县	0.0761	0.0795	0.0799	0.0805	0.0818	0.0824	0.0810	0.0815	0.0832	0.0833	0.0878	0.0875	0.0892	0.0942	0.0953
灵台县	0.0566	0.0575	0.0578	0.0571	0.0593	0.0603	0.0609	0.0627	0.0636	0.0714	0.0713	0.0698	0.0722	0.0750	0.0774
崇信县	0.0479	0.0459	0.0443	0.0429	0.0458	0.0468	0.0481	0.0517	0.0528	0.0511	0.0507	0.0509	0.0603	0.0611	0.0624
金塔县	0.0839	0.0828	0.0801	0.0789	0.0795	0.0805	0.0816	0.0831	0.0836	0.0854	0.0854	0.0853	0.0855	0.0902	0.0931
瓜州县	0.0834	0.0818	0.0801	0.0786	0.0795	0.0792	0.0842	0.0850	0.0863	0.0869	0.0880	0.0887	0.0885	0.0983	0.0991
玉门市	0.0906	0.0886	0.0869	0.0864	0.0879	0.0900	0.0903	0.0914	0.0931	0.0953	0.0961	0.0977	0.0979	0.0984	0.0996

续表

年份 地区	2006	2007	2008	2009	2010	2011	2012	2013	2014	2015	2016	2017	2018	2019	2020
合水县	0.0613	0.0596	0.0593	0.0586	0.0576	0.0567	0.0528	0.0580	0.0598	0.0667	0.0670	0.0680	0.0688	0.0699	0.0721
正宁县	0.0670	0.0662	0.0636	0.0612	0.0606	0.0605	0.0575	0.0630	0.0676	0.0737	0.0739	0.0738	0.0742	0.0755	0.0769
安定区	0.0441	0.0459	0.0476	0.0493	0.0523	0.0537	0.0537	0.0540	0.0551	0.0720	0.0722	0.0734	0.0746	0.0759	0.0773
陇西县	0.0455	0.0474	0.0492	0.0510	0.0548	0.0544	0.0545	0.0575	0.0590	0.0610	0.0648	0.0660	0.0669	0.0801	0.0819
渭源县	0.0420	0.0383	0.0489	0.0505	0.0540	0.0544	0.0541	0.0541	0.0561	0.0641	0.0648	0.0648	0.0668	0.0682	0.0693
临洮县	0.0509	0.0523	0.0535	0.0548	0.0590	0.0597	0.0604	0.0616	0.0636	0.0688	0.0690	0.0700	0.0712	0.0729	0.0742
漳县	0.0381	0.0400	0.0419	0.0438	0.0457	0.0474	0.0493	0.0491	0.0513	0.0638	0.0633	0.0635	0.0645	0.0672	0.0688
岷县	0.0340	0.0362	0.0383	0.0403	0.0425	0.0443	0.0461	0.0470	0.0528	0.0608	0.0604	0.0624	0.0637	0.0641	0.0657
西和县	0.0363	0.0365	0.0426	0.0501	0.0441	0.0390	0.0426	0.0444	0.0483	0.0574	0.0586	0.0603	0.0622	0.0639	0.0651
礼县	0.0650	0.0580	0.0591	0.0601	0.0612	0.0625	0.0632	0.0636	0.0658	0.0659	0.0686	0.0677	0.0698	0.0656	0.0675
临夏市	0.1002	0.1018	0.1033	0.1049	0.1064	0.1065	0.1110	0.1113	0.1115	0.1119	0.1120	0.1122	0.1127	0.1129	0.1135
永靖县	0.0603	0.0607	0.0650	0.0649	0.0671	0.0678	0.0702	0.0687	0.0711	0.0749	0.0756	0.0766	0.0781	0.0791	0.0808
广河县	0.0677	0.0663	0.0698	0.0703	0.0695	0.0719	0.0723	0.0726	0.0730	0.0735	0.0736	0.0737	0.0747	0.0768	0.0784
东乡县	0.0430	0.0425	0.0461	0.0475	0.0447	0.0416	0.0442	0.0467	0.0467	0.0545	0.0553	0.0566	0.0583	0.0579	0.0598
永登县	0.0742	0.0733	0.0733	0.0713	0.0705	0.0714	0.0716	0.0729	0.0731	0.0739	0.0799	0.0793	0.0878	0.0884	0.0892
永昌县	0.0795	0.0797	0.0813	0.0826	0.0836	0.0858	0.0874	0.0866	0.0875	0.0882	0.0885	0.0893	0.0896	0.0911	0.0928
会宁县	0.0606	0.0581	0.0552	0.0568	0.0600	0.0602	0.0607	0.0611	0.0670	0.0757	0.0759	0.0764	0.0776	0.0786	0.0808
张家川县	0.0505	0.0470	0.0493	0.0515	0.0483	0.0490	0.0509	0.0519	0.0524	0.0538	0.0565	0.0568	0.0573	0.0646	0.0650

续表

年份 地区	2006	2007	2008	2009	2010	2011	2012	2013	2014	2015	2016	2017	2018	2019	2020
民勤县	0.0861	0.0850	0.0845	0.0857	0.0856	0.0844	0.0838	0.0833	0.0847	0.0864	0.0868	0.0875	0.0883	0.0889	0.0905
古浪县	0.0587	0.0579	0.0573	0.0582	0.0615	0.0620	0.0628	0.0651	0.0635	0.0630	0.0538	0.0650	0.0665	0.0672	0.0687
天祝县	0.0545	0.0552	0.0576	0.0583	0.0579	0.0590	0.0541	0.0601	0.0651	0.0701	0.0724	0.0730	0.0744	0.0736	0.0748
肃南县	0.0882	0.0875	0.0879	0.0885	0.0896	0.0898	0.0900	0.0903	0.0928	0.0925	0.0908	0.0936	0.0929	0.0921	0.0926
民乐县	0.0803	0.0788	0.0797	0.0813	0.0816	0.0821	0.0822	0.0834	0.0848	0.0854	0.0850	0.0866	0.0869	0.0895	0.0909
山丹县	0.0821	0.0820	0.0858	0.0864	0.0873	0.0878	0.0867	0.0872	0.0902	0.0903	0.0903	0.0907	0.0915	0.0938	0.0951
庄浪县	0.0458	0.0414	0.0313	0.0363	0.0385	0.0253	0.0406	0.0457	0.0471	0.0478	0.0508	0.0529	0.0539	0.0560	0.0586
静宁县	0.0378	0.0367	0.0385	0.0440	0.0459	0.0467	0.0624	0.0507	0.0529	0.0614	0.0631	0.0869	0.0629	0.0788	0.0799
肃北县	0.0921	0.0912	0.0898	0.0881	0.0888	0.0929	0.0986	0.1010	0.1019	0.1019	0.1026	0.1029	0.1080	0.0939	0.0946
阿克塞县	0.1014	0.0996	0.0994	0.0986	0.0969	0.1015	0.1190	0.1199	0.1161	0.1153	0.1151	0.1154	0.1176	0.1065	0.1075
敦煌市	0.0819	0.0796	0.0775	0.0755	0.0760	0.0819	0.0822	0.0823	0.0828	0.0849	0.0851	0.1090	0.1002	0.1100	0.1104
庆城县	0.0582	0.0561	0.0564	0.0509	0.0499	0.0482	0.0443	0.0495	0.0627	0.0578	0.0578	0.0581	0.0577	0.0680	0.0698
环县	0.0489	0.0513	0.0465	0.0442	0.0449	0.0418	0.0392	0.0454	0.0479	0.0610	0.0620	0.0622	0.0637	0.0663	0.0686
华池县	0.0496	0.0510	0.0472	0.0462	0.0505	0.0508	0.0471	0.0528	0.0555	0.0635	0.0650	0.0650	0.0652	0.0670	0.0692
镇原县	0.0562	0.0536	0.0503	0.0471	0.0484	0.0503	0.0457	0.0523	0.0551	0.0621	0.0635	0.0649	0.0670	0.0656	0.0672
通渭县	0.0449	0.0460	0.0470	0.0499	0.0527	0.0530	0.0542	0.0509	0.0538	0.0605	0.0606	0.0621	0.0629	0.0640	0.0653
武都区	0.0280	0.0316	0.0351	0.0382	0.0450	0.0441	0.0445	0.0448	0.0456	0.0630	0.0651	0.0673	0.0685	0.0695	0.0723
文县	0.0545	0.0521	0.0498	0.0474	0.0449	0.0467	0.0429	0.0411	0.0419	0.0554	0.0537	0.0625	0.0649	0.0649	0.0677

续表

年份 地区	2006	2007	2008	2009	2010	2011	2012	2013	2014	2015	2016	2017	2018	2019	2020
宕昌县	0.0449	0.0458	0.0466	0.0474	0.0515	0.0525	0.0536	0.0546	0.0556	0.0569	0.0567	0.0579	0.0608	0.0628	0.0643
康县	0.0600	0.0594	0.0599	0.0617	0.0574	0.0588	0.0618	0.0596	0.0481	0.0581	0.0601	0.0602	0.0640	0.0656	0.0663
两当县	0.0065	0.0110	0.0155	0.0200	0.0291	0.0287	0.0302	0.0321	0.0351	0.0549	0.0623	0.0645	0.0636	0.0678	0.0687
临夏县	0.0442	0.0461	0.0477	0.0495	0.0510	0.0525	0.0553	0.0574	0.0594	0.0633	0.0652	0.0655	0.0675	0.0667	0.0683
康乐县	0.0598	0.0601	0.0607	0.0612	0.0616	0.0621	0.0628	0.0636	0.0642	0.0648	0.0651	0.0655	0.0668	0.0683	0.0700
和政县	0.0517	0.0510	0.0525	0.0570	0.0592	0.0530	0.0539	0.0567	0.0596	0.0638	0.0644	0.0655	0.0673	0.0681	0.0699
积石山县	0.0463	0.0473	0.0483	0.0505	0.0517	0.0499	0.0517	0.0532	0.0533	0.0564	0.0566	0.0574	0.0589	0.0609	0.0630
合作市	0.0748	0.0696	0.0719	0.0739	0.0740	0.0733	0.0737	0.0724	0.0773	0.0785	0.0807	0.0800	0.0801	0.0842	0.0855
临潭县	0.0533	0.0499	0.0533	0.0540	0.0542	0.0528	0.0530	0.0573	0.0589	0.0644	0.0624	0.0660	0.0677	0.0690	0.0713
卓尼县	0.0511	0.0483	0.0519	0.0508	0.0514	0.0509	0.0520	0.0526	0.0576	0.0689	0.0643	0.0648	0.0668	0.0686	0.0709
舟曲县	0.0432	0.0389	0.0495	0.0506	0.0518	0.0530	0.0545	0.0552	0.0587	0.0627	0.0644	0.0648	0.0658	0.0671	0.0696
迭部县	0.0612	0.0571	0.0622	0.0628	0.0617	0.0616	0.0614	0.0611	0.0649	0.0674	0.0676	0.0684	0.0696	0.0689	0.0713
玛曲县	0.0639	0.0617	0.0615	0.0628	0.0623	0.0627	0.0614	0.0620	0.0623	0.0691	0.0702	0.0662	0.0730	0.0820	0.0850
碌曲县	0.0707	0.0662	0.0661	0.0663	0.0667	0.0653	0.0649	0.0663	0.0706	0.0727	0.0732	0.0746	0.0765	0.0786	0.0811
夏河县	0.0631	0.0597	0.0609	0.0603	0.0588	0.0596	0.0585	0.0593	0.0619	0.0629	0.0628	0.0633	0.0634	0.0691	0.0706

表2-9 甘肃省各县域经济高质量发展绿色子系统水平得分（2006—2020年）

年份 地区	2006	2007	2008	2009	2010	2011	2012	2013	2014	2015	2016	2017	2018	2019	2020
城关区	0.1333	0.1345	0.1343	0.1352	0.1355	0.1351	0.1363	0.1359	0.1360	0.1361	0.1367	0.1321	0.1318	0.1356	0.1361
七里河区	0.1296	0.1303	0.1312	0.1320	0.1320	0.1327	0.1332	0.1338	0.1343	0.1344	0.1350	0.1346	0.1352	0.1349	0.1351
西固区	0.1323	0.1329	0.1333	0.1338	0.1342	0.1346	0.1349	0.1350	0.1352	0.1355	0.1367	0.1354	0.1358	0.1361	0.1362
安宁区	0.1242	0.1249	0.1230	0.1227	0.1253	0.1258	0.1277	0.1292	0.1301	0.1372	0.1373	0.1373	0.1376	0.1376	0.1377
红古区	0.1297	0.1309	0.1325	0.1323	0.1333	0.1334	0.1350	0.1355	0.1356	0.1362	0.1370	0.1354	0.1364	0.1364	0.1364
皋兰县	0.1254	0.1291	0.1300	0.1305	0.1310	0.1310	0.1324	0.1322	0.1330	0.1331	0.1352	0.1346	0.1353	0.1337	0.1341
榆中县	0.1160	0.1238	0.1233	0.1262	0.1280	0.1287	0.1297	0.1301	0.1308	0.1310	0.1333	0.1302	0.1318	0.1293	0.1300
嘉峪关市	0.1308	0.1313	0.1323	0.1340	0.1342	0.1330	0.1334	0.1334	0.1325	0.1323	0.1392	0.1399	0.1386	0.1382	0.1392
金川区	0.1229	0.1246	0.1265	0.1239	0.1256	0.1278	0.1254	0.1232	0.1245	0.1244	0.1346	0.1327	0.1333	0.1283	0.1294
白银区	0.1179	0.1205	0.1210	0.1212	0.1228	0.1243	0.1278	0.1287	0.1290	0.1292	0.1340	0.1320	0.1308	0.1326	0.1333
平川区	0.1098	0.1211	0.1267	0.1260	0.1289	0.1287	0.1308	0.1275	0.1284	0.1267	0.1285	0.1330	0.1365	0.1310	0.1331
秦州区	0.1309	0.1303	0.1326	0.1312	0.1339	0.1335	0.1342	0.1345	0.1350	0.1351	0.1340	0.1345	0.1348	0.1323	0.1326
麦积区	0.1223	0.1256	0.1273	0.1279	0.1291	0.1304	0.1313	0.1307	0.1317	0.1321	0.1316	0.1317	0.1320	0.1274	0.1278
凉州区	0.1208	0.1210	0.1220	0.1224	0.1235	0.1238	0.1260	0.1279	0.1282	0.1290	0.1354	0.1334	0.1336	0.1332	0.1338
甘州区	0.1233	0.1260	0.1262	0.1263	0.1267	0.1330	0.1352	0.1354	0.1333	0.1356	0.1414	0.1370	0.1320	0.1376	0.1378
临泽县	0.1194	0.1234	0.1275	0.1310	0.1290	0.1336	0.1338	0.1362	0.1363	0.1394	0.1438	0.1417	0.1329	0.1385	0.1387
崆峒区	0.1188	0.1214	0.1223	0.1230	0.1249	0.1292	0.1314	0.1322	0.1332	0.1352	0.1383	0.1292	0.1299	0.1327	0.1332
泾川县	0.1177	0.1205	0.1252	0.1263	0.1272	0.1269	0.1298	0.1313	0.1311	0.1313	0.1378	0.1327	0.1344	0.1259	0.1282

续表

年份 地区	2006	2007	2008	2009	2010	2011	2012	2013	2014	2015	2016	2017	2018	2019	2020
华亭市	0.1267	0.1261	0.1284	0.1290	0.1303	0.1311	0.1323	0.1330	0.1331	0.1345	0.1369	0.1336	0.1344	0.1339	0.1344
肃州区	0.1256	0.1279	0.1285	0.1287	0.1297	0.1316	0.1328	0.1325	0.1324	0.1346	0.1341	0.1319	0.1332	0.1328	0.1329
西峰区	0.1306	0.1312	0.1322	0.1318	0.1320	0.1327	0.1336	0.1336	0.1333	0.1334	0.1334	0.1302	0.1313	0.1327	0.1331
宁县	0.1232	0.1254	0.1293	0.1300	0.1312	0.1311	0.1323	0.1331	0.1329	0.1331	0.1332	0.1272	0.1330	0.1331	0.1335
成县	0.1257	0.1279	0.1285	0.1258	0.1327	0.1344	0.1331	0.1322	0.1336	0.1316	0.1323	0.1300	0.1319	0.1322	0.1327
徽县	0.1153	0.1204	0.1226	0.1216	0.1326	0.1362	0.1338	0.1329	0.1332	0.1290	0.1300	0.1293	0.1294	0.1288	0.1290
靖远县	0.0839	0.0930	0.1052	0.1086	0.1174	0.1256	0.1261	0.1262	0.1273	0.1170	0.1374	0.1411	0.1465	0.1329	0.1381
景泰县	0.0842	0.0922	0.1063	0.1092	0.1170	0.1195	0.1225	0.1240	0.1202	0.1214	0.1314	0.1381	0.1406	0.1306	0.1338
清水县	0.1270	0.1284	0.1302	0.1312	0.1322	0.1328	0.1334	0.1335	0.1344	0.1091	0.1323	0.1343	0.1340	0.1325	0.1326
秦安县	0.1234	0.1257	0.1267	0.1282	0.1304	0.1304	0.1315	0.1314	0.0849	0.1322	0.1309	0.1315	0.1322	0.1284	0.1290
甘谷县	0.1297	0.1325	0.1324	0.1322	0.1332	0.1336	0.1340	0.1344	0.1351	0.1354	0.1343	0.1346	0.1353	0.1330	0.1330
武山县	0.1269	0.1274	0.1288	0.1305	0.1317	0.1320	0.1324	0.1325	0.1333	0.1338	0.1324	0.1324	0.1332	0.1299	0.1304
高台县	0.1297	0.1339	0.1335	0.1341	0.1325	0.1410	0.1390	0.1384	0.1390	0.1397	0.1438	0.1429	0.1357	0.1402	0.1407
灵台县	0.0998	0.1034	0.1073	0.1156	0.1192	0.1276	0.1303	0.1313	0.1325	0.1376	0.1448	0.1505	0.1472	0.1445	0.1470
崇信县	0.1065	0.1086	0.1158	0.1219	0.1236	0.1271	0.1282	0.1299	0.1306	0.1317	0.1362	0.1324	0.1335	0.1326	0.1338
金塔县	0.1246	0.1270	0.1275	0.1275	0.1297	0.1359	0.1357	0.1342	0.1341	0.1349	0.1343	0.1346	0.1351	0.1343	0.1345
瓜州县	0.1235	0.1258	0.1272	0.1264	0.1279	0.1316	0.1325	0.1305	0.1287	0.0695	0.1323	0.1314	0.1326	0.1287	0.1293
玉门市	0.1241	0.1237	0.1247	0.1242	0.1270	0.1290	0.1289	0.1294	0.1292	0.1309	0.1311	0.1302	0.1317	0.1295	0.1304

续表

年份 地区	2006	2007	2008	2009	2010	2011	2012	2013	2014	2015	2016	2017	2018	2019	2020
合水县	0.1246	0.1266	0.1272	0.1305	0.1320	0.1325	0.1350	0.1343	0.1347	0.1348	0.1348	0.1303	0.1306	0.1314	0.1316
正宁县	0.1186	0.1217	0.1234	0.1253	0.1265	0.1289	0.1295	0.1302	0.1305	0.1303	0.1308	0.1219	0.1270	0.1278	0.1295
安定区	0.1304	0.1308	0.1314	0.1315	0.1324	0.1318	0.1289	0.1321	0.1300	0.1301	0.1305	0.1296	0.1301	0.1265	0.1269
陇西县	0.1219	0.1247	0.1271	0.1273	0.1286	0.1287	0.1321	0.1323	0.1320	0.1311	0.1324	0.1306	0.1305	0.1273	0.1281
渭源县	0.1275	0.1288	0.1290	0.1300	0.1307	0.1296	0.1318	0.1287	0.1301	0.1291	0.1315	0.1323	0.1319	0.1295	0.1303
临洮县	0.1176	0.1173	0.1199	0.1225	0.1249	0.1297	0.1271	0.1274	0.1283	0.1284	0.1291	0.1240	0.1290	0.1270	0.1276
漳县	0.1229	0.1244	0.1258	0.1273	0.1287	0.1268	0.1303	0.1318	0.1316	0.1320	0.1325	0.1318	0.1321	0.1315	0.1319
岷县	0.1272	0.1298	0.1272	0.1291	0.1310	0.1306	0.1314	0.1310	0.1319	0.1320	0.1331	0.1317	0.1331	0.1325	0.1326
西和县	0.1138	0.1254	0.1295	0.1242	0.1415	0.1434	0.1368	0.1344	0.1324	0.1299	0.1302	0.1295	0.1311	0.1310	0.1315
礼县	0.1225	0.1280	0.1290	0.1246	0.1430	0.1403	0.1399	0.1375	0.1338	0.1309	0.1312	0.1312	0.1321	0.1288	0.1296
临夏市	0.1261	0.1271	0.1280	0.1296	0.1306	0.1328	0.1338	0.1339	0.1343	0.1337	0.1367	0.1370	0.1309	0.1357	0.1359
永靖县	0.1243	0.1258	0.1268	0.1273	0.1293	0.1311	0.1314	0.1315	0.1318	0.1314	0.1325	0.1317	0.1324	0.1299	0.1310
广河县	0.1193	0.1247	0.1273	0.1286	0.1300	0.1331	0.1337	0.1342	0.1344	0.1333	0.1353	0.1353	0.1352	0.1348	0.1352
东乡县	0.1163	0.1238	0.1242	0.1267	0.1296	0.1253	0.1286	0.1256	0.1247	0.1232	0.1243	0.1281	0.1299	0.1254	0.1268
永登县	0.1286	0.1311	0.1314	0.1309	0.1312	0.1318	0.1325	0.1322	0.1328	0.1336	0.1342	0.1323	0.1327	0.1333	0.1336
永昌县	0.0734	0.0866	0.0433	0.1073	0.1133	0.1029	0.1172	0.1194	0.1157	0.1076	0.1334	0.1267	0.1275	0.1212	0.1258
会宁县	0.1049	0.1105	0.1184	0.1199	0.1236	0.1179	0.1231	0.1258	0.1228	0.1192	0.1276	0.1335	0.1352	0.1272	0.1300
张家川县	0.1303	0.1295	0.1313	0.1320	0.1330	0.1341	0.1342	0.1333	0.1347	0.1350	0.1328	0.1346	0.1353	0.1340	0.1342

续表

年份 地区	2006	2007	2008	2009	2010	2011	2012	2013	2014	2015	2016	2017	2018	2019	2020
民勤县	0.1187	0.1182	0.1199	0.1207	0.1195	0.1219	0.1270	0.1277	0.1277	0.1279	0.1294	0.1279	0.1295	0.1262	0.1263
古浪县	0.1230	0.1248	0.1264	0.1268	0.1285	0.1276	0.1300	0.1305	0.1302	0.1313	0.1333	0.1303	0.1329	0.1257	0.1276
天祝县	0.1205	0.1232	0.1253	0.1263	0.1281	0.1221	0.1265	0.1283	0.1293	0.1303	0.1321	0.1334	0.1342	0.1305	0.1313
陇南县	0.1279	0.1293	0.1307	0.1299	0.1288	0.1336	0.1338	0.1341	0.1346	0.1358	0.1369	0.1474	0.1352	0.1417	0.1417
民乐县	0.1226	0.1250	0.1243	0.1253	0.1256	0.1323	0.1317	0.1310	0.1325	0.1335	0.1360	0.1302	0.1309	0.1284	0.1294
山丹县	0.1280	0.1296	0.1306	0.1311	0.1304	0.1343	0.1357	0.1356	0.1393	0.1446	0.1517	0.1469	0.1336	0.1409	0.1397
庄浪县	0.1088	0.1110	0.1146	0.1190	0.1203	0.1195	0.1279	0.1292	0.1276	0.1278	0.1399	0.1386	0.1319	0.1278	0.1297
静宁县	0.1063	0.1078	0.1102	0.1144	0.1190	0.1253	0.1295	0.1310	0.1321	0.1337	0.1397	0.1378	0.1372	0.1291	0.1304
肃北县	0.1229	0.1327	0.1253	0.1258	0.1295	0.1292	0.1287	0.0713	0.1316	0.1327	0.1312	0.1339	0.1339	0.1367	0.1366
阿克塞县	0.1239	0.1251	0.1281	0.1295	0.1289	0.1331	0.1358	0.1343	0.1346	0.1314	0.1298	0.1355	0.1350	0.1369	0.1370
敦煌市	0.1261	0.1294	0.1302	0.1298	0.1308	0.1383	0.1363	0.1333	0.1334	0.1329	0.1338	0.1321	0.1336	0.1343	0.1344
庆城县	0.1245	0.1255	0.1271	0.1276	0.1277	0.1291	0.1306	0.1305	0.1307	0.1307	0.1307	0.1268	0.1296	0.1262	0.1271
环县	0.1202	0.1121	0.1208	0.1220	0.1241	0.1253	0.1264	0.1271	0.1265	0.1363	0.1252	0.1250	0.1265	0.1112	0.1148
华池县	0.1282	0.1293	0.1276	0.1292	0.1306	0.1308	0.1320	0.1327	0.1326	0.1326	0.1324	0.1309	0.1330	0.1309	0.1312
镇原县	0.1197	0.1212	0.1235	0.1241	0.1276	0.1284	0.1299	0.1322	0.1309	0.1314	0.1314	0.1313	0.1316	0.1293	0.1301
通渭县	0.1246	0.1245	0.1257	0.1261	0.1272	0.1246	0.1265	0.1269	0.1268	0.1265	0.1263	0.1247	0.1252	0.1229	0.1237
武都区	0.1282	0.1379	0.1323	0.1222	0.1389	0.1444	0.1390	0.1359	0.1360	0.1324	0.1336	0.1331	0.1342	0.1299	0.1304
文县	0.1210	0.1315	0.1279	0.1239	0.1395	0.1502	0.1453	0.1393	0.1394	0.1328	0.1342	0.1340	0.1349	0.1330	0.1339

第二章 甘肃省县域经济高质量发展水平综合测度 ◇ 91

续表

年份 地区	2006	2007	2008	2009	2010	2011	2012	2013	2014	2015	2016	2017	2018	2019	2020
宕昌县	0.1394	0.1428	0.1378	0.1279	0.1453	0.1482	0.1411	0.1393	0.1395	0.1338	0.1351	0.1341	0.1341	0.1321	0.1323
康县	0.1188	0.1249	0.1229	0.1183	0.1272	0.1339	0.1300	0.1297	0.1306	0.1293	0.1298	0.1302	0.1275	0.1275	0.1279
两当县	0.1231	0.1549	0.1510	0.1288	0.1477	0.1590	0.1418	0.1387	0.1389	0.1322	0.1343	0.1349	0.1370	0.1342	0.1343
临夏县	0.1198	0.1215	0.1193	0.1221	0.1245	0.1269	0.1282	0.1305	0.1309	0.1291	0.1315	0.1321	0.1321	0.1309	0.1317
康乐县	0.1217	0.1229	0.1252	0.1301	0.1300	0.1279	0.1308	0.1321	0.1314	0.1318	0.1339	0.1335	0.1331	0.1332	0.1337
和政县	0.1315	0.1285	0.1282	0.1310	0.1296	0.1252	0.1302	0.1317	0.1327	0.1301	0.1336	0.1344	0.1354	0.1337	0.1345
积石山县	0.1186	0.1217	0.1218	0.1245	0.1276	0.1283	0.1304	0.1316	0.1318	0.1313	0.1328	0.1310	0.1309	0.1301	0.1319
合作市	0.1337	0.1348	0.1349	0.1352	0.1364	0.1359	0.1357	0.1363	0.1359	0.1353	0.1355	0.1368	0.1367	0.1373	0.1374
临潭县	0.1265	0.1263	0.1272	0.1288	0.1309	0.1328	0.1335	0.1337	0.1351	0.1360	0.1359	0.1177	0.1345	0.1342	0.1354
卓尼县	0.1306	0.1314	0.1320	0.1334	0.1341	0.1341	0.1342	0.1355	0.1364	0.1358	0.1361	0.1359	0.1361	0.1369	0.1377
舟曲县	0.1286	0.1297	0.1315	0.1301	0.1324	0.1352	0.1349	0.1355	0.1384	0.1368	0.1355	0.1367	0.1359	0.1363	0.1361
迭部县	0.1303	0.1352	0.1355	0.1349	0.1370	0.1368	0.1364	0.1369	0.1378	0.1366	0.1361	0.1373	0.1374	0.1374	0.1374
玛曲县	0.1361	0.1361	0.1364	0.1366	0.1374	0.1380	0.1377	0.1380	0.1390	0.1384	0.1386	0.1397	0.1404	0.1393	0.1395
碌曲县	0.1342	0.1348	0.1354	0.1355	0.1364	0.1370	0.1365	0.1366	0.1376	0.1371	0.1372	0.1390	0.1386	0.1389	0.1392
夏河县	0.1350	0.1341	0.1350	0.1358	0.1365	0.1369	0.1369	0.1373	0.1382	0.1384	0.1387	0.1380	0.1379	0.1390	0.1390

表2-10　甘肃省各县域经济高质量发展开放子系统水平得分（2006—2020年）

年份 地区	2006	2007	2008	2009	2010	2011	2012	2013	2014	2015	2016	2017	2018	2019	2020
城关区	0.0585	0.0568	0.0562	0.0561	0.0568	0.0585	0.0584	0.0594	0.0598	0.0611	0.0618	0.0624	0.0625	0.0624	0.0358
七里河区	0.0493	0.0476	0.0470	0.0473	0.0476	0.0503	0.0500	0.0516	0.0530	0.0549	0.0561	0.0578	0.0589	0.0599	0.0358
西固区	0.0456	0.0438	0.0432	0.0432	0.0438	0.0449	0.0436	0.0442	0.0452	0.0460	0.0463	0.0469	0.0475	0.0485	0.0357
安宁区	0.0693	0.0659	0.0646	0.0643	0.0626	0.0658	0.0648	0.0713	0.0788	0.0843	0.0860	0.0866	0.0851	0.0845	0.0363
红古区	0.0360	0.0343	0.0341	0.0340	0.0342	0.0348	0.0346	0.0342	0.0341	0.0349	0.0346	0.0348	0.0354	0.0359	0.0359
皋兰县	0.0303	0.0274	0.0260	0.0249	0.0231	0.0260	0.0213	0.0211	0.0203	0.0215	0.0206	0.0182	0.0180	0.0173	0.0361
榆中县	0.0411	0.0391	0.0378	0.0372	0.0364	0.0371	0.0384	0.0387	0.0380	0.0397	0.0390	0.0379	0.0376	0.0375	0.0363
嘉峪关市	0.0375	0.0390	0.0390	0.0311	0.0407	0.0492	0.0503	0.0515	0.0408	0.0532	0.0547	0.0561	0.0571	0.0586	0.0356
金川区	0.0432	0.0442	0.0451	0.0429	0.0499	0.0428	0.0472	0.0480	0.0464	0.0461	0.0461	0.0467	0.0471	0.0477	0.0366
白银区	0.0376	0.0375	0.0369	0.0367	0.0363	0.0370	0.0397	0.0393	0.0398	0.0406	0.0408	0.0418	0.0423	0.0434	0.0357
平川区	0.0331	0.0330	0.0323	0.0322	0.0317	0.0320	0.0316	0.0338	0.0337	0.0329	0.0326	0.0334	0.0340	0.0345	0.0361
秦州区	0.0344	0.0339	0.0340	0.0339	0.0325	0.0325	0.0325	0.0330	0.0325	0.0325	0.0320	0.0325	0.0326	0.0326	0.0356
麦积区	0.0324	0.0324	0.0319	0.0319	0.0310	0.0304	0.0299	0.0305	0.0304	0.0304	0.0305	0.0305	0.0305	0.0305	0.0357
凉州区	0.0363	0.0358	0.0358	0.0359	0.0349	0.0338	0.0343	0.0333	0.0323	0.0314	0.0303	0.0298	0.0293	0.0283	0.0354
甘州区	0.0349	0.0359	0.0353	0.0348	0.0343	0.0343	0.0348	0.0343	0.0358	0.0358	0.0353	0.0358	0.0358	0.0353	0.0353
临泽县	0.0293	0.0298	0.0303	0.0298	0.0303	0.0292	0.0287	0.0282	0.0277	0.0272	0.0261	0.0256	0.0251	0.0246	0.0353
崆峒区	0.0348	0.0364	0.0369	0.0374	0.0328	0.0318	0.0348	0.0343	0.0343	0.0344	0.0338	0.0338	0.0333	0.0333	0.0353
泾川县	0.0261	0.0261	0.0266	0.0266	0.0251	0.0246	0.0231	0.0220	0.0210	0.0200	0.0190	0.0185	0.0180	0.0174	0.0353

第二章 甘肃省县域经济高质量发展水平综合测度 ◇ 93

续表

年份 地区	2006	2007	2008	2009	2010	2011	2012	2013	2014	2015	2016	2017	2018	2019	2020
华亭市	0.0369	0.0399	0.0389	0.0374	0.0353	0.0348	0.0358	0.0353	0.0348	0.0348	0.0343	0.0338	0.0333	0.0333	0.0353
肃州区	0.0456	0.0441	0.0441	0.0430	0.0379	0.0379	0.0389	0.0389	0.0389	0.0394	0.0384	0.0389	0.0394	0.0394	0.0353
西峰区	0.0414	0.0413	0.0413	0.0411	0.0365	0.0385	0.0401	0.0410	0.0425	0.0436	0.0446	0.0461	0.0476	0.0492	0.0353
宁县	0.0234	0.0248	0.0253	0.0252	0.0221	0.0216	0.0206	0.0195	0.0190	0.0180	0.0175	0.0169	0.0159	0.0154	0.0353
成县	0.0333	0.0334	0.0328	0.0318	0.0318	0.0318	0.0318	0.0313	0.0318	0.0318	0.0313	0.0313	0.0313	0.0308	0.0353
徽县	0.0307	0.0308	0.0313	0.0307	0.0307	0.0302	0.0302	0.0297	0.0292	0.0287	0.0282	0.0282	0.0277	0.0277	0.0353
靖远县	0.0343	0.0367	0.0364	0.0356	0.0343	0.0343	0.0329	0.0318	0.0304	0.0271	0.0264	0.0261	0.0252	0.0247	0.0371
景泰县	0.0354	0.0363	0.0361	0.0356	0.0332	0.0331	0.0334	0.0326	0.0314	0.0300	0.0292	0.0297	0.0287	0.0282	0.0364
清水县	0.0275	0.0296	0.0285	0.0285	0.0276	0.0271	0.0256	0.0261	0.0256	0.0245	0.0241	0.0236	0.0227	0.0223	0.0361
秦安县	0.0270	0.0291	0.0286	0.0286	0.0273	0.0268	0.0262	0.0268	0.0263	0.0252	0.0244	0.0240	0.0230	0.0222	0.0360
甘谷县	0.0311	0.0337	0.0337	0.0337	0.0304	0.0298	0.0293	0.0293	0.0283	0.0277	0.0268	0.0270	0.0265	0.0259	0.0360
武山县	0.0357	0.0373	0.0373	0.0372	0.0323	0.0312	0.0323	0.0318	0.0302	0.0286	0.0277	0.0274	0.0264	0.0253	0.0360
高台县	0.0299	0.0298	0.0298	0.0298	0.0303	0.0297	0.0292	0.0287	0.0282	0.0277	0.0272	0.0266	0.0261	0.0251	0.0353
灵台县	0.0271	0.0256	0.0261	0.0256	0.0251	0.0246	0.0241	0.0231	0.0221	0.0216	0.0210	0.0205	0.0200	0.0195	0.0353
崇信县	0.0358	0.0359	0.0384	0.0364	0.0364	0.0353	0.0343	0.0333	0.0318	0.0307	0.0297	0.0287	0.0277	0.0266	0.0353
金塔县	0.0350	0.0385	0.0366	0.0345	0.0345	0.0339	0.0329	0.0319	0.0308	0.0308	0.0298	0.0292	0.0287	0.0282	0.0353
瓜州县	0.0473	0.0600	0.0478	0.0478	0.0385	0.0344	0.0421	0.0411	0.0410	0.0400	0.0390	0.0384	0.0374	0.0369	0.0353
玉门市	0.0262	0.0267	0.0288	0.0298	0.0390	0.0344	0.0410	0.0395	0.0385	0.0380	0.0313	0.0307	0.0302	0.0297	0.0353

续表

年份 地区	2006	2007	2008	2009	2010	2011	2012	2013	2014	2015	2016	2017	2018	2019	2020
合水县	0.0271	0.0276	0.0292	0.0282	0.0282	0.0251	0.0266	0.0256	0.0251	0.0241	0.0235	0.0235	0.0230	0.0225	0.0353
正宁县	0.0241	0.0241	0.0246	0.0246	0.0246	0.0225	0.0225	0.0220	0.0215	0.0210	0.0205	0.0210	0.0205	0.0205	0.0353
安定区	0.0287	0.0297	0.0297	0.0297	0.0312	0.0317	0.0307	0.0302	0.0312	0.0307	0.0307	0.0307	0.0302	0.0302	0.0353
陇西县	0.0302	0.0313	0.0318	0.0313	0.0297	0.0292	0.0297	0.0287	0.0277	0.0277	0.0272	0.0267	0.0262	0.0262	0.0354
渭源县	0.0312	0.0313	0.0318	0.0318	0.0318	0.0308	0.0313	0.0303	0.0293	0.0283	0.0277	0.0272	0.0267	0.0262	0.0354
临洮县	0.0328	0.0318	0.0318	0.0323	0.0323	0.0313	0.0323	0.0313	0.0303	0.0303	0.0297	0.0292	0.0293	0.0287	0.0354
漳县	0.0328	0.0359	0.0354	0.0364	0.0313	0.0308	0.0308	0.0293	0.0283	0.0282	0.0272	0.0267	0.0257	0.0252	0.0354
岷县	0.0338	0.0365	0.0359	0.0364	0.0323	0.0328	0.0323	0.0308	0.0303	0.0303	0.0298	0.0293	0.0288	0.0282	0.0354
西和县	0.0338	0.0329	0.0369	0.0369	0.0323	0.0302	0.0297	0.0297	0.0292	0.0277	0.0267	0.0261	0.0256	0.0251	0.0353
礼县	0.0292	0.0314	0.0313	0.0313	0.0277	0.0287	0.0282	0.0272	0.0267	0.0261	0.0257	0.0256	0.0251	0.0251	0.0353
临夏市	0.0491	0.0466	0.0466	0.0476	0.0425	0.0446	0.0451	0.0456	0.0456	0.0471	0.0471	0.0476	0.0476	0.0481	0.0353
永靖县	0.0297	0.0298	0.0303	0.0302	0.0302	0.0282	0.0292	0.0292	0.0292	0.0292	0.0287	0.0287	0.0282	0.0287	0.0353
广河县	0.0374	0.0381	0.0371	0.0364	0.0329	0.0313	0.0308	0.0298	0.0292	0.0298	0.0292	0.0287	0.0277	0.0282	0.0354
东乡县	0.0364	0.0367	0.0372	0.0359	0.0299	0.0345	0.0283	0.0267	0.0257	0.0278	0.0267	0.0252	0.0236	0.0231	0.0354
永登县	0.0619	0.0626	0.0612	0.0570	0.0545	0.0549	0.0490	0.0493	0.0448	0.0413	0.0388	0.0378	0.0364	0.0393	0.0405
永昌县	0.0372	0.0369	0.0379	0.0365	0.0392	0.0415	0.0381	0.0374	0.0342	0.0330	0.0316	0.0309	0.0295	0.0265	0.0438
会宁县	0.0402	0.0388	0.0377	0.0382	0.0377	0.0361	0.0367	0.0342	0.0359	0.0339	0.0319	0.0312	0.0297	0.0223	0.0408
张家川县	0.0395	0.0341	0.0362	0.0415	0.0360	0.0380	0.0344	0.0344	0.0316	0.0302	0.0280	0.0276	0.0261	0.0214	0.0382

第二章　甘肃省县域经济高质量发展水平综合测度　◇　95

续表

年份 地区	2006	2007	2008	2009	2010	2011	2012	2013	2014	2015	2016	2017	2018	2019	2020
民勤县	0.0369	0.0386	0.0399	0.0322	0.0368	0.0340	0.0339	0.0322	0.0315	0.0300	0.0282	0.0278	0.0271	0.0200	0.0422
古浪县	0.0543	0.0534	0.0519	0.0420	0.0408	0.0402	0.0428	0.0396	0.0375	0.0340	0.0315	0.0299	0.0277	0.0227	0.0386
天祝县	0.0382	0.0382	0.0374	0.0297	0.0345	0.0315	0.0369	0.0360	0.0350	0.0335	0.0320	0.0325	0.0319	0.0270	0.0398
肃南县	0.0333	0.0330	0.0386	0.0346	0.0347	0.0337	0.0351	0.0340	0.0331	0.0315	0.0300	0.0287	0.0262	0.0240	0.0378
民乐县	0.0403	0.0406	0.0399	0.0360	0.0345	0.0334	0.0337	0.0332	0.0345	0.0332	0.0315	0.0312	0.0302	0.0272	0.0376
山丹县	0.0429	0.0400	0.0411	0.0396	0.0399	0.0394	0.0391	0.0388	0.0401	0.0389	0.0371	0.0370	0.0360	0.0309	0.0429
庄浪县	0.0356	0.0376	0.0381	0.0366	0.0374	0.0368	0.0355	0.0353	0.0323	0.0313	0.0298	0.0292	0.0283	0.0238	0.0365
静宁县	0.0364	0.0369	0.0367	0.0368	0.0366	0.0355	0.0344	0.0339	0.0339	0.0334	0.0324	0.0321	0.0308	0.0268	0.0385
肃北县	0.0677	0.0679	0.0673	0.0814	0.0856	0.0853	0.0761	0.0763	0.0743	0.0761	0.0783	0.0784	0.0768	0.0574	0.0454
阿克塞县	0.0477	0.0470	0.0613	0.0627	0.0528	0.0517	0.0141	0.0146	0.0140	0.0600	0.0592	0.0595	0.0573	0.0520	0.0437
敦煌市	0.0550	0.0547	0.0541	0.0552	0.0711	0.0707	0.0696	0.0688	0.0665	0.0670	0.0665	0.0672	0.0665	0.0624	0.0472
庆城县	0.0357	0.0362	0.0381	0.0351	0.0404	0.0419	0.0427	0.0347	0.0355	0.0339	0.0330	0.0330	0.0330	0.0345	0.0429
环县	0.0414	0.0445	0.0445	0.0392	0.0372	0.0382	0.0379	0.0363	0.0325	0.0324	0.0315	0.0311	0.0308	0.0326	0.0404
华池县	0.0412	0.0414	0.0398	0.0441	0.0437	0.0418	0.0412	0.0403	0.0373	0.0362	0.0344	0.0338	0.0336	0.0347	0.0409
镇原县	0.0348	0.0414	0.0379	0.0362	0.0358	0.0343	0.0339	0.0319	0.0268	0.0263	0.0257	0.0255	0.0251	0.0253	0.0402
通渭县	0.0239	0.0256	0.0270	0.0327	0.0344	0.0333	0.0355	0.0387	0.0311	0.0304	0.0299	0.0297	0.0288	0.0249	0.0374
武都区	0.0473	0.0492	0.0490	0.0521	0.0466	0.0474	0.0461	0.0464	0.0399	0.0390	0.0379	0.0373	0.0368	0.0334	0.0377
文县	0.0372	0.0394	0.0394	0.0387	0.0374	0.0343	0.0354	0.0350	0.0321	0.0310	0.0302	0.0304	0.0296	0.0291	0.0375

续表

年份 地区	2006	2007	2008	2009	2010	2011	2012	2013	2014	2015	2016	2017	2018	2019	2020
宕昌县	0.0377	0.0377	0.0443	0.0350	0.0363	0.0347	0.0359	0.0347	0.0322	0.0317	0.0304	0.0309	0.0305	0.0298	0.0375
康县	0.0382	0.0400	0.0393	0.0407	0.0380	0.0374	0.0375	0.0376	0.0338	0.0331	0.0316	0.0317	0.0311	0.0274	0.0360
两当县	0.0355	0.0352	0.0358	0.0352	0.0346	0.0338	0.0338	0.0333	0.0324	0.0319	0.0306	0.0311	0.0304	0.0307	0.0387
临夏县	0.0334	0.0337	0.0328	0.0311	0.0314	0.0305	0.0295	0.0284	0.0265	0.0265	0.0262	0.0256	0.0248	0.0279	0.0397
康乐县	0.0371	0.0368	0.0359	0.0354	0.0358	0.0360	0.0359	0.0351	0.0336	0.0337	0.0337	0.0331	0.0323	0.0316	0.0399
和政县	0.0375	0.0403	0.0396	0.0391	0.0344	0.0351	0.0353	0.0346	0.0322	0.0328	0.0317	0.0316	0.0303	0.0290	0.0369
积石山县	0.0428	0.0402	0.0399	0.0403	0.0352	0.0350	0.0346	0.0334	0.0314	0.0333	0.0321	0.0315	0.0307	0.0334	0.0400
合作市	0.0462	0.0514	0.0429	0.0432	0.0426	0.0430	0.0424	0.0432	0.0492	0.0490	0.0491	0.0498	0.0494	0.0575	0.0468
临潭县	0.0497	0.0482	0.0449	0.0396	0.0398	0.0359	0.0364	0.0359	0.0351	0.0345	0.0334	0.0336	0.0325	0.0328	0.0421
卓尼县	0.0450	0.0448	0.0429	0.0431	0.0380	0.0412	0.0364	0.0358	0.0377	0.0362	0.0356	0.0347	0.0348	0.0318	0.0381
舟曲县	0.0424	0.0416	0.0414	0.0459	0.0418	0.0409	0.0407	0.0400	0.0379	0.0369	0.0362	0.0360	0.0354	0.0342	0.0402
迭部县	0.0414	0.0499	0.0463	0.0448	0.0357	0.0351	0.0355	0.0364	0.0409	0.0402	0.0399	0.0405	0.0404	0.0464	0.0482
玛曲县	0.0518	0.0502	0.0529	0.0448	0.0448	0.0353	0.0420	0.0399	0.0453	0.0459	0.0451	0.0453	0.0445	0.0433	0.0413
碌曲县	0.0608	0.0574	0.0513	0.0533	0.0369	0.0515	0.0417	0.0392	0.0388	0.0382	0.0375	0.0369	0.0364	0.0361	0.0384
夏河县	0.0558	0.0545	0.0524	0.0528	0.0466	0.0447	0.0455	0.0456	0.0456	0.0462	0.0447	0.0455	0.0444	0.0383	0.0412

第二章 甘肃省县域经济高质量发展水平综合测度 ◇ 97

表2-11 甘肃省各县域经济高质量发展共享子系统水平得分（2006—2020年）

年份 地区	2006	2007	2008	2009	2010	2011	2012	2013	2014	2015	2016	2017	2018	2019	2020
城关区	0.0677	0.0667	0.0671	0.0680	0.0708	0.0665	0.0677	0.0695	0.0688	0.0632	0.0640	0.0656	0.0684	0.0735	0.0739
七里河区	0.0565	0.0554	0.0557	0.0553	0.0561	0.0547	0.0559	0.0572	0.0591	0.0644	0.0646	0.0645	0.0654	0.0657	0.0687
西固区	0.0463	0.0481	0.0485	0.0501	0.0501	0.0493	0.0518	0.0517	0.0505	0.0533	0.0535	0.0560	0.0575	0.0568	0.0590
安宁区	0.0841	0.0795	0.0740	0.0725	0.0665	0.0569	0.0604	0.0598	0.0436	0.0441	0.0443	0.0446	0.0444	0.0449	0.0449
红古区	0.0614	0.0600	0.0594	0.0596	0.0585	0.0567	0.0617	0.0576	0.0570	0.0611	0.0615	0.0633	0.0639	0.0630	0.0712
皋兰县	0.0585	0.0572	0.0563	0.0561	0.0577	0.0532	0.0553	0.0555	0.0549	0.0611	0.0602	0.0606	0.0555	0.0601	0.0587
榆中县	0.0627	0.0589	0.0588	0.0592	0.0555	0.0547	0.0547	0.0558	0.0532	0.0682	0.0701	0.0716	0.0641	0.0651	0.0664
嘉峪关市	0.0458	0.0455	0.0454	0.0456	0.0485	0.0444	0.0497	0.0544	0.0537	0.0590	0.0653	0.0624	0.0554	0.0553	0.0603
金川区	0.0519	0.0503	0.0514	0.0519	0.0542	0.0500	0.0535	0.0562	0.0557	0.0658	0.0677	0.0689	0.0657	0.0631	0.0629
白银区	0.0498	0.0499	0.0500	0.0502	0.0507	0.0484	0.0515	0.0515	0.0532	0.0561	0.0578	0.0589	0.0615	0.0617	0.0637
平川区	0.0490	0.0469	0.0460	0.0466	0.0459	0.0434	0.0496	0.0479	0.0505	0.0548	0.0564	0.0583	0.0578	0.0602	0.0595
秦州区	0.0549	0.0540	0.0543	0.0541	0.0531	0.0537	0.0540	0.0496	0.0504	0.0552	0.0546	0.0572	0.0600	0.0636	0.0646
麦积区	0.0462	0.0447	0.0449	0.0449	0.0463	0.0423	0.0472	0.0513	0.0546	0.0545	0.0536	0.0570	0.0529	0.0574	0.0571
凉州区	0.0661	0.0647	0.0632	0.0688	0.0724	0.0645	0.0655	0.0651	0.0654	0.0692	0.0686	0.0727	0.0713	0.0706	0.0705
甘州区	0.0604	0.0588	0.0584	0.0589	0.0588	0.0590	0.0609	0.0603	0.0628	0.0645	0.0654	0.0695	0.0695	0.0719	0.0731
临泽县	0.0660	0.0639	0.0623	0.0619	0.0630	0.0630	0.0625	0.0604	0.0608	0.0636	0.0780	0.0680	0.0693	0.0698	0.0690
崆峒区	0.0586	0.0579	0.0582	0.0588	0.0588	0.0580	0.0600	0.0647	0.0637	0.0703	0.0701	0.0733	0.0725	0.0725	0.0736
泾川县	0.0512	0.0489	0.0492	0.0506	0.0655	0.0581	0.0263	0.0606	0.0631	0.0674	0.0648	0.0791	0.0865	0.0889	0.0873

续表

年份 地区	2006	2007	2008	2009	2010	2011	2012	2013	2014	2015	2016	2017	2018	2019	2020
华亭市	0.0490	0.0475	0.0451	0.0455	0.0446	0.0468	0.0458	0.0490	0.0552	0.0627	0.0641	0.0654	0.0586	0.0600	0.0621
肃州区	0.0685	0.0661	0.0643	0.0584	0.0541	0.0539	0.0554	0.0505	0.0540	0.0648	0.0659	0.0686	0.0683	0.0716	0.0721
西峰区	0.0553	0.0538	0.0543	0.0531	0.0551	0.0500	0.0481	0.0489	0.0503	0.0467	0.0474	0.0469	0.0477	0.0502	0.0536
宁县	0.0788	0.0760	0.0738	0.0706	0.0693	0.0707	0.0678	0.0636	0.0658	0.0667	0.0679	0.0760	0.0773	0.0797	0.0796
成县	0.0559	0.0551	0.0621	0.0637	0.0603	0.0608	0.0578	0.0572	0.0594	0.0609	0.0612	0.0625	0.0637	0.0659	0.0655
徽县	0.0614	0.0595	0.0644	0.0628	0.0595	0.0602	0.0614	0.0575	0.0589	0.0597	0.0608	0.0634	0.0620	0.0663	0.0646
靖远县	0.0738	0.0714	0.0716	0.0719	0.0725	0.0665	0.0682	0.0679	0.0705	0.0778	0.0769	0.0800	0.0796	0.0827	0.0820
景泰县	0.0609	0.0596	0.0598	0.0594	0.0609	0.0560	0.0586	0.0599	0.0633	0.0699	0.0702	0.0712	0.0719	0.0733	0.0730
清水县	0.0636	0.0614	0.0624	0.0609	0.0584	0.0625	0.0593	0.0623	0.0615	0.0646	0.0637	0.0657	0.0683	0.0782	0.0763
秦安县	0.0694	0.0673	0.0688	0.0699	0.0677	0.0692	0.0706	0.0703	0.0744	0.0731	0.0765	0.0805	0.0826	0.0767	0.0775
甘谷县	0.0704	0.0679	0.0679	0.0698	0.0729	0.0649	0.0716	0.0704	0.0719	0.0777	0.0731	0.0806	0.0820	0.0807	0.0773
武山县	0.0704	0.0681	0.0682	0.0657	0.0661	0.0628	0.0670	0.0661	0.0702	0.0722	0.0748	0.0801	0.0805	0.0805	0.0783
高台县	0.0664	0.0642	0.0636	0.0630	0.0639	0.0634	0.0620	0.0608	0.0617	0.0664	0.0665	0.0719	0.0713	0.0716	0.0722
灵台县	0.0576	0.0552	0.0563	0.0569	0.0569	0.0532	0.0587	0.0589	0.0606	0.0700	0.0700	0.0774	0.0743	0.0964	0.0776
崇信县	0.0596	0.0580	0.0562	0.0553	0.0563	0.0507	0.0510	0.0534	0.0536	0.0601	0.0610	0.0623	0.0621	0.0589	0.0563
金塔县	0.0672	0.0655	0.0646	0.0616	0.0584	0.0577	0.0591	0.0573	0.0582	0.0636	0.0631	0.0664	0.0674	0.0734	0.0707
瓜州县	0.0746	0.0713	0.0665	0.0625	0.0635	0.0615	0.0573	0.0595	0.0623	0.0662	0.0623	0.0659	0.0692	0.0679	0.0666
玉门市	0.0499	0.0496	0.0493	0.0491	0.0547	0.0493	0.0459	0.0562	0.0587	0.0628	0.0631	0.0647	0.0628	0.0645	0.0634

第二章 甘肃省县域经济高质量发展水平综合测度 ◇ 99

续表

年份 地区	2006	2007	2008	2009	2010	2011	2012	2013	2014	2015	2016	2017	2018	2019	2020
合水县	0.0698	0.0682	0.0664	0.0619	0.0589	0.0559	0.0548	0.0492	0.0497	0.0531	0.0561	0.0594	0.0564	0.0560	0.0579
正宁县	0.0782	0.0751	0.0757	0.0729	0.0749	0.0694	0.0721	0.0725	0.0756	0.0817	0.0815	0.0920	0.0876	0.0980	0.0980
安定区	0.0609	0.0594	0.0608	0.0589	0.0605	0.0529	0.0563	0.0560	0.0594	0.0623	0.0627	0.0656	0.0672	0.0650	0.0636
陇西县	0.0706	0.0629	0.0643	0.0633	0.0632	0.0643	0.0575	0.0593	0.0678	0.0721	0.0721	0.0762	0.0769	0.0779	0.0764
渭源县	0.0764	0.0714	0.0726	0.0717	0.0706	0.0721	0.0627	0.0667	0.0712	0.0744	0.0742	0.0772	0.0789	0.0820	0.0794
临洮县	0.0803	0.0760	0.0747	0.0731	0.0689	0.0686	0.0714	0.0714	0.0695	0.0766	0.0754	0.0762	0.0748	0.0745	0.0750
漳县	0.0721	0.0709	0.0757	0.0693	0.0656	0.0657	0.0647	0.0621	0.0641	0.0674	0.0637	0.0688	0.0710	0.0767	0.0755
岷县	0.0857	0.0819	0.0867	0.0856	0.0841	0.0832	0.0772	0.0811	0.0782	0.0870	0.0847	0.0902	0.0878	0.0828	0.0839
西和县	0.0620	0.0591	0.0626	0.0617	0.0534	0.0569	0.0663	0.0683	0.0733	0.0804	0.0824	0.0867	0.0845	0.0990	0.0902
礼县	0.0803	0.0762	0.0779	0.0768	0.0709	0.0720	0.0736	0.0757	0.0799	0.0832	0.0837	0.0948	0.0932	0.0863	0.0869
临夏市	0.0687	0.0676	0.0678	0.0677	0.0673	0.0679	0.0677	0.0676	0.0668	0.0730	0.0744	0.0784	0.0772	0.0803	0.0778
永靖县	0.0431	0.0433	0.0441	0.0445	0.0441	0.0459	0.0458	0.0478	0.0566	0.0584	0.0590	0.0631	0.0640	0.0616	0.0583
广河县	0.0688	0.0670	0.0720	0.0719	0.0697	0.0707	0.0757	0.0823	0.0815	0.0904	0.0870	0.0904	0.0943	0.1175	0.1214
东乡县	0.0690	0.0684	0.0692	0.0698	0.0685	0.0687	0.0705	0.0689	0.0763	0.0855	0.0865	0.0873	0.0857	0.0749	0.0747
永登县	0.0531	0.0522	0.0523	0.0537	0.0536	0.0517	0.0535	0.0576	0.0562	0.0634	0.0655	0.0659	0.0686	0.0676	0.0686
永昌县	0.0715	0.0705	0.0667	0.0674	0.0665	0.0666	0.0686	0.0695	0.0702	0.0723	0.0713	0.0751	0.0723	0.0727	0.0711
会宁县	0.0600	0.0573	0.0562	0.0555	0.0582	0.0492	0.0534	0.0580	0.0588	0.0687	0.0702	0.0719	0.0764	0.0774	0.0770
张家川县	0.0786	0.0763	0.0771	0.0744	0.0779	0.0730	0.0723	0.0703	0.0695	0.0758	0.0801	0.0869	0.0835	0.0865	0.0835

续表

年份 地区	2006	2007	2008	2009	2010	2011	2012	2013	2014	2015	2016	2017	2018	2019	2020
民勤县	0.0681	0.0665	0.0662	0.0699	0.0709	0.0662	0.0649	0.0660	0.0660	0.0667	0.0644	0.0679	0.0669	0.0700	0.0679
古浪县	0.0733	0.0713	0.0707	0.0742	0.0743	0.0707	0.0696	0.0622	0.0656	0.0729	0.0707	0.0731	0.0726	0.0708	0.0695
天祝县	0.0582	0.0574	0.0646	0.0590	0.0561	0.0553	0.0551	0.0524	0.0553	0.0573	0.0563	0.0602	0.0595	0.0608	0.0609
肃南县	0.0588	0.0563	0.0538	0.0526	0.0539	0.0499	0.0491	0.0492	0.0502	0.0547	0.0567	0.0592	0.0591	0.0612	0.0589
民乐县	0.0785	0.0753	0.0736	0.0733	0.0717	0.0735	0.0722	0.0707	0.0702	0.0718	0.0710	0.0760	0.0760	0.0732	0.0744
山丹县	0.0654	0.0649	0.0647	0.0648	0.0660	0.0656	0.0676	0.0684	0.0694	0.0717	0.0717	0.0741	0.0760	0.0724	0.0735
庄浪县	0.0712	0.0681	0.0684	0.0686	0.0703	0.0619	0.0647	0.0628	0.0670	0.0742	0.0764	0.0785	0.0804	0.0699	0.0682
静宁县	0.0688	0.0670	0.0680	0.0696	0.0683	0.0652	0.0664	0.0715	0.0705	0.0743	0.0722	0.0765	0.0813	0.0713	0.0714
肃北县	0.0556	0.0529	0.0504	0.0496	0.0474	0.0474	0.0510	0.0364	0.0386	0.0435	0.0497	0.0561	0.0598	0.0612	0.0608
阿克塞县	0.0616	0.0605	0.0588	0.0565	0.0577	0.0528	0.0578	0.0467	0.0477	0.0510	0.0532	0.0630	0.0638	0.0638	0.0665
敦煌市	0.0674	0.0656	0.0652	0.0632	0.0634	0.0595	0.0603	0.0606	0.0609	0.0641	0.0627	0.0673	0.0671	0.0752	0.0769
庆城县	0.0440	0.0439	0.0439	0.0438	0.0438	0.0473	0.0487	0.0432	0.0434	0.0468	0.0535	0.0631	0.0629	0.0627	0.0622
环县	0.0620	0.0602	0.0551	0.0529	0.0560	0.0474	0.0445	0.0396	0.0461	0.0555	0.0578	0.0597	0.0577	0.0572	0.0598
华池县	0.0435	0.0429	0.0422	0.0424	0.0407	0.0418	0.0448	0.0438	0.0458	0.0514	0.0535	0.0554	0.0540	0.0515	0.0533
镇原县	0.0801	0.0767	0.0731	0.0689	0.0686	0.0678	0.0663	0.0594	0.0641	0.0658	0.0731	0.0770	0.0731	0.0717	0.0727
通渭县	0.0762	0.0750	0.0771	0.0742	0.0712	0.0684	0.0694	0.0575	0.0614	0.0656	0.0654	0.0693	0.0714	0.0714	0.0713
武都区	0.0563	0.0546	0.0559	0.0502	0.0442	0.0466	0.0463	0.0412	0.0545	0.0613	0.0613	0.0623	0.0585	0.0574	0.0605
文县	0.0548	0.0524	0.0557	0.0567	0.0488	0.0521	0.0540	0.0514	0.0621	0.0654	0.0644	0.0683	0.0651	0.0543	0.0516

第二章 甘肃省县域经济高质量发展水平综合测度 ◇ 101

续表

年份 地区	2006	2007	2008	2009	2010	2011	2012	2013	2014	2015	2016	2017	2018	2019	2020
宕昌县	0.0685	0.0651	0.0638	0.0654	0.0582	0.0609	0.0672	0.0680	0.0697	0.0820	0.0800	0.0859	0.0822	0.0780	0.0777
康县	0.0650	0.0625	0.0643	0.0637	0.0575	0.0596	0.0608	0.0560	0.0669	0.0677	0.0667	0.0704	0.0802	0.0731	0.0732
两当县	0.0588	0.0562	0.0605	0.0577	0.0513	0.0534	0.0531	0.0426	0.0522	0.0624	0.0606	0.0623	0.0587	0.0562	0.0543
临夏县	0.0678	0.0656	0.0646	0.0647	0.0627	0.0633	0.0631	0.0643	0.0643	0.0745	0.0730	0.0751	0.0766	0.0807	0.0805
康乐县	0.0713	0.0688	0.0730	0.0732	0.0691	0.0702	0.0771	0.0773	0.0785	0.0872	0.0864	0.0915	0.0917	0.1035	0.1043
和政县	0.0687	0.0668	0.0703	0.0705	0.0692	0.0715	0.0729	0.0753	0.0764	0.0850	0.0841	0.0898	0.0894	0.0805	0.0801
积石山县	0.0703	0.0682	0.0747	0.0742	0.0704	0.0707	0.0741	0.0712	0.0701	0.0879	0.0865	0.0940	0.0931	0.0807	0.0796
合作市	0.0509	0.0493	0.0489	0.0468	0.0458	0.0478	0.0454	0.0442	0.0440	0.0498	0.0503	0.0506	0.0505	0.0479	0.0495
临潭县	0.0706	0.0679	0.0681	0.0633	0.0625	0.0636	0.0620	0.0562	0.0629	0.0643	0.0651	0.0704	0.0704	0.0655	0.0657
卓尼县	0.0685	0.0664	0.0664	0.0597	0.0585	0.0599	0.0614	0.0617	0.0642	0.0665	0.0664	0.0691	0.0700	0.0616	0.0609
舟曲县	0.0708	0.0675	0.0708	0.0655	0.0634	0.0648	0.0667	0.0668	0.0674	0.0740	0.0744	0.0808	0.0729	0.0627	0.0644
迭部县	0.0554	0.0535	0.0542	0.0516	0.0496	0.0495	0.0519	0.0509	0.0546	0.0539	0.0546	0.0587	0.0584	0.0475	0.0542
玛曲县	0.0445	0.0433	0.0413	0.0402	0.0373	0.0418	0.0424	0.0542	0.0580	0.0563	0.0566	0.0584	0.0583	0.0534	0.0548
碌曲县	0.0655	0.0625	0.0594	0.0574	0.0555	0.0564	0.0562	0.0526	0.0647	0.0614	0.0617	0.0633	0.0625	0.0604	0.0607
夏河县	0.0581	0.0559	0.0548	0.0513	0.0491	0.0507	0.0516	0.0518	0.0560	0.0619	0.0621	0.0641	0.0649	0.0627	0.0624

第三章

甘肃省县域经济高质量发展水平测度结果分析

在第二章全面测度 2006—2020 年甘肃省各县域经济高质量发展水平的基础上，考虑到水平测度的时间跨度为 15 年，横跨三个"五年"规划，而甘肃省又东西横跨 1655 千米，各地域之间县域发展差异极大，故本章在测度结果分析上，同样参考"时空格局—时空过程—时空机制"的主流分析范式，从时间和空间两个维度对甘肃省各县域经济高质量发展水平测度结果进行系统分析，以期总结出甘肃省县域经济高质量发展的总体趋势和不足之处。

一 甘肃省县域经济高质量发展水平时序维度分析

（一）高质量发展总体水平分析

根据高质量发展指标体系及测算方法，测算得到 2006—2020 年甘肃省县域经济高质量发展指数，并计算其变异系数（见图 3-1），探究甘肃省县域经济高质量发展的时序变化规律。可以看出，甘肃省县域经济高质量发展指数呈逐年递增的变化趋势，表明甘肃省县域经济向着高质量方向平稳发展。发展指数从 2006 年的 0.3491 提升到 2020 年的 0.4173，年均增长 0.45%，增速整体偏慢。其时序变化大体可分为两个阶段：2006—2014 年为第一个阶段，发展指数缓慢增长，从 0.349 增长到 0.38，年均增长率仅为 0.344%，2014—2020 年为第二个阶段，高质量发展水平增速有所提高，从 0.38 增长到 0.417，年均增长 0.528%，但发展速度仍然偏慢，甘肃省县域经济高质量发展水平有待进一步提升。高质量发展指数的变异系数大体呈下降—上升—下降的演变趋势。2006—2008年，变异系数逐渐下降，由0.108降至0.101；2008—2018年，变异系数逐年上升，由0.101变为0.129；2018—2020年，变异系数又降至0.104；整体来看，变异系数从2006年的0.108增长到2020年的0.104，意味着各县区的高质量发展水平的差异在不断拉大，发展不均衡的现象日趋严重。

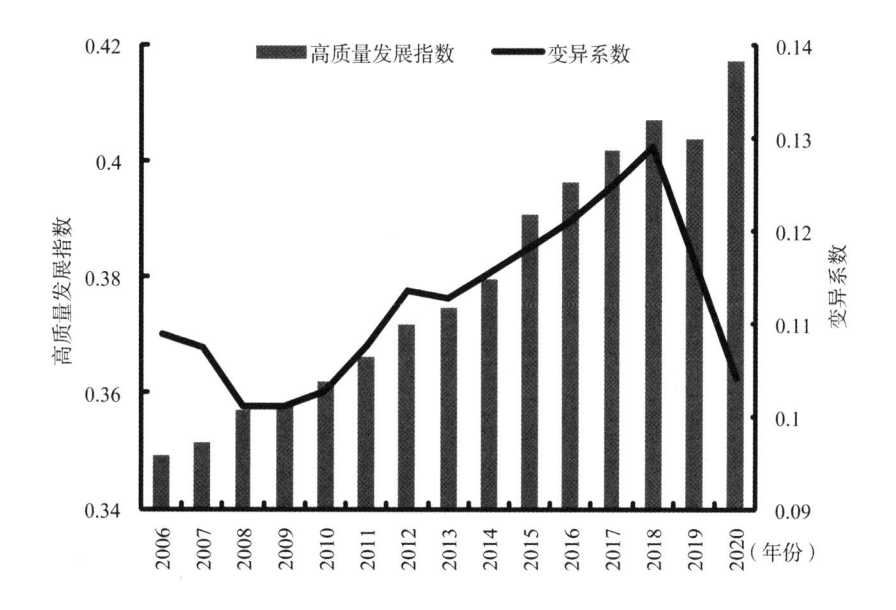

图3-1 甘肃省各县域经济高质量发展指数及变异系数（2006—2020年）

由于不同区域的发展定位不同，通过比较不同功能区县域高质量发展指数，可以更全面剖析甘肃省县域经济高质量发展水平。根据主体功能区的界定，把甘肃省划分为重点开发区、农产品主产区和重点生态功能区，并分别计算各个功能区2006—2020年的高质量发展指数（见图3-2）。从图中可以看出，三种功能区高质量发展指数与全省高质量发展指数演变趋势相似，均呈逐年上涨的态势，反映出不同功能区县域经济的高质量水平不断提升。其中，重点开发区和重点生态功能区高质量发展水平相近，均明显高于农产品主产区，随着时间的推移，这种差异在不断扩大。反映出农产品主产区的高质量发展滞后于其他区域，推进农业高质量发展是必须着力解决的重大课题。

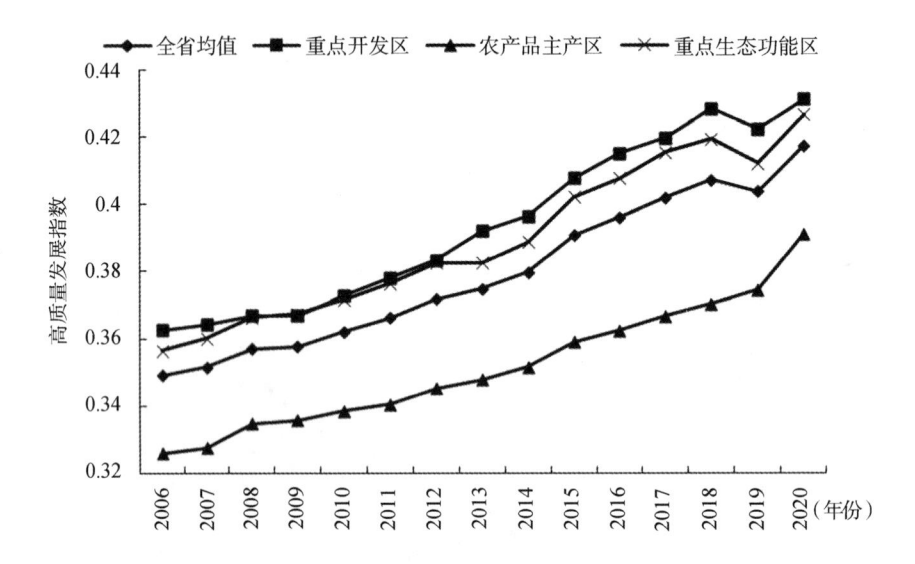

图 3-2　甘肃省不同主体功能区县域经济高质量发展指数（2006—2020 年）

根据高质量发展指数得分（S）与标准差（SD）的关系，将 70 个县市划分为先进、一般和落后三种类型，其中先进型县市的得分高于 S+0.5SD，一般型县区的得分介于 S-0.5SD 与 S+0.5SD 之间，落后型县区得分低于 S-0.5SD。2020 年的高质量发展指数得分为 0.417，标准差为 0.04，因此可计算出先进型县区的发展指数高于 0.457，一般型县区发展指数介于 0.397—0.457 之间，落后型县区的发展指数低于 0.397。并按照 2020 年的分类标准，得到 2006 年三种类型县区的分布情况（见表 3-1）。

由表 3-1 可以看出，2006—2020 年 15 年间，甘肃省县域高质量发展取得了不错的成效，2006 年并未有县市进入先进型行列，到 2020 年，先进型县市增长至 19 个，其中重点生态功能区占比接近八成，共计 15 个。落后型县区数锐减了一半以上，尤其是重点生态功能区，50% 的落后型县区演变成更高质量的类型。相对而言，农产品主产区的高质量发展进程缓慢，到 2020 年依旧有 17 个县区属于落后型，占据落后型县区总数的 61%，进一步验证了农产品主产区是全省县域高质量发展的短板区域，制约着全省整体高质量发展水平的提高。

表3-1　甘肃省不同类型县域分布情况（2006、2020年）

年份	类型	重点开发区	农产品主产区	重点生态功能区	总计
2006年	先进型	0	0	0	0
	一般型	1	2	8	11
	落后型	8	23	28	59
2020年	先进型	2	2	15	19
	一般型	2	6	15	23
	落后型	5	17	6	28

比较2006年与2020年甘肃省县域经济高质量发展水平的排名，进一步探究各县域时序变化特征。前10位排名结果如表3-2所示。与2006年相比，第一梯队县市中，肃北县、嘉峪关市、山丹县、敦煌市和阿克塞县排名波动不大，稳居前10位次，并且增速皆在全省平均水平以上，领先地位稳固。广河县进步明显，以年均0.98%的增速挤进前10位，位次提升37位，发展势头良好。民乐县稳步发展，排名均有小幅提升。而临潭县高质量发展水平提升缓慢，年均增速0.225%，明显低于全省平均增速0.45%，位次下滑严重。永登县和瓜州县逐步退出前10位次，未来排名可能进一步下滑。

表3-2　甘肃省县域经济高质量发展总体水平前10位排名（2006、2020年）

2006年			2020年			
排名	县域	得分	排名	县域	得分	位次变化
1	山丹县	0.4184	1	山丹县	0.5224	0
2	嘉峪关市	0.4178	2	敦煌市	0.5141	+2
3	阿克塞县	0.4152	3	肃北县	0.4925	+2
4	敦煌市	0.4150	4	嘉峪关市	0.4889	-2
5	肃北县	0.4097	5	阿克塞县	0.4878	-2
6	临夏市	0.4041	6	广河县	0.4787	+37

续表

2006 年			2020 年			位次变化
排名	县域	得分	排名	县域	得分	
7	永登县	0.4013	7	临夏县	0.4626	-1
8	瓜州县	0.3836	8	民勤县	0.4611	+10
9	临潭县	0.3791	9	民乐县	0.4580	+1
10	民乐县	0.3774	10	和政县	0.4572	+9

注：位次变化一栏，0 表示位次不变，正数表示位次提升，负数表示位次下降，下同。

选取甘肃省 2006 年和 2020 年高质量发展指数分别排名前 3 位的县域（2006 年排名前 3 位的县域是山丹县、嘉峪关市、阿克塞县，2020 年排名前 3 位的县域是山丹县、敦煌市、肃北县），探究领先型县域 2006—2020 年高质量发展的时序变化特征，如图 3-3 所示。领先型县域整体均呈上升趋势，敦煌市和嘉峪关市年均增速分别达 0.66% 和 0.47%，均快于全省平均水平。山丹县变化较为平稳，呈稳步增长态势；阿克塞县的高质量发展指数变化较不稳定，逐步跌出前 3 位次，山丹县、敦煌市和嘉峪关市发展势头较好，未来仍将引领甘肃省县域经济高质量发展。

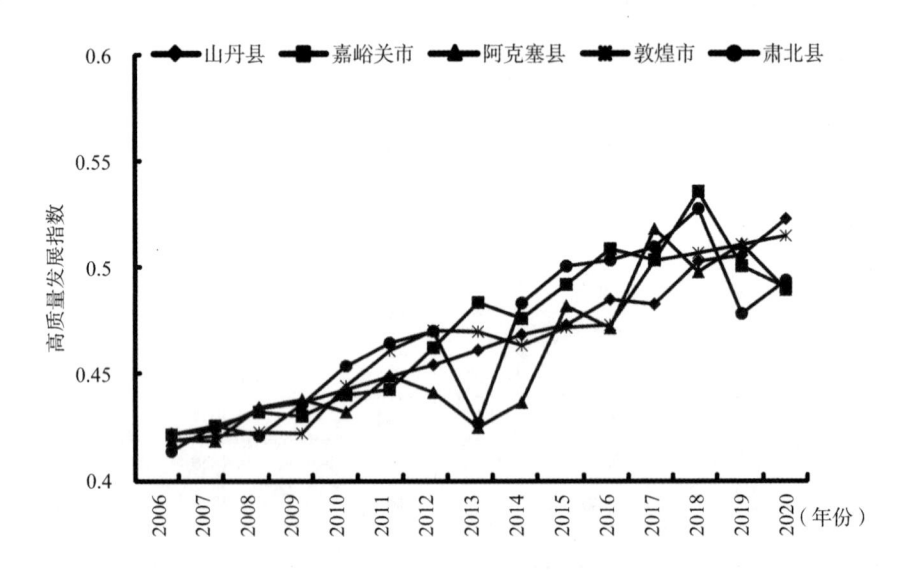

图 3-3　甘肃省领先型县域经济高质量发展指数（2006—2020 年）

与前10位的县域不同,经过15年的发展,后10位的县域名单变化显著(见表3-3)。2006年高质量发展水平排名末流的县域中,除清水县、崇信县和东乡县依旧处于最末梯队外,其余县域均发展迅速,排名逐步上升,年均增速均在0.45%以上,尤其是景泰县,年均增速达0.67%,排名提升43位,达到甘肃省县域高质量发展的中上游水平。2020年排名后10位县域中,徽县和岷县年均增速较快,分别达0.37%和0.32%,但仍低于全省平均增速,这与其发展基础较差有关,但发展潜力较大,未来高质量发展水平有望得到进一步提升。其他县域退步明显,尤其是秦安县和武山县,年均增速均为0.2%,远低于全省平均水平,因此成为排名垫底的县域。

表3-3　　　　甘肃省县域经济高质量发展总体水平后10位排名

(2006、2020年)

2006年			2020年			
排名	县域	得分	排名	县域	得分	位次变化
61	景泰县	0.3096	61	徽县	0.3687	-4
62	清水县	0.3078	62	岷县	0.3680	-7
63	漳县	0.3074	63	甘谷县	0.3677	-21
64	两当县	0.3030	64	礼县	0.3674	-26
65	东乡县	0.2983	65	武山县	0.3671	-26
66	崇信县	0.2962	66	合水县	0.3665	-13
67	永靖县	0.2931	67	清水县	0.3629	-5
68	泾川县	0.2901	68	秦安县	0.3585	-20
69	西和县	0.2891	69	崇信县	0.3509	-3
70	灵台县	0.2849	70	东乡县	0.3374	-5

选取甘肃省2006年和2020年高质量发展指数分别排名后3位的县域(2006年排名后3位的县域是泾川县、西和县和灵台县,2020年排名后3位的县域是秦安县、崇信县和东乡县),探究落后型县域2006—2020年高质量总体水平的时序变化特征,如图3-4所示。这些落后型县域高质量发展指数波动特征明显,整体呈上升态势,其中2006年排名倒数的泾

川县、西和县和灵台县发展相对较快，高质量发展指数波动上升，年均增速分别达0.64%、0.56%和0.74%，明显快于全省平均水平，这些县域高质量发展水平取得了不错的进展。而2020年排名后3位的秦安县、崇信县和东乡县发展较为缓慢，年均增速仅为0.2%、0.36%和0.26%，尤其是东乡县和秦安县，高质量发展指数增速缓慢，近年来发展状况有所好转，但整体高质量发展水平依旧低下。落后型县域亟须转变发展思路，突破发展困境，为县域经济高质量发展注入新的活力。

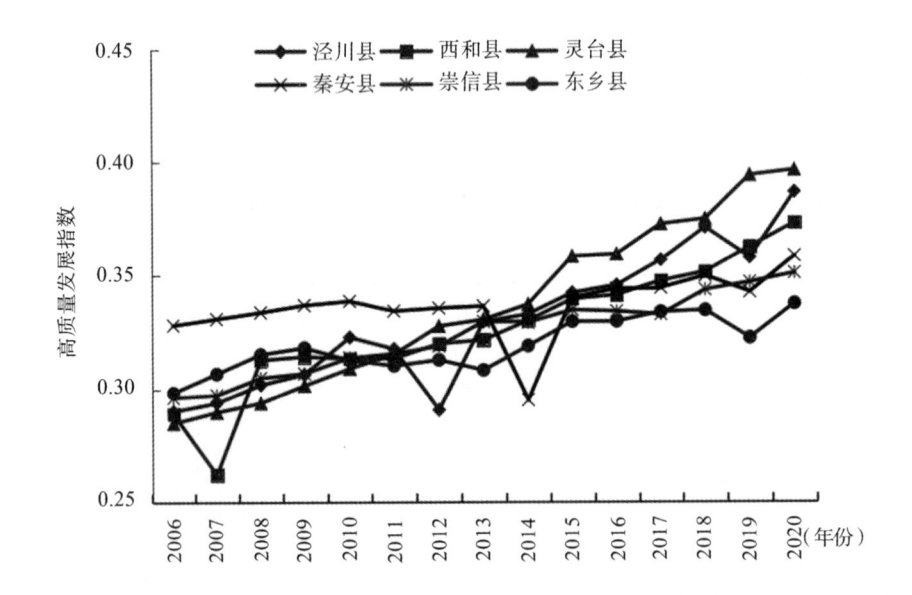

图3-4　甘肃省落后型县域经济高质量发展指数（2006—2020年）

（二）综合发展水平分析

综合发展指数主要反映了经济发展水平。利用同样的方法，计算出2006—2020年甘肃省县域经济综合发展指数及变异系数（图3-5），探究其时序变化规律。可以看出，甘肃省县域经济综合发展指数在0.0451—0.056之间，总体呈增长趋势变化，年均增长率为0.07%，增长较为缓慢，反映出甘肃省县域经济发展比较滞后，有很大的潜力有待挖掘。其中，以2007年、2013年和2017年为拐点，2007年之前，发展指数增速平缓，由0.0451增加至0.0452，年均增长0.01%，表明甘肃省县域经济综合发展水平提升缓慢；2007—2013年，发展指数快速增加，由

0.0452增加至0.053，增幅明显，表明该时间段内综合发展水平有所提高，2013—2017年，发展指数开始缓慢波动，2017年之后，综合发展指数又开始快速增加。综合发展的变异系数呈波动上升的变化趋势，大体可分为两个阶段：2006—2008年为第一个阶段，变异系数保持在一个较低的水平；2008—2018年为第二个阶段，变异系数呈明显的上升变化趋势，整体来看，变异系数从2006年的0.2533增加到2020年的0.3476，意味着各县区之间的综合发展水平的差距是不断扩大的。

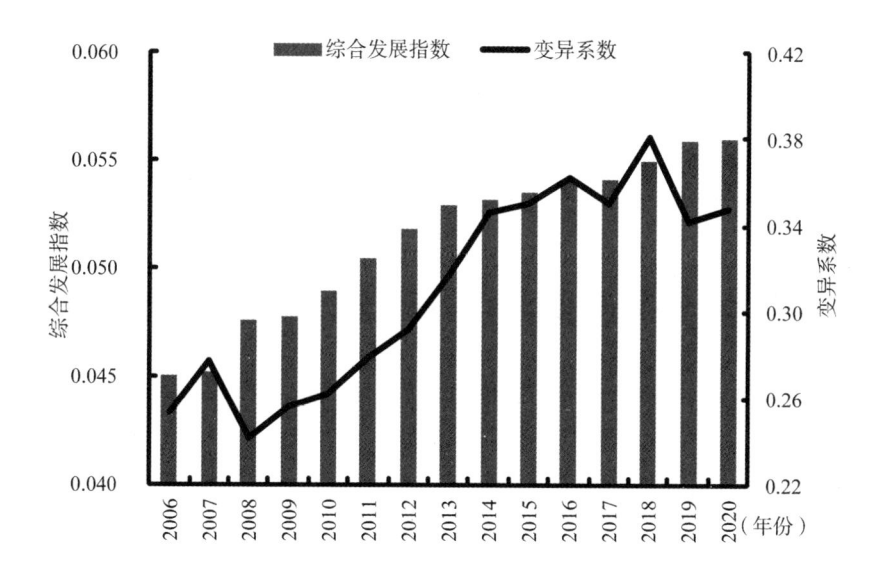

图3-5 甘肃省县域经济综合发展指数及变异系数（2006—2020年）

比较不同主体功能区的综合发展指数的时序变化（图3-6），可以看出，三种主体功能区的发展趋势与全省综合发展指数相似，其中重点开发区作为支撑甘肃省经济发展和人口集聚的重要区域，其综合发展指数明显高于其他功能区，并且差异在逐步扩大，尤其是2009年以后，在其他功能区经济发展陷入一定困境时，重点开发区表现突出，实现县域经济的加速发展，进一步拉开了与其他功能区的差距。重点生态功能区的综合发展指数与全省平均水平相差不大，高于农产品主产区，并且差异也在逐渐加大，表明农产品主产区的经济发展水平持续落后，地区间发展不平衡的现象日趋严重。

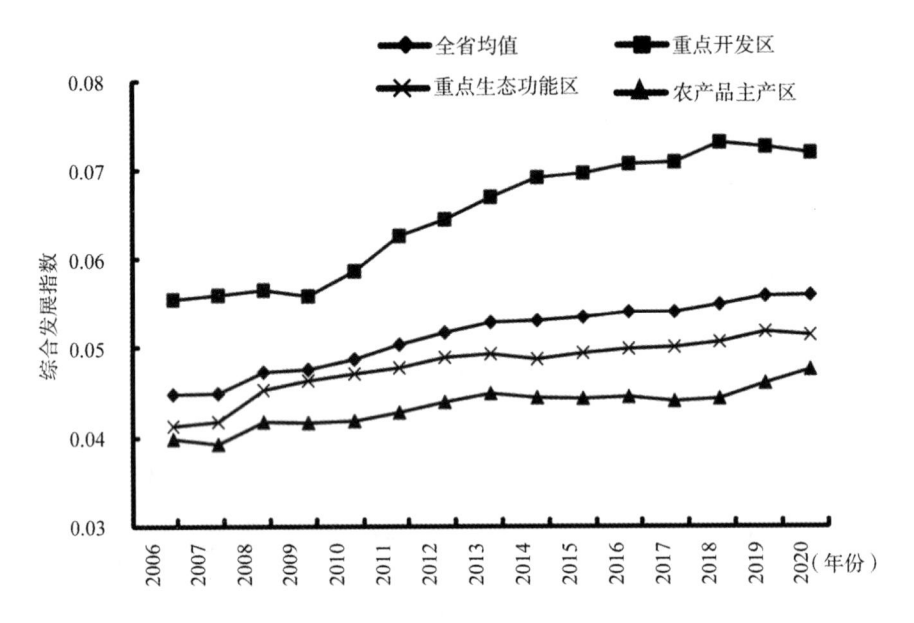

图 3-6　甘肃省不同主体功能区县域经济综合发展指数（2006—2020 年）

比较 2006 年与 2020 年甘肃省县域经济综合发展水平前 10 位的排名，结果如表 3-4 所示。整体来看，前 10 位县市名单有所变化，其中，广河县和皋兰县，位次分别提升 64 和 19，年均增长率达 0.4% 和 0.17%，远高于全省平均增速水平 0.07%，跻身第一梯队；嘉峪关市一直处于领头羊的地位，并且与第二名差距较大，增速达到 0.2%，未来几年仍将处于领先地位；肃北县发展迅速，排名仅次于嘉峪关市，并且年均增速更快，达到 0.32%，有赶超第一名的趋势；玉门市由于发展较慢，位次有些下滑，年均增速仅为 0.07%，经济综合发展水平陷入停滞状态，但由于发展基础较好，暂时并未退出前 10 位次，未来经济发展任务艰巨；2006 年位居前 10 的其他县市，由于发展速度较慢被挤出第一梯队，这些县市的经济综合发展水平大都出现了负增长，陷入发展困境，提质增速的重任刻不容缓。

第三章 甘肃省县域经济高质量发展水平测度结果分析 ◇ 111

表3-4 甘肃省县域经济综合发展水平前10位排名（2006、2020年）

2006年			2020年			
排名	县域	得分	排名	县域	得分	位次变化
1	嘉峪关市	0.0957	1	嘉峪关市	0.1256	0
2	玉门市	0.0645	2	肃北县	0.1093	+1
3	肃北县	0.0606	3	广河县	0.0965	+64
4	阿克塞县	0.0540	4	华池县	0.0834	+6
5	庆城县	0.0519	5	阿克塞县	0.0806	-1
6	临夏市	0.0513	6	玉门市	0.0748	-4
7	成县	0.0493	7	庆城县	0.0734	-2
8	敦煌市	0.0491	8	肃南县	0.0688	+3
9	华亭市	0.0480	9	华亭市	0.0685	0
10	华池县	0.0476	10	皋兰县	0.0679	+19

选取甘肃省2006年和2020年综合发展指数分别排名前3位的县域（2006年排名前3位的县域是嘉峪关市、玉门市、肃北县，2020年排名前3位的县域是嘉峪关市、肃北县和广河县），探究领先型县域2006—2020年综合发展水平的时序变化特征，如图3-7所示。其中，嘉峪关市、肃北县发展势头良好，综合发展水平整体波动上升，年均增速分别达0.2%、0.32%，远高于全省平均水平，发展未来可期。阿克塞县和庆城县经济基础较好，但发展较为缓慢，其综合发展指数变化不大，综合发展水平停滞不前。部分领先型县域持续保持较快的发展速度，将继续引领甘肃省县域的综合发展，另有部分领先型县域的发展进程遇到些困难，综合发展水平有所降低，如何扭转发展困局、经济发展提质增效，是这些领先型县域重回综合发展水平第一梯队所面临的重大挑战。

比较2006年与2020年甘肃省县域经济综合发展水平后10位的排名，结果如表3-5所示。排名后10位次的县市区变化显著，与2006年相比，除通渭县（上升2位）、渭源县（下滑2位）和东乡县（下滑1位）依旧处于末流，其他县市区的综合发展水平均有所提升，逐步进入更高梯次水平，其中广河县进步最大，以年均0.4%的增速水平提升64位，进入综合发展水平上游行列，发展势头迅猛。2020年排名后10位的县市区中，除通渭县以0.03%的年均增速上升2位外，其余县市的综合发展水平均较低，其中，西和县退步最为明显，年均增长率为-0.02%，位次下滑41位，直接从中上游县市沦为末流县市，其他县市的排名也均下滑严重。这些地区的经济发展受到一定制约，亟须转变发展思路，为高质量发展注入新动能，突破发展瓶颈。

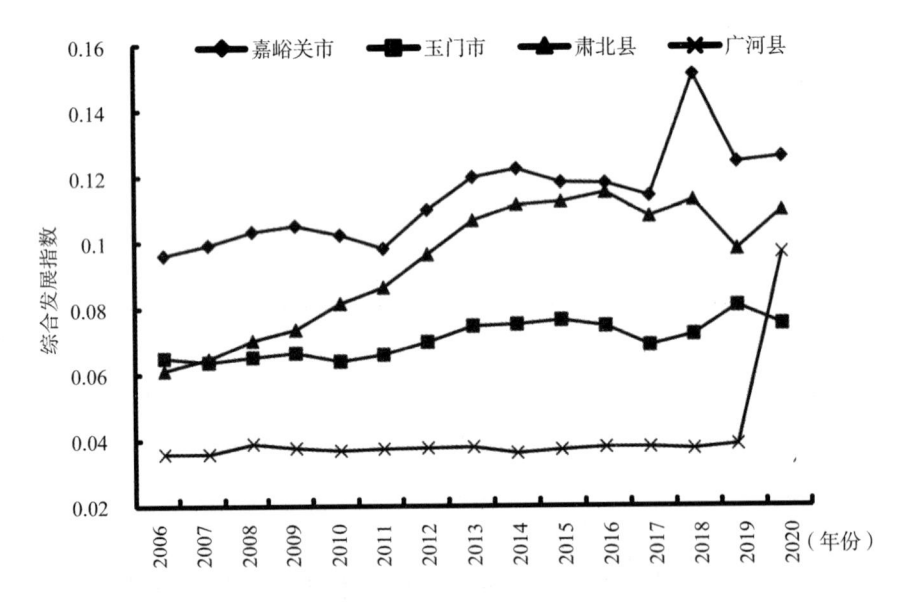

图 3-7 甘肃省领先型县域经济综合发展指数（2006—2020年）

表 3-5 甘肃省县域经济综合发展水平后 10 位排名（2006、2020年）

2006 年			2020 年			
排名	县域	得分	排名	县域	得分	位次变化
61	静宁县	0.0368	61	武山县	0.0412	-22
62	清水县	0.0368	62	文县	0.0409	-3
63	康乐县	0.0367	63	通渭县	0.0401	+2
64	张家川县	0.0365	64	秦安县	0.0399	-19
65	通渭县	0.0363	65	陇西县	0.0395	-16
66	渭源县	0.0358	66	西和县	0.0392	-41
67	广河县	0.0353	67	礼县	0.0384	-16
68	积石山县	0.0338	68	渭源县	0.0379	-2

续表

2006 年			2020 年			位次变化
排名	县域	得分	排名	县域	得分	
69	东乡县	0.0312	69	岷县	0.0360	-11
70	永靖县	0.0307	70	东乡县	0.0342	-1

选取甘肃省2006年和2020年综合发展指数分别排名后3位的县域（2006年排名后3位的县域是积石山县、东乡县和永靖县，2020年排名后3位的县域是渭源县、岷县和东乡县），探究落后型县域2006—2020年综合发展水平的时序变化特征，如图3-8所示。落后型县域的综合发展指数波动特征极为明显，其中，积石山县和永靖县的综合发展水平整体有所提高，但近年来发展指数有所下滑，积石山县自2011年之后，综合发展指数即呈波动下降趋势，永靖县自2013年之后，综合发展指数同样不断下降。而其他县域的综合发展指数下降特征更为明显，整体而言，近15年来增长速度缓慢，陷入一定的发展陷阱。落后型县域整体发展不理想，是甘肃省县域经济综合发展的弱环。

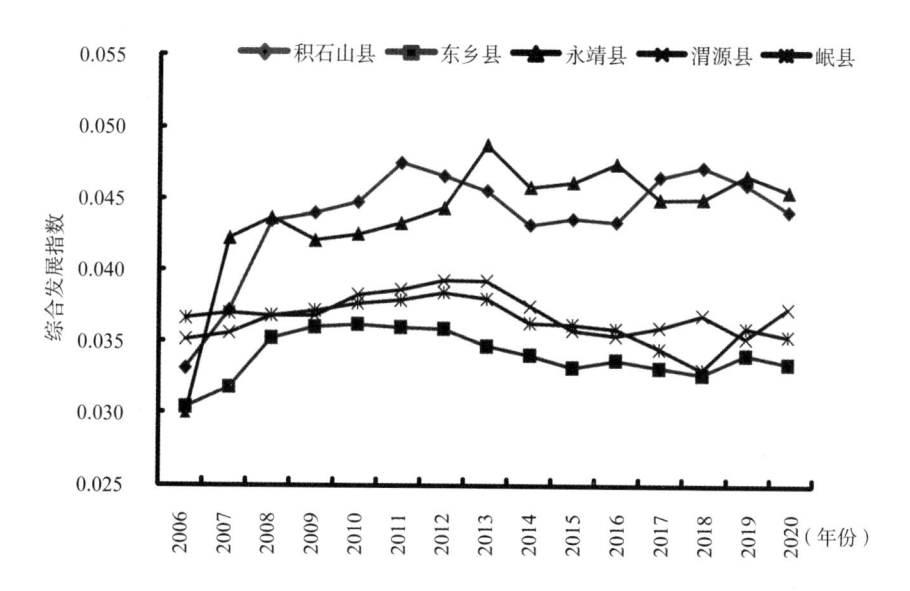

图3-8 甘肃省落后型县域经济综合发展指数（2006—2020年）

(三) 创新发展水平分析

创新发展指数反映了社会创新水平和生产改善能力。计算出甘肃省县域 2006—2020 年经济创新发展指数及变异系数（图 3-9），探究其时序演化规律。从图 3-9 可以看出，甘肃省县域经济创新发展指数逐年增长，从 2006 年的 0.0135 增长至 2020 年的 0.0394，年均增长 0.17%，增速明显。表明甘肃省县域在科技创新方面取得了显著的成效，甘肃省县域经济的创新发展是未来可期的。创新发展指数的变异系数演变轨迹可分为三个阶段，第一阶段（2006—2015 年）变异系数不断下降，由 1.06 降至 0.77，年均减少 2.9%，降幅明显；第二阶段（2015—2018 年）变异系数稳中有升，由 0.77 缓慢增加至 0.80，年均增长 0.75%。第三阶段（2018—2020 年）变异系数有所下降，由 0.80 降至 0.69，年均减少 5.5%。整体而言，变异系数变动较大且呈下降趋势，意味着甘肃省县域的创新发展极不平衡，县区之间的差异较大，不过差距是逐渐减小的，近年来县区之间差距有增大的趋势。

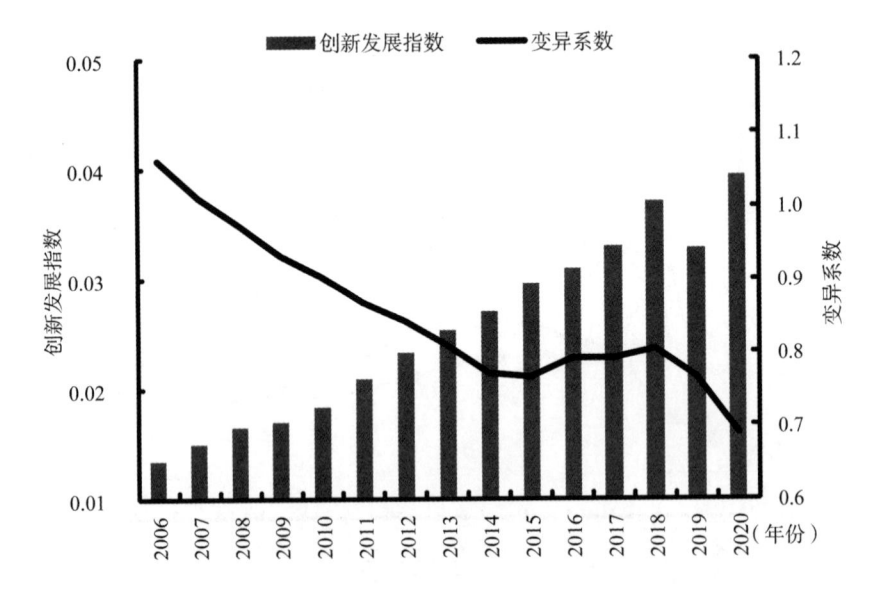

图 3-9　甘肃省县域经济创新发展指数及变异系数（2006—2020 年）

比较不同主体功能区的创新发展指数的时序变化（图3-10），可以看出，三种功能区均呈上升趋势，但差异明显。其中，重点生态功能区的创新发展指数明显高于其他区域，并且随着时间的推移，这种差异在逐步扩大，反映出甘肃省在生态安全保护方面做出了重大努力和重要贡献。重点开发区与农产品主产区的创新发展指数均低于全省平均水平，在2012年之前，农产品主产区的创新发展指数略大于重点开发区，在此之后，重点开发区增速显著，逐步反超农产品主产区，并且差距有快速拉大的趋势。农产品主产区发展指数增速缓慢，尤其是近年来创新发展有所停滞，反映出农产品主产区产业创新能力不足，该区域关系到农产品的供给与粮食的安全保障能力，亟须强化该地区科技创新驱动，提高农业综合生产能力，促进现代农业高质量发展。

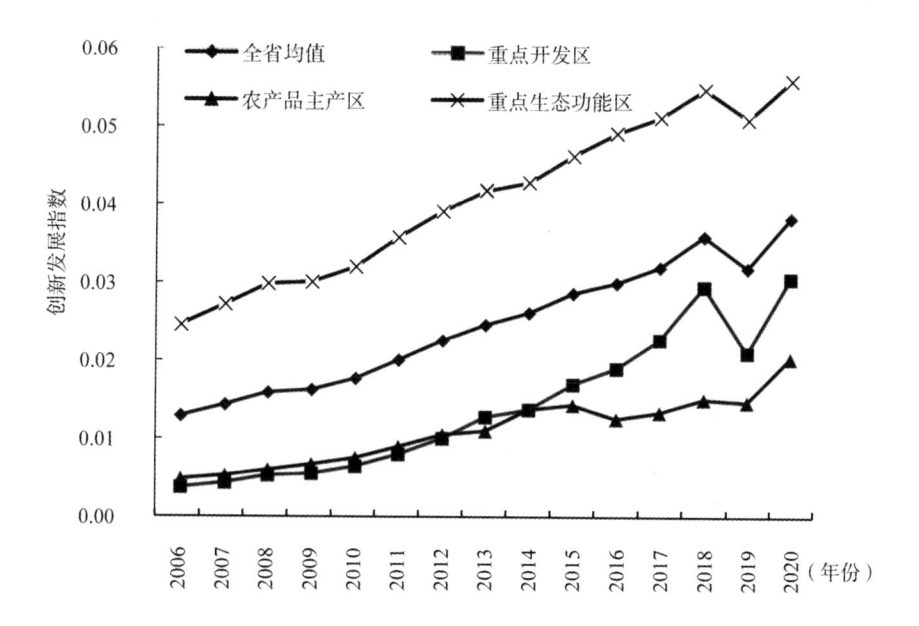

图3-10 甘肃省不同主体功能区县域经济创新发展指数（2006—2020年）

比较2006年与2020年甘肃省县域经济创新发展水平前10位的排名，结果如表3-6所示。经过15年的发展，前10位次的县市区变化显著。与2006年相比，山丹县、临夏县和敦煌市依旧位于前10位次，分别以0.42%、0.37%、0.3%的年均增速位居第1、2和5位，除庄浪县外，位于前10的其他县市年均增速均高于全省平均水平，康县、积石山县创新发展水平提升较为缓慢，逐渐被挤出第一梯队。至2020年，民勤县和民乐县成绩斐然，年均增速分别达到0.4%和0.42%，位次分别提升27位和20位，发展迅猛；和政县、永昌县稳步发展，以年均0.37%和0.32%的增速水平从第二梯队进入到第一梯队，效益良好。

表3-6 甘肃省县域经济创新发展水平前10位排名（2006、2020年）

2006年			2020年			
排名	县域	得分	排名	县域	得分	位次变化
1	山丹县	0.0574	1	山丹县	0.1203	0
2	康县	0.0555	2	临夏县	0.0964	+3
3	庄浪县	0.0478	3	和政县	0.0906	+9
4	永登县	0.0446	4	民乐县	0.0813	+20
5	临夏县	0.0414	5	敦煌市	0.0809	+4
6	临潭县	0.0398	6	民勤县	0.0769	+27
7	积石山县	0.0396	7	永昌县	0.0761	+7
8	通渭县	0.0390	8	环县	0.0719	+15
9	敦煌市	0.0356	9	庄浪县	0.0691	-6
10	两当县	0.0350	10	镇原县	0.0685	+11

选取甘肃省2006年和2020年创新发展指数分别排名前3位的县域（2006年排名前3位的县域是山丹县、康县和庄浪县，2020年排名前3位的县域是山丹县、临夏县、和政县），探究领先型县域2006—2020年创新发展水平的时序变化特征，如图3-11所示。领先型县域整体的创新发展指数呈上升态势，但变化趋势有所差异。其中，山丹县、和政县和临夏县的创新发展指数逐年递增，尤其是2013年之后，发展速度进一步加快，发展势头迅猛；康县的创新发展指数变化可分为四个阶段，2006—2009年，发展指数有所下降，2009—2016年，发展指数平缓波动，2016—2018年，发展指数呈波动上升变化，2018年之后，发展速度逐渐下降；庄浪县发展指数的变化轨迹以2016年为转折点，可分为两个阶段，2016年之前，发展指数逐年增加，2016年之后，创新发展水平有所降

低。整体来看，大多领先型县域的创新发展水平稳步提升，尤其是近年来增速明显，小部分领先型县域的创新发展水平近年来有所下滑，但整体发展趋势较好。

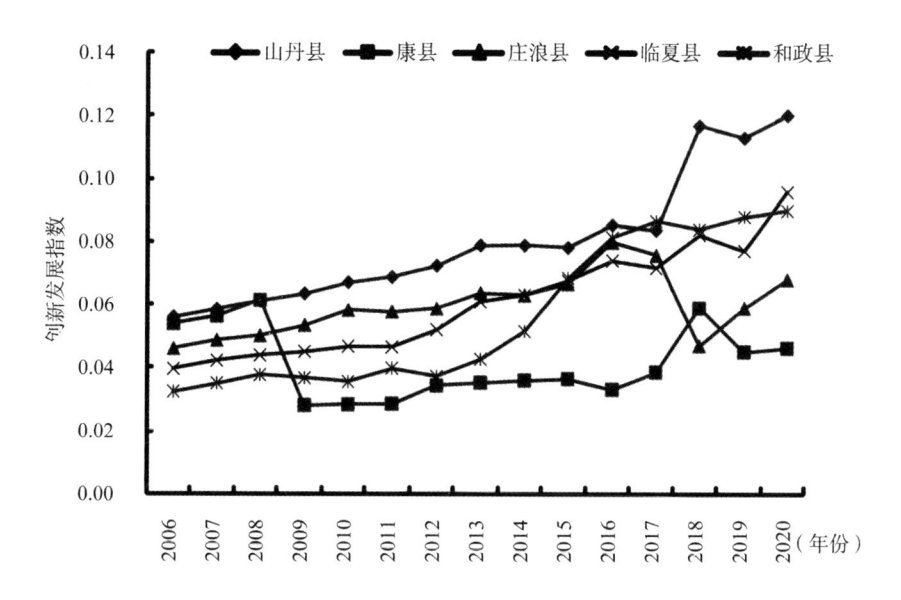

图 3-11 甘肃省领先型县域经济创新发展指数（2006—2020 年）

比较 2006 年与 2020 年甘肃省县域经济创新发展水平后 10 位的排名，结果如表 3-7 所示。与前 10 位次类似，后 10 位次的县市区同样变化较大。与 2006 年相比，除清水县、徽县和泾川县位次变化不大，依旧处于末流梯次，其余县市区的创新发展水平均取得不错的进展，排名不断上升，尤其是成县，以年均 0.17% 的增速不断发展，从 64 位攀升到 40 位，进步明显。至 2020 年，各个地区的创新发展水平都取得了一定的进展，即使是下滑 24 位的崇信县，年均增速依然达到 0.03%；后 10 位次的清水县、徽县和泾川县，年均增速均在 0.06% 以上，进一步印证了甘肃省县域在科技创新方面取得的卓著成效。

表 3-7　甘肃省县域经济创新发展水平后 10 位排名（2006、2020 年）

2006 年			2020 年			
排名	县域	得分	排名	县域	得分	位次变化
61	岷县	0.0013	61	碌曲县	0.0117	-9
62	清水县	0.0011	62	清水县	0.0110	0
63	西和县	0.0011	63	徽县	0.0110	+6
64	成县	0.0009	64	泾川县	0.0099	+1
65	泾川县	0.0008	65	甘谷县	0.0097	-9
66	宁县	0.0008	66	礼县	0.0096	-6
67	华亭市	0.0007	67	崇信县	0.0086	-24
68	皋兰县	0.0005	68	武山县	0.0083	-13
69	徽县	0.0002	69	秦安县	0.0074	-21
70	玛曲县	0.0000	70	东乡县	0.0066	-13

选取甘肃省 2006 年和 2020 年创新发展指数分别排名后 3 位的县域（2006 年排名后 3 位的县域是皋兰县、徽县和玛曲县，2020 年排名后 3 位的县域是武山县、秦安县和东乡县），探究落后型县域 2006—2020 年创新发展水平的时序变化特征，如图 3-12 所示。落后型县域的创新发展指数的变化波动特征明显，整体呈上升变化。其中，2012 年之前，落后型县域的创新发展指数呈缓慢波动上升态势，2012 年之后，创新发展指数波动趋势极为明显，甚至部分县域出现大起大落的突变趋势，其中，2016 年和 2019 年是两个极高点，多数县域在该年份达到局部最高值。总之，落后型县域的创新发展势头良好，但近年来发展较不稳定，保持连续性、促进创新发展水平平稳增长是落后型县域面临的重大问题。

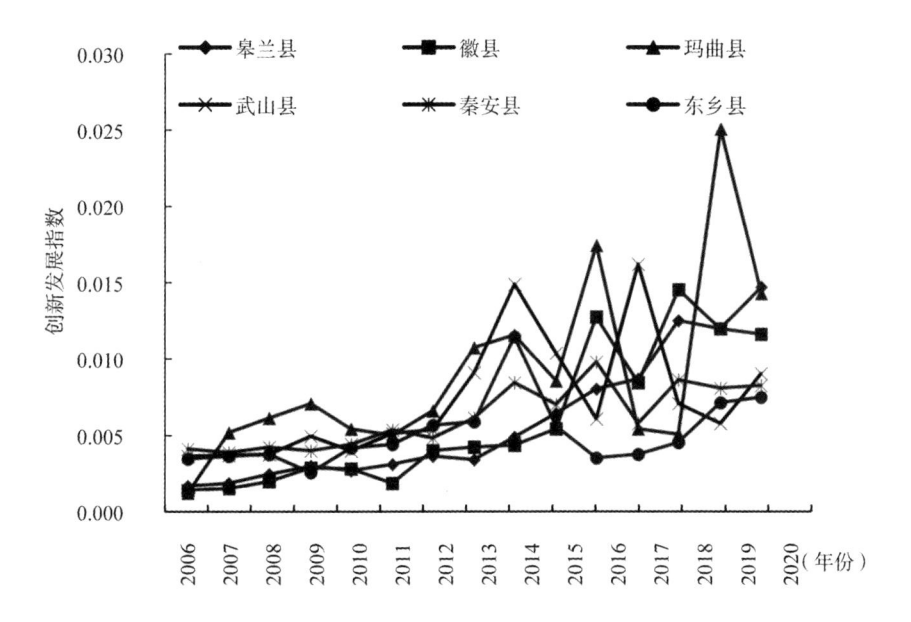

图 3-12　甘肃省落后型县域经济创新发展指数（2006—2020 年）

（四）协调发展水平分析

协调发展指数反映了城镇化发展水平与城乡发展差异。计算出甘肃省县域 2006—2020 年经济协调发展指数及变异系数（图 3-13），探究其时序演化规律。由图 3-13 可知，从整体来看，甘肃省县域经济协调发展指数呈逐步上升趋势（除 2007 年有小幅降低），从 2006 年的 0.0662 提升到 2020 年的 0.0816，年均增长 0.13%，增长较为缓慢，反映出甘肃省县域城镇化发展较为滞后，城乡发展差距依然较大。根据协调发展指数的时序变化，以 2012 年为界，可分为两个阶段，2012 年之前，为缓慢发展阶段，发展指数由 0.0662 增长至 0.0687，年均增长 0.11%，表明这一时期甘肃省县域经济的协调发展进展缓慢，并未取得明显进步；2012 年之后，为稳步增长阶段，发展指数由 0.0687 增长至 0.0816，年均增长 0.14%，这一时期协调发展指数增长趋势较为明显，表明甘肃省县域经济协调发展水平开始逐步提高。同时，协调发展指数的变异系数呈波动下降变化，整体来看，从 2006 年的 0.03113 降为 2020 年的 0.1844，下降明显，意味着各县区之间协调发展水平的差异在不断减小，甘肃省县域经济的协调发展向着越来越均衡方向不断迈进。

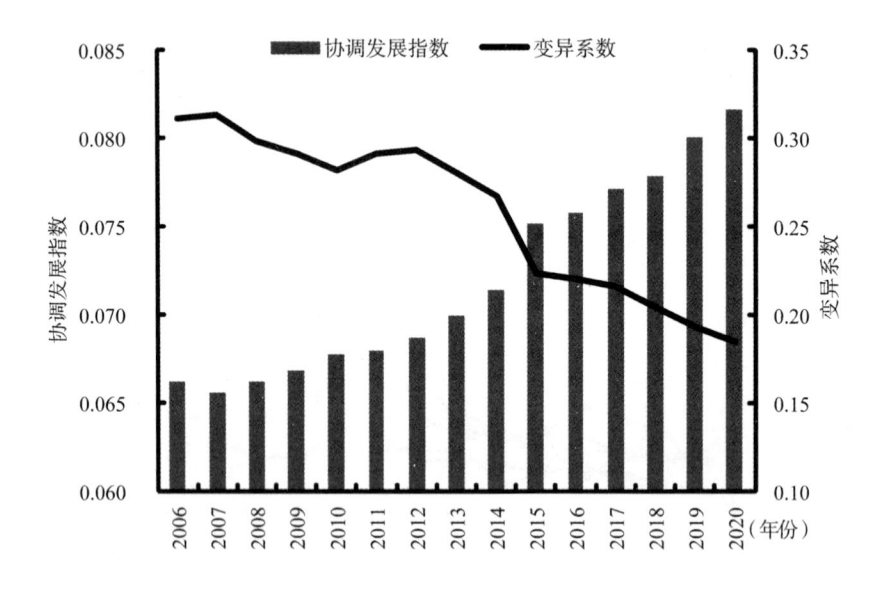

图 3-13　甘肃省县域经济协调发展指数及变异系数（2006—2020 年）

比较不同主体功能区的协调发展指数的时序变化（图 3-14），可以看出，三种功能区的协调发展水平演变趋势类似，逐年稳步增长，其中重点开发区的协调发展指数明显较高，但是总体增长趋势较为平缓，反映出重点开发区协调发展水平较高，但近年来发展有所停滞。农产品主产区基本与重点生态功能区相差无几，整体略低于全省平均水平，在 2014 年之前，这两种功能区增速均高于重点开发区，与重点开发区的差距有所减小。反映出甘肃省在促进地区协调发展方面取得了一定的进步，但整体上协调发展水平偏低并且进展缓慢，未来甘肃省县域协调发展的任务繁重而艰巨。

比较 2006 年与 2020 年甘肃省县域经济协调发展水平前 10 位的排名，结果如表 3-8 所示。与 2006 年相比，前 10 位次的县市区名单变化不大，临夏市、阿克塞县、嘉峪关市、玉门市、瓜州县、山丹县始终位于前 10 位。敦煌市稳步发展，以年均 0.2% 的增速从第二梯队挤进前 10 位；肃南县发展缓慢，年均增速 0.03%，逐步退至第二梯队，其他县市排名波动不大。整体来看，前 10 位次县市的协调发展水平提升缓慢，主要原因在于领先县市的城镇化水平不断提升的同时，城乡发展差异在不断扩大，使得甘肃省县域协调发展面临巨大挑战。

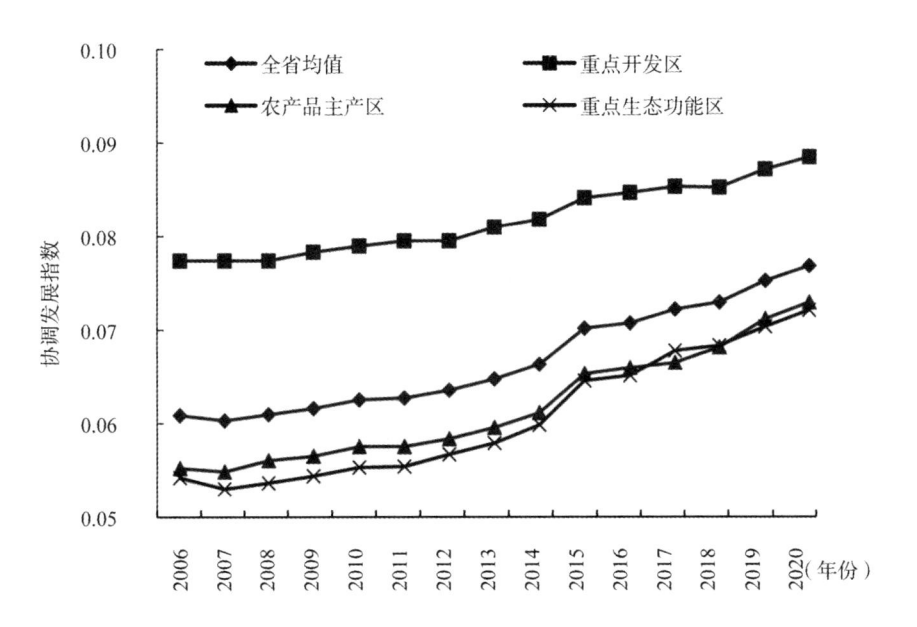

图 3-14 甘肃省不同主体功能区县域经济协调发展指数（2006—2020 年）

表 3-8　甘肃省县域经济协调发展水平前 10 位排名（2006、2020 年）

2006 年			2020 年			
排名	县域	得分	排名	县域	得分	位次变化
1	嘉峪关市	0.1046	1	临夏市	0.1135	+2
2	阿克塞县	0.1014	2	敦煌市	0.1104	+9
3	临夏市	0.1002	3	嘉峪关市	0.1093	-2
4	肃北县	0.0921	4	阿克塞县	0.1075	-2
5	玉门市	0.0906	5	玉门市	0.0996	0
6	肃南县	0.0882	6	瓜州县	0.0991	+3
7	民勤县	0.0861	7	高台县	0.0953	+9
8	金塔县	0.0839	8	山丹县	0.0951	+2
9	瓜州县	0.0834	9	临泽县	0.0947	+5
10	山丹县	0.0821	10	肃北县	0.0946	-6

选取甘肃省 2006 年和 2020 年协调发展指数分别排名前 3 位的县域（2006 年排名前 3 位的县域是嘉峪关市、阿克塞县、临夏市，2020 年排名前 3 位的县域是临夏市、敦煌市、嘉峪关市），探究领先型县域 2006—

2020年协调发展水平的时序变化特征，如图3-15所示。从整体上看，领先型县域的协调发展指数呈上升的变化趋势，但不同县域的变化趋势存在差异。其中，嘉峪关市和临夏市的协调发展指数的变化趋势相似但发展速率不同，均呈现出波动上升的变化轨迹，2011年之前，嘉峪关市发展速率较快，2011年之后，嘉峪关市的协调发展水平有所停滞，逐渐被临夏市超越。阿克塞县协调发展指数的变化轨迹可分为三个阶段，其中，2006—2009年，敦煌市的协调发展指数降幅明显，2009—2012年间，协调发展指数开始上升，2012年之后，协调发展指数波动式下降。总之，领先型县域的协调发展水平近年来发展缓慢，进一步提升城镇化水平和缩小城乡差异，是促进甘肃省县域协调发展水平的关键。

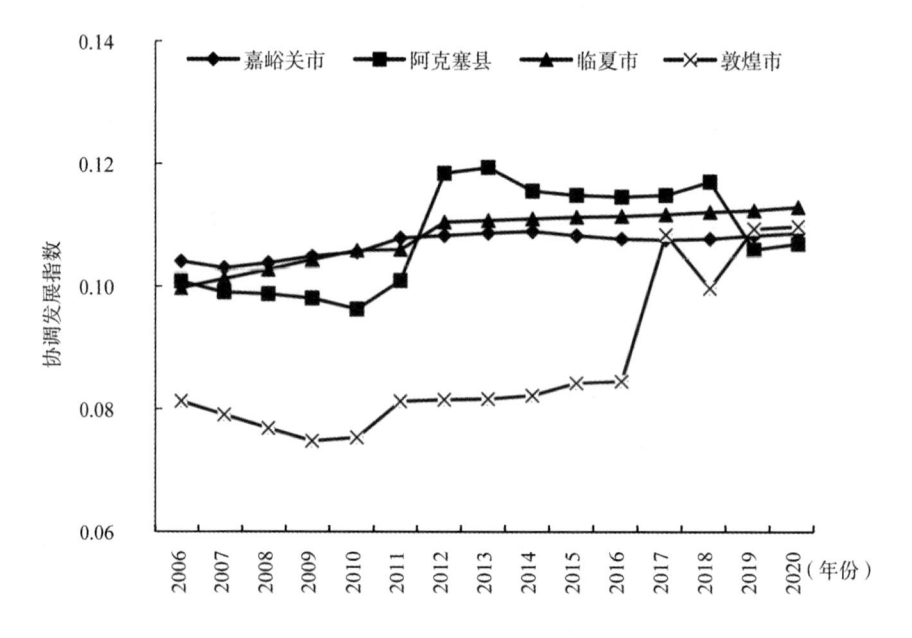

图3-15　甘肃省领先型县域经济协调发展指数（2006—2020年）

比较2006年与2020年甘肃省县域经济协调发展水平后10位的排名，结果如表3-9所示。与2006年相比，后10位次的县市区名单变化明显。除西和县、宕昌县和东乡县位次变化不大，依旧属于末流县市区，其余县市区的排名均提升显著，年均增长率总体高于全省平均增速水平0.1%，尤其是静宁县，在2006年排名靠后，且发展基础远落后于其他县市区,但其以0.28%年均增速,排名迅速上升。2020年后10位次的县市中,华亭市和清水县的协调发展水平处于停滞不前的状态,年均增长率分别为-0.008%和0.09%,因此排名下滑严重。其余县市区尽管排名有所下降,但均取得了一定的进步,除华亭市增速较为缓慢之外,其他县市区的增速均在全省平均水平之上。高水平地区增速较低,低水平地区增速较高,进一步反映出各县市区之间协调发展水平的差异在不断减小,甘肃省县域经济的协调发展向着越来越均衡的方向不断迈进。

表3-9 甘肃省县域经济协调发展水平后10位排名(2006、2020年)

2006年			2020年			
排名	县域	得分	排名	县域	得分	位次变化
61	宕昌县	0.0449	61	清水县	0.0654	-12
62	临夏县	0.0442	62	通渭县	0.0653	-2
63	舟曲县	0.0432	63	西和县	0.0651	+5
64	东乡县	0.0430	64	张家川县	0.0650	-11
65	渭源县	0.0420	65	宕昌县	0.0643	-4
66	漳县	0.0381	66	积石山县	0.0630	-9
67	静宁县	0.0378	67	华亭市	0.0625	-39
68	西和县	0.0363	68	崇信县	0.0624	-12
69	岷县	0.0340	69	东乡县	0.0598	-5
70	两当县	0.0065	70	庄浪县	0.0586	-12

选取甘肃省2006年和2020年协调发展指数分别排名后3位的县域(2006年排名后3位的县域是西和县、岷县和两当县,2020年排名后3位的县域是崇信县、东乡县和庄浪县),探究落后型县域2006—2020年协调发展水平的时序变化特征,如图3-16所示,落后型县域的协调发展指数均有所提升,并且提升较为明显。除此之外,越落后的县域,协调发展水平提升越迅速,2006年,落后型县域之间的差异明显,至2020年,这些落后型县域之间的协调发展水平已相差不大,地区之间的差异随时间的延长而不断缩小,反映出落后型县域充分利用后发优势,实现协调发展水平的较快提升。

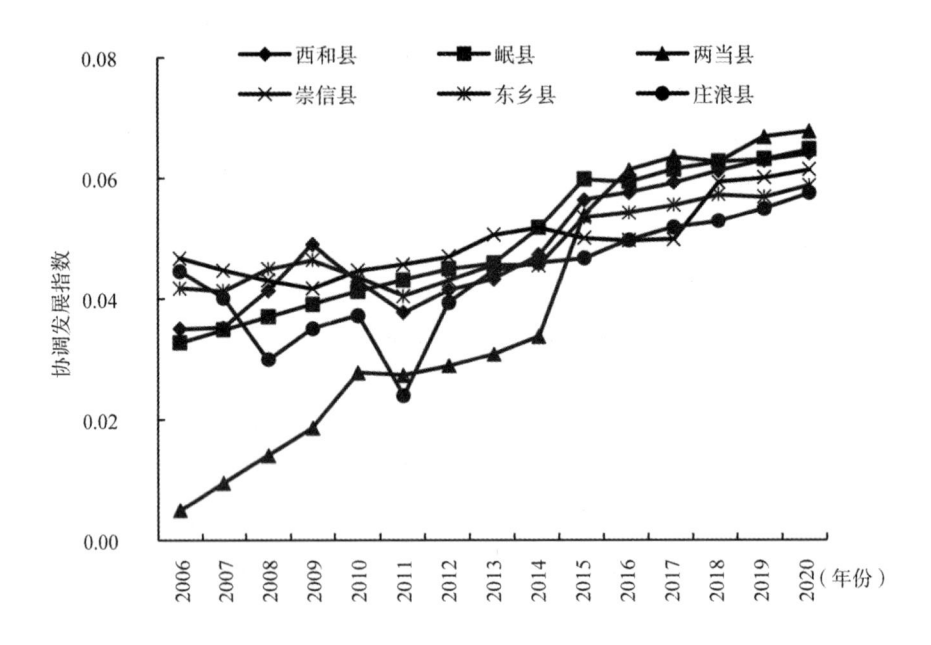

图 3-16　甘肃省落后型县域经济协调发展指数（2006—2020 年）

（五）绿色发展水平分析

绿色发展指数反映了经济发展效率与生态环境质量。计算出甘肃省县域 2006—2020 年经济绿色发展指数及变异系数，探究其时序演化趋势，结果如图 3-17 所示。可以看出，甘肃省县域经济绿色发展指数呈波动增长变化。大体可分为三个阶段：其中，2006—2012 年为第一个阶段，发展指数呈逐年上升变化，由 0.122 增长至 0.1321，年均增长率为 0.14%，绿色发展水平取得一定进展；2012—2015 年为第二个阶段，发展指数保持在 0.1318 的水平上下波动，绿色发展水平有所停滞，2015—2020 年为第三个阶段，发展指数增幅明显。整体来看，发展指数由 0.1222 上升至 0.1328，年均增长率仅为 0.07%，表明甘肃省县域经济的绿色发展水平提升缓慢。反映出甘肃省县域产业的发展方式并未得到良好改善，高消耗、高排放、高投入、低效益的经济发展模式并未得到根本转变，绿色发展的道路曲折而漫长。绿色发展指数的变异系数整体较小，并且呈波动下降的趋势，从 2006 年的 0.0869 降低至 2020 年的 0.0342，降幅明显。意味着各县市区之间绿色发展水平的差异较小，而且县市区间的差异还在不断减小，绿色发展水平不断趋同。

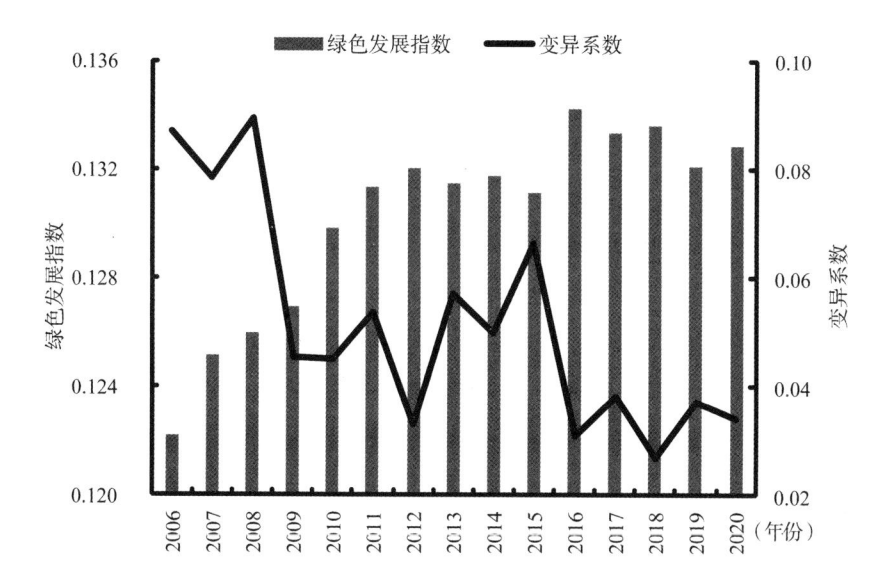

图 3-17　甘肃省县域经济绿色发展指数及变异系数（2006—2020年）

比较不同主体功能区的绿色发展指数的时序变化（图3-18），可以看出，三种功能区的绿色发展指数变化趋势相似，并且绿色发展水平相近。除在2015年农产品主产区有小幅降低之外，整体呈上升趋势。其中，重点开发区绿色发展指数最大，重点生态功能区次之，农产品主产区略低，主要原因可能是在农业生产中施加了大量农药化肥所致。整体来看，绿色发展虽取得了一定成果，但2012年之后，甘肃省县域绿色发展的脚步有所放缓。一方面，在产业结构中占比巨大的重工业的发展，造成资源过度消耗，污染物排放增加，给本就脆弱的生态环境带来严峻挑战；另一方面，落后农业生产方式也造成了严重的环境问题。调整产业结构、转变生产方式、节能减排刻不容缓。

比较2006年与2020年甘肃省县域经济绿色发展水平前10位的排名，结果如表3-10所示。从2006年至2020年，部分县市进步格外突出，排名变化巨大。2006年排名末端的灵台县、临泽县和靖远县，年均增速分别达到0.31%、0.13%和0.36%，远大于全省平均增速水平0.07%，至2020年分别位居全省第1、9、10位，发展十分迅速；玛曲县、夏河县、碌曲县和嘉峪关市平稳发展，位次有所波动，但并未退出前10位；2006年排名前列的其他县市区，发展较为缓慢，逐渐退出第一梯队，尤其是宕昌县，年均增长率仅为-0.04%，位次下滑严重，反映出这些地区经济效益提升缓慢，环境质量有待改善，绿色发展任务艰巨。

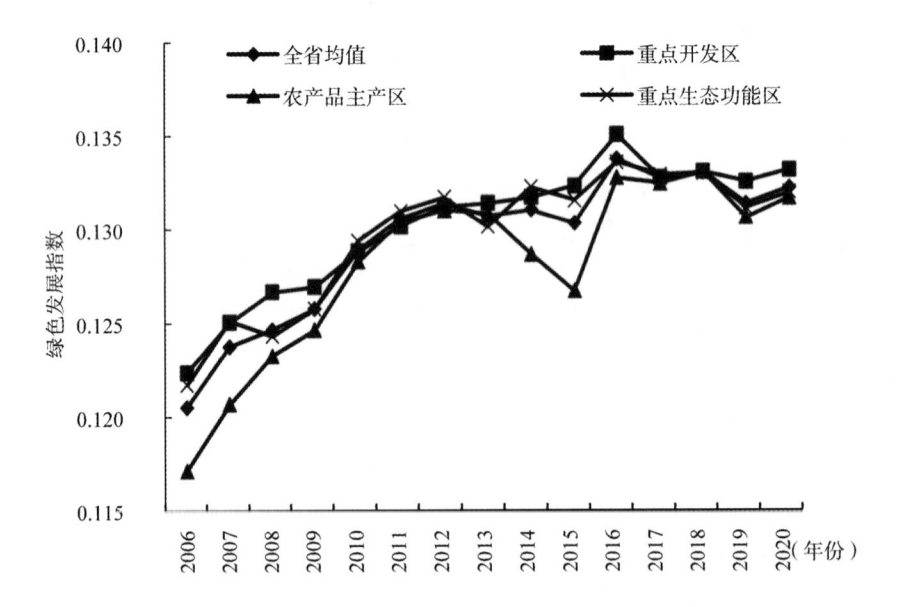

图3-18 甘肃省不同主体功能区县域经济绿色发展指数（2006—2020年）

表3-10 甘肃省县域经济绿色发展水平前10位排名（2006、2020年）

\multicolumn{3}{c	}{2006年}	\multicolumn{4}{c}{2020年}
排名	县域	得分	排名	县域	得分	位次变化
1	宕昌县	0.1394	1	灵台县	0.1470	+66
2	玛曲县	0.1361	2	肃南县	0.1417	+15
3	夏河县	0.1350	3	高台县	0.1407	+8
4	碌曲县	0.1342	4	山丹县	0.1397	+12
5	合作市	0.1337	5	玛曲县	0.1395	-3
6	和政县	0.1315	6	嘉峪关市	0.1392	+1
7	嘉峪关市	0.1308	7	碌曲县	0.1392	-3
8	卓尼县	0.1306	8	夏河县	0.1390	-5

续表

| 2006 年 ||| 2020 年 ||| 位次变化 |
排名	县域	得分	排名	县域	得分	
9	迭部县	0.1303	9	临泽县	0.1387	+42
10	张家川县	0.1303	10	靖远县	0.1381	+59

选取甘肃省 2006 年和 2020 年绿色发展指数分别排名前 3 位的县域（2006 年排名前 3 位的县域是宕昌县、玛曲县和夏河县，2020 年排名前 3 位的县域是灵台县、肃南县和高台县），探究领先型县域 2006—2020 年绿色发展水平的时序变化特征，如图 3-19 所示。领先型县域的绿色发展水平呈两极分化的演变趋势。2006 年绿色发展水平即为最领先的县域，其发展水平却处于停滞不前的状态，甚至诸如宕昌县，其绿色发展水平还有所下降，而 2020 年晋升为最领先型的几个县域，其绿色发展指数呈明显的上升态势，尽管 2006 年其绿色发展水平处于落后型县域行列，经过多年的发展跃升至领先型县域。除此之外，可明显看出，不同县域绿色发展水平之间的差距在不断缩小，绿色发展水平越来越均衡。

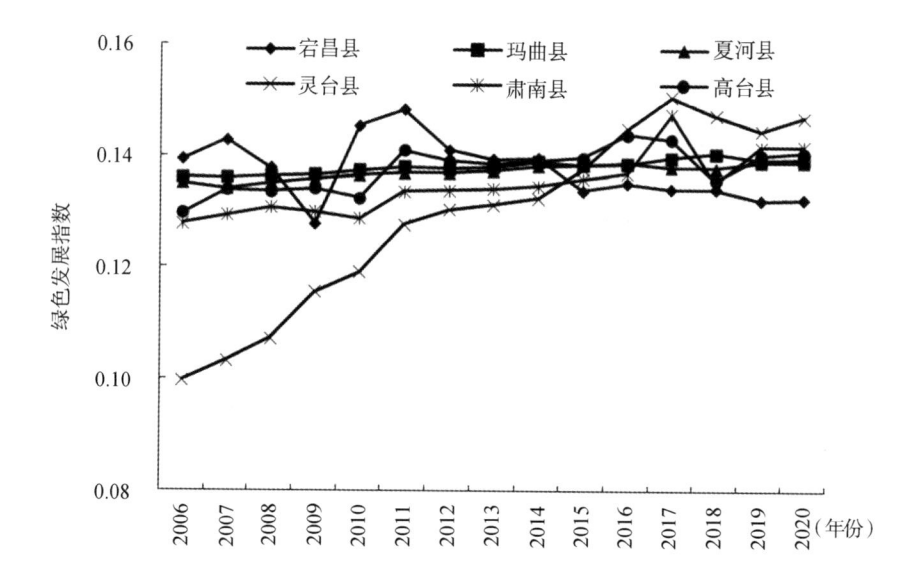

图 3-19　甘肃省领先型县域经济绿色发展指数（2006—2020 年）

比较 2006 年与 2020 年甘肃省县域经济绿色发展水平后 10 位的排名，结果如表 3-11 所示。与 2006 年相比，后 10 位次县市区名单变化显著，除永昌县依旧位于末流梯队，其余县市区的绿色发展水平均有明显提升，但永昌县的年均增速为 0.35%，远高于全省均值 0.07%，不过发展基础较差，因此排名提升不大，但其发展前景良好，未来的绿色发展水平将会进一步提升。2020 年后 10 位次的县市区，发展均有所停滞，增速缓慢，低于全省平均增速水平。整体来看，甘肃省县域的绿色发展进程缓慢，如何突破发展困境，加快绿色发展水平的提高是一大挑战。

表 3-11 甘肃省县域经济绿色发展水平后 10 位排名（2006、2020 年）

2006 年			2020 年			
排名	县域	得分	排名	县域	得分	位次变化
61	徽县	0.1153	61	陇西县	0.1281	-17
62	西和县	0.1138	62	康县	0.1279	-9
63	庄浪县	0.1088	63	临洮县	0.1276	-5
64	崇信县	0.1065	64	古浪县	0.1276	-25
65	静宁县	0.1063	65	庆城县	0.1271	-34
66	会宁县	0.1049	66	东乡县	0.1268	-7
67	灵台县	0.0998	67	民勤县	0.1263	-13
68	景泰县	0.0842	68	永昌县	0.1258	+2
69	靖远县	0.0839	69	通渭县	0.1237	-41
70	永昌县	0.0734	70	环县	0.1148	-22

选取甘肃省 2006 年和 2020 年绿色发展指数分别排名后 3 位的县域（2006 年排名后 3 位的县域是景泰县、靖远县和永昌县，2020 年排名后 3 位的县域是永昌县、通渭县和环县），探究落后型县域 2006—2020 年绿色发展水平的时序变化特征，如图 3-20 所示。落后型县域的绿色发展指数同样呈两极分化的演变趋势。2006 年处于落后型行列的县域，大多其绿色发展水平提升较为迅速，而 2020 年处于落后型行列的县域，大多是因为其绿色发展水平停滞不前，尽管发展基础并不差，依旧逐步下滑为落后型县域。借鉴和推广 2006 年落后型县域的发展经验，可能是推动整

个甘肃省县域经济绿色发展的可行做法。

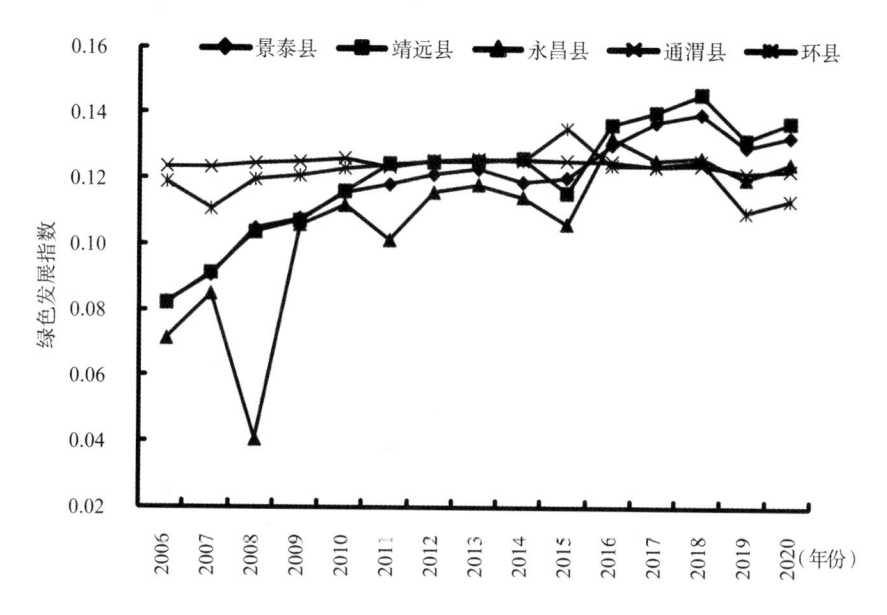

图 3-20 甘肃省落后型县域经济绿色发展指数（2006—2020 年）

（六）开放发展水平分析

开放发展指数反映了对外开放水平以及吸纳人口能力。计算出甘肃省县域 2006—2020 年经济开放发展指数及变异系数，探究其时序演化规律，结果如图 3-21 所示。可以看出，甘肃省县域经济开放发展指数整体呈波动下降的变化趋势。大体可分为三个阶段：2006—2007 年为第一阶段，发展指数提升明显，在 2007 年达到峰值 0.039，此后便开始减小；2007—2019 年为第二阶段，发展指数下降较为明显，由 0.0385 降至 0.0328，年均下降 0.05%；2019—2020 年为第三阶段，发展指数提升至 0.0377。整体来看，发展指数由 0.0385 下降至 0.0328，反映出甘肃省县域对外开放水平不高，吸纳人才能力不强，并且这种困境有不断恶化的趋势。开放发展指数的变异系数呈波浪形变化，在 2008 年达到较小值 0.2264，此后快速上升，最终在 2019 年达到最大值 0.3645 后快速降至 0.083。

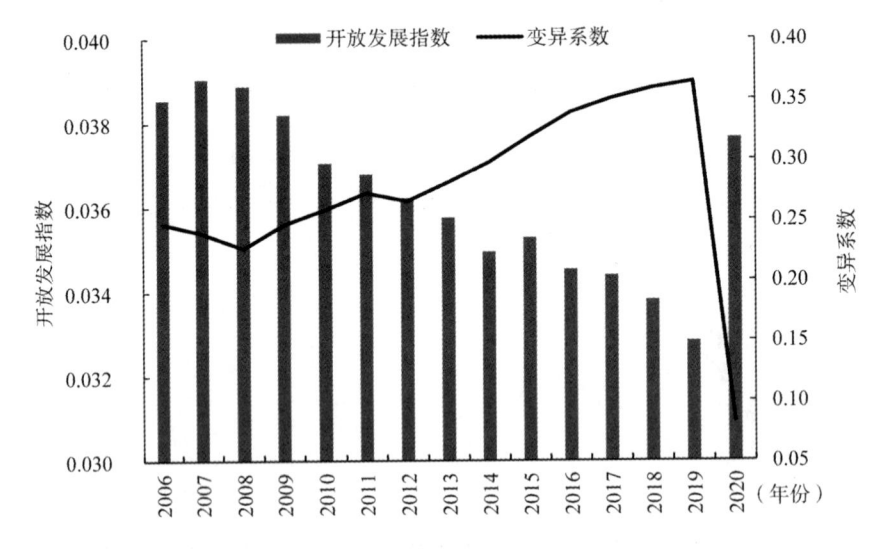

图 3-21　甘肃省县域经济开放发展指数及变异系数（2006—2020 年）

比较不同主体功能区的开放发展指数的时序变化（图 3-22），可以发现，三种功能区的开放发展指数基本保持稳中有降的波浪形变化趋势，其中重点生态功能区的开放发展指数最高，重点开发区次之，农产品主产区最低，并且农产品主产区的开放发展水平均低于全省平均水平。总体而言，甘肃省县域开放程度不高，区域和区际联系不强，如何突破困境、扩大开放是目前甘肃县域经济高质量发展的重大问题。

比较 2006 年与 2020 年甘肃省县域经济开放发展水平前 10 位的排名，结果如表 3-12 所示。整体来看，前 10 位次的县市区除敦煌市、肃北县、阿克塞县和临潭县以外排名变化波动较大，甘肃省县域的开放发展水平整体呈逐渐下降的趋势，而迭部县的开放发展水平以年均 0.04% 的增长率不断增加，增速位居全省前列，排名迅速提高 17 位，步入前 10 位次。民勤县、山丹和永昌县排名均有所提升，进入前 10 位次，而合作市的开放发展指数年均增长率仅为 0.004%，但因其他县市区下滑更为明显，因此合作市整体排名是上升的。永登县、碌曲县和临夏县均下降明显，跌出前 10 位次，尤其是永登县，其开放发展水平以年均 -0.14% 的速度不断下降。即使是前 10 位次的县市区，开放发展水平大多也均呈下降趋势，进一步印证了甘肃省县域对外开放水平不高，吸纳人才能力不强，亟须破除这种困境。

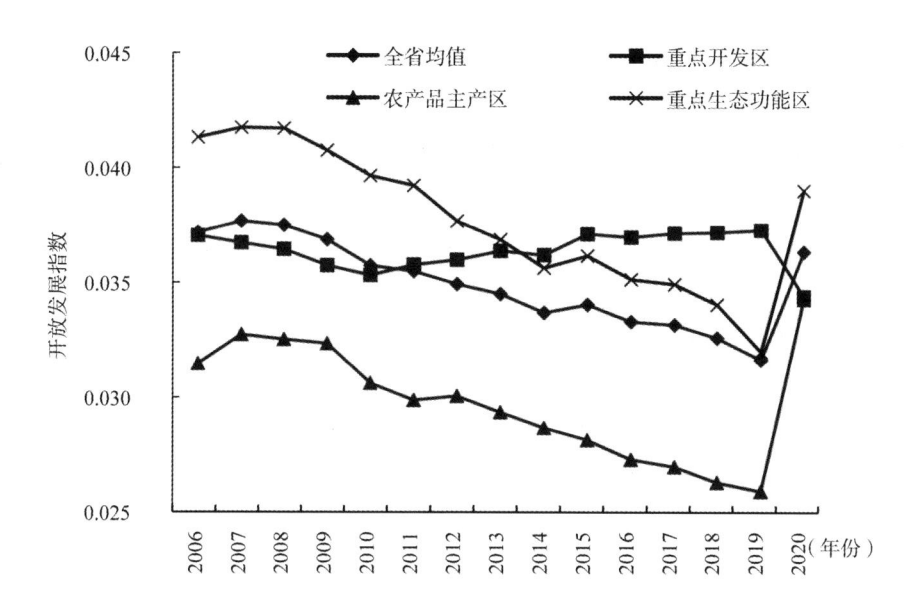

图 3-22　甘肃省不同主体功能区县域经济开放发展指数（2006—2020 年）

表 3-12　甘肃省县域经济开放发展水平前 10 位排名（2006、2020 年）

排名	县域	得分	排名	县域	得分	位次变化
\multicolumn{3}{c	}{2006 年}	\multicolumn{4}{c}{2020 年}

排名	县域	得分	排名	县域	得分	位次变化
1	肃北县	0.0677	1	迭部县	0.0482	+17
2	永登县	0.0619	2	敦煌市	0.0472	+3
3	碌曲县	0.0608	3	合作市	0.0468	+9
4	夏河县	0.0558	4	肃北县	0.0454	-3
5	敦煌市	0.0550	5	永昌县	0.0438	+26
6	古浪县	0.0543	6	阿克塞县	0.0437	+4
7	玛曲县	0.0518	7	庆城县	0.0429	+32
8	临潭县	0.0497	8	山丹县	0.0429	+6
9	临夏县	0.0491	9	民勤县	0.0422	+24
10	阿克塞县	0.0477	10	临潭县	0.0421	-2

选取甘肃省2006年和2020年开放发展指数分别排名前3位的县域（2006年排名前3位的县域是肃北县、永登县和碌曲县，2020年排名前3位的县域是迭部县、敦煌市和合作市），探究领先型县域2006—2020年开放发展水平的时序变化特征，如图3-23所示。领先型县域的开放发展指数变化轨迹差异明显，主要体现在2015年之前基本保持稳定，2015年之后变化差异较大。其中，肃北县和敦煌市在2010年之前，其开放发展指数是保持缓慢增长的变化趋势，在此之后有所下降，并在2015年后保持稳定，2018年后开始下降。合作市和迭部县基本呈现波动上升的变化趋势，并在2010—2018年维持在一定水平。碌曲县的演变轨迹较为复杂，先后经历了"下降—波动上升—下降—保持平稳"的变化历程。整体来看，领先型县域的开放发展指数在2010年之后的变化轨迹差异较大，反映出近年来领先型县域在开放发展方面，按部就班，并未做出明显转变，尚未取得较为突出的成效。

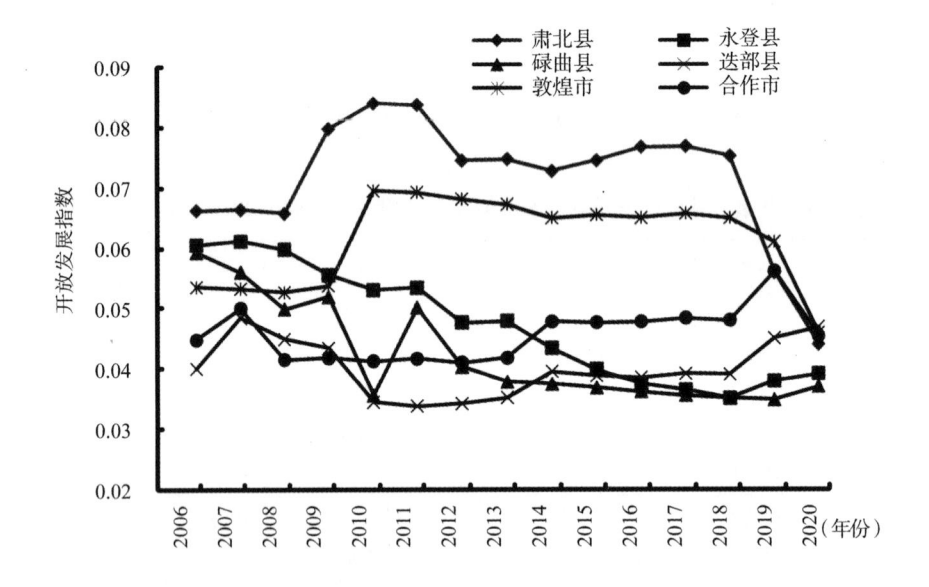

图3-23 甘肃省领先型县域经济开放发展指数（2006—2020年）

比较2006年与2020年甘肃省县域经济开放发展水平后10位的排名，结果如表3-13所示。与2006年相比，玉门市和正宁县发展较好，年均增速分别达到0.06%和0.07%，远高于全省平均增速，位次有所提高，

第三章 甘肃省县域经济高质量发展水平测度结果分析 ◇ 133

清水县和秦安县，以较快的增速从开放发展水平末流的县市区进入到中上游行列，成效显著。2006年后10位次的其他县市的开放发展水平大多呈负增长，依旧处于末流水平。华亭市和临夏市位次下滑严重，分别以-0.01%和-0.1%的年均降幅逐步沦为后10位次县市区，并且这些县市区下滑趋势明显，未来发展堪忧。整体而言，甘肃省县域经济开放发展水平较低，亟须优化营商环境，不断深化改革、扩大开放，为甘肃省县域经济高质量发展注入强劲动力。

表3-13 甘肃省县域经济开放发展水平后10位排名（2006、2020年）

2006年			2020年			
排名	县域	得分	排名	县域	得分	位次变化
61	礼县	0.0292	61	永靖县	0.0353	-2
62	清水县	0.0275	62	徽县	0.0353	-7
63	灵台县	0.0271	63	高台县	0.0353	-5
64	合水县	0.0271	64	玉门市	0.0353	+2
65	秦安县	0.0270	65	临泽县	0.0353	-5
66	玉门市	0.0262	66	正宁县	0.0353	+2
67	泾川县	0.0261	67	华亭市	0.0353	-33
68	正宁县	0.0241	68	崇信县	0.0353	-31
69	通渭县	0.0239	69	临夏市	0.0353	-60
70	宁县	0.0234	70	合水县	0.0353	-6

选取甘肃省2006年和2020年开放发展指数分别排名后3位的县域（2006年排名后3位的县域是正宁县、通渭县和宁县，2020年排名后3位的县域是崇信县、临夏市和合水县），探究落后型县域2006—2020年开放发展水平的时序变化特征，如图3-24所示。落后型县域的开放发展指数大多下降趋势明显，以临夏市、宁县、通渭县为例，虽然某些年份的开放发展指数有所增大，但整体呈下降趋势，另有小部分县域开放发展水平有所提升。落后型县域同样存在相同的问题，近年来开放发展水平保持稳定，在跨区域经济合作交流日益频繁的时代，开放发展水平并未取得提升，显然对经济的高质量发展是不利的，如何破除困境是整个甘

肃省需要重视的问题。

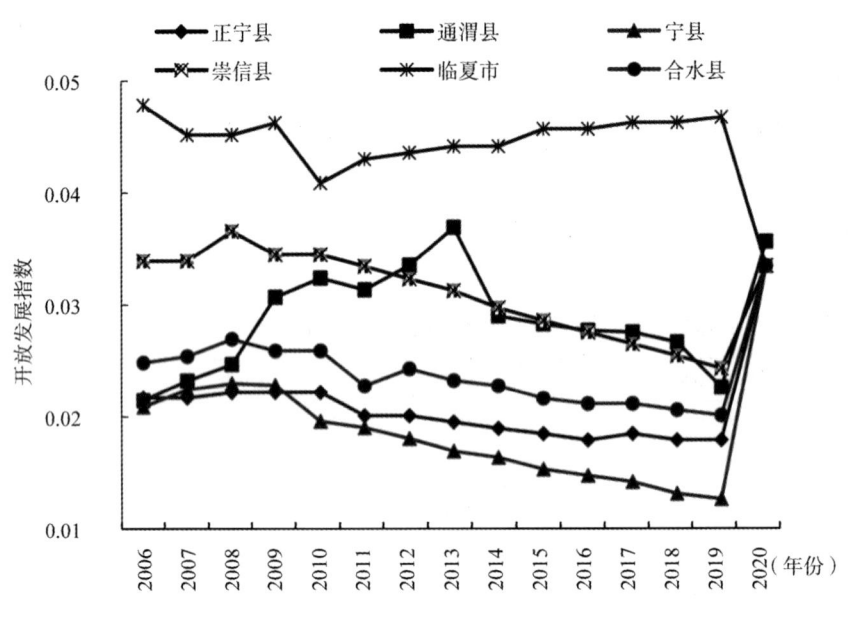

图 3-24　甘肃省落后型县域经济开放发展指数（2006—2020 年）

（七）共享发展水平分析

共享发展指数反映了城乡居民消费生活水平。计算出甘肃省县域 2006—2020 年经济共享发展指数及变异系数（图 3-25），探究其时序演化规律。由图 3-25 可知，甘肃省县域经济共享发展指数呈"V"字型变化趋势，以 2011 年为拐点，在此之前，共享发展指数不断下降，由 0.0636 下降至 0.0588，年均下降 0.096%；2011 年之后，共享发展指数又开始逐步攀升，由 0.0588 上升至 0.0698，年均增长率为 0.11%，提升较为显著。整体来看，共享发展指数是升高的，从 2006 年的 0.0636 到 2020 年的 0.0698，年均增长 0.04%，表明甘肃省县域经济的共享发展取得一定的进展，特别是 2011 年之后，发展势头良好，进步明显。共享发展指数及变异系数的波动特征显著，整体呈上升的变化趋势，从 2006 年的 0.159 升至 2020 年的 0.171，表明各县市区共享发展水平的差异逐渐扩大，整体向着更加不均衡的方向发展。

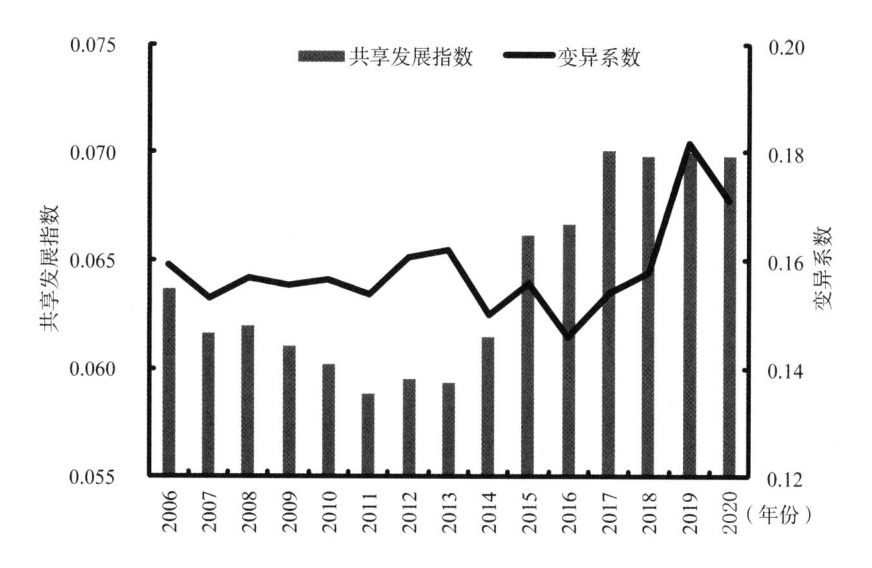

图 3-25 甘肃省县域经济共享发展指数及变异系数（2006—2020 年）

比较不同主体功能区的共享发展指数（图 3-26），可以发现，三种功能区演变趋势与全省平均水平相似，大体呈现先下降后上升的"短 V"字型变化趋势，共享发展指数从高到低依次为：农产品主产区、重点生态功能区与重点开发区。处于农产品主产区的农村居民或许由于边外出工作，边从事农业，加之农产品收入与日俱增，生活成本较低，使得可支配收入高于重点生态功能区和重点开发区农村居民，因此共享发展指数更高。重点生态功能区共享发展指数基本与全省平均水准持平，重点开发区共享发展指数垫底值得注意，作为经济发展、人口集聚的重点区域，其收入分配体系尚需进一步完善。

比较 2006 年与 2020 年甘肃省县域经济共享发展水平前 10 位的排名，结果如表 3-14 所示。2016—2020 年，仅有礼县、岷县、正宁县和张家川县依旧处于前 10 位次，其余县市均下滑明显，共享发展陷入停滞状态，如何补齐发展薄弱之处，缩小城乡差距，减少贫富差异是破除困境的关键。广河县、西和县、泾川县进步明显，年均增长率分别为 0.35%、0.2%、0.24% 远高于全省平均增速水平，强势进入前 10 位次，发展效益良好。正宁县和靖远县平稳发展，年均增长率为 0.13% 和 0.05%，逐步从第二梯队挤进前 10 位次。

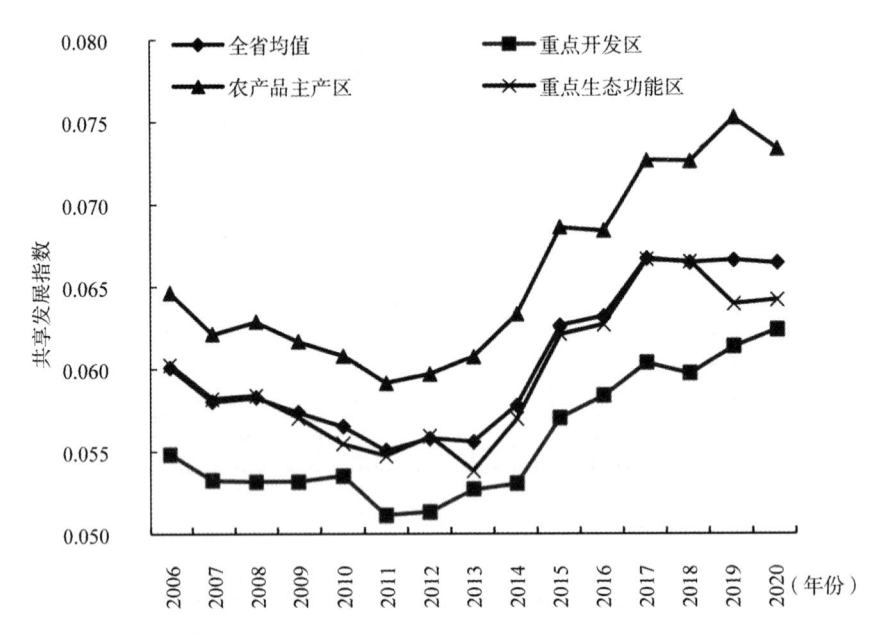

图3-26 甘肃省不同主体功能区县域经济共享发展指数（2006—2020年）

表3-14 甘肃省县域经济共享发展水平前10位排名（2006、2020年）

2006年			2020年			
排名	县域	得分	排名	县域	得分	位次变化
1	岷县	0.0857	1	广河县	0.1214	+27
2	临洮县	0.0803	2	康乐县	0.1043	+14
3	礼县	0.0803	3	正宁县	0.0980	+5
4	镇原县	0.0801	4	西和县	0.0902	+41
5	宁县	0.0788	5	泾川县	0.0873	+57
6	张家川县	0.0786	6	礼县	0.0869	-3
7	民乐县	0.0785	7	岷县	0.0839	-6
8	正宁县	0.0782	8	张家川县	0.0835	-2
9	渭源县	0.0764	9	靖远县	0.0820	+3
10	通渭县	0.0762	10	临夏县	0.0805	+24

选取甘肃省2006年和2020年共享发展指数分别排名前3位的县域（2006年排名前3位的县域是岷县、临洮县和礼县，2020年排名前3位的县域是广河县、康乐县和正宁县），探究领先型县域2006—2020年共享

发展水平的时序变化特征,如图3-27所示。领先型县域的共享发展指数的变化趋势类似,均大体呈现波动式上升的变化趋势,以2011年或2012年为转折点,在此之前,波动下降的特征明显,在此之后,共享发展指数均有明显上升。近年来领先型县域共享发展势头良好,继续保持这种趋势是促进甘肃省整体共享发展水平提高的关键。

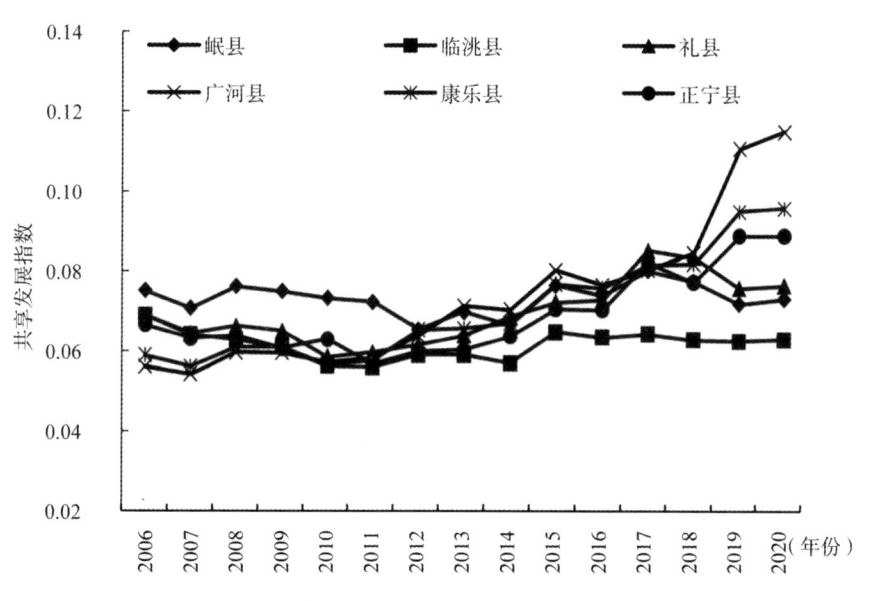

图3-27 甘肃省领先型县域经济共享发展指数(2006—2020年)

比较2006年与2020年甘肃省县域经济共享发展水平后10位的排名,结果如表3-15所示。2006年排名后10位次的县市区中,共享发展水平均大于全省均值,表明共享程度均取得了不错的进展,即使是排名有所降低的嘉峪关市、庆城县,年均增长率同样达到了0.1%和0.12%,远高于全省平均水平。2020年排名后10位次的县市区中,两当县退步明显,年均增长率仅为-0.03%,位次下滑严重,并且下滑势头不减,未来共享发展水平可能进一步降低,亟须贯彻落实新发展理念,推动实现更高质量就业,多渠道增加城乡居民收入,建立更加公平更可持续的社会保障体系,早日走出共享发展困境,推动经济高质量发展。

表3-15 甘肃省县域经济共享发展水平后10位排名（2006、2020年）

2006年			2020年			
排名	县域	得分	排名	县域	得分	位次变化
61	永登县	0.0531	61	皋兰县	0.0587	-8
62	泾川县	0.0512	62	永靖县	0.0583	+8
63	合作市	0.0509	63	合水县	0.0579	-39
64	玉门市	0.0499	64	崇信县	0.0563	-14
65	华亭市	0.0490	65	玛曲县	0.0548	+2
66	嘉峪关市	0.0458	66	两当县	0.0543	-15
67	玛曲县	0.0445	67	迭部县	0.0542	-8
68	庆城县	0.0440	68	华池县	0.0533	+1
69	华池县	0.0435	69	文县	0.0516	-9
70	永靖县	0.0431	70	合作市	0.0495	-7

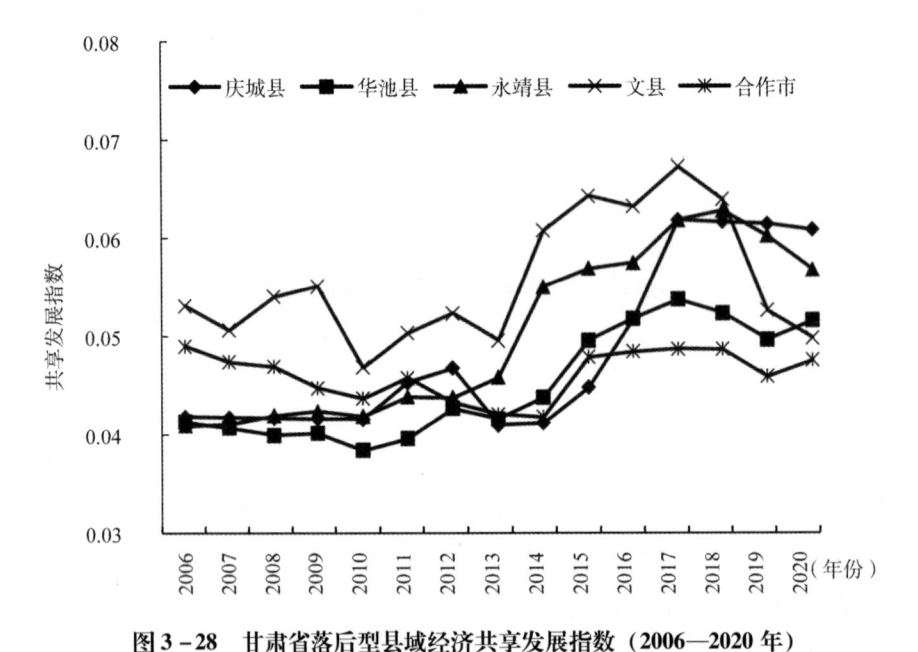

图3-28 甘肃省落后型县域经济共享发展指数（2006—2020年）

选取甘肃省2006年和2020年共享发展指数分别排名后3位的县域（2006年排名后3位的县域是庆城县、华池县和永靖县，2020年排名后3位的县域是华池县、文县、合作市），探究落后型县域2006—2020年共享发展水平的时序变化特征，如图 3-28 所示。落后型县域共享发展指数的变化趋势相似，但发展速率差异较大，大体均呈现波动式上升的变化趋势，并且初始发展差异较小，随着时间的推移，落后型县域共享发展水平之间的差异在逐步扩大。整体来看，大多数落后型县域的共享发展水平提升速度快于全省平均水平，甘肃省县域整体的共享发展水平有望进一步提高，充分借鉴和吸取领先型县域的经验教训，可促进落后型县域的共享发展水平较快速地提升。

二　甘肃省县域经济高质量发展水平空间格局演变

按照地貌类型和相对位置可将甘肃省大致划分为陇南地区（陇南市）、甘南地区（甘南州）、陇东地区（庆阳市、平凉市）、陇中地区（兰州市、临夏州、白银市、定西市、天水市）以及河西地区（酒泉市、嘉峪关市、张掖市、武威市、金昌市），以下分别从地理空间总体、沿黄县域、重点市辖区及其周边县域、两大城市群县域[①]、子系统分析等五个视角来分析甘肃省县域经济高质量发展水平的空间布局特征。

（一）地理空间总体分析

考虑到县域经济高质量发展水平的年度变化较小，故文中选择呈现最近三个五年计划的开局之年和 2020 年的县域经济高质量发展水平空间布局状况，并以此来对甘肃省县域经济高质量发展水平空间布局进行整体分析。河西地区和陇南地区县域的经济高质量发展总体水平明显高于其他地区，而且这种优势在发展过程中逐渐得到强化。河西地区 16 个县域经济高质量发展总体水平平均得分在 2006 年、2011 年、2016 年和 2020 年四个年份中分别为 0.3783、0.3991、0.4339 和 0.4597，陇南地区 8 个县域经济高质量发展总体水平平均得分在上述四个年份中分别为 0.3301、0.3510、0.3700 和 0.3870。整体上看，全省仅在酒泉市地广人稀地区呈现出"高高集聚"态势，即瓜州、肃北、阿克塞、玉门和敦煌等县域，其经济高质量发展总体水平平均得分在四个年份中分别为

---

① 两大城市群指关中平原城市群和兰州—西宁城市群。

0.3936、0.4163、0.4442和0.4659，其余地区呈现出被动的"低低集聚"特征。经济高质量发展总体水平得分处在中间位置的县域在陇中地区呈现出较为分散的状态，且这种分散状态在发展过程中存在一定波动。陇中地区25个县域经济高质量发展总体水平得分变异系数在四个年份中分别为0.0833、0.0780、0.0902和0.0910，呈现出"V"型的变化趋势。陇中地区和甘南地区县域经济高质量发展相对滞后，且甘南地区具有波动上升的趋势。陇中地区25个县域经济高质量发展总体水平平均得分在四个年份中分别为0.3330、0.3490、0.3727和0.4009，呈现稳步上升的趋势。甘南地区8个县域经济高质量发展总体水平平均得分在四个年份中分别为0.3571、0.3638、0.3895和0.3978，有稳步上升的趋势。

（二）沿黄县域分析

由测算结果可知，沿黄县域绝大多数县域经济高质量发展水平偏低，2020年的总体水平得分集中在0.32—0.45之间，除去甘南州、临夏州和平凉市部分属于重点生态功能区的县域，其余属于重点开发区和农产品主产区的县域经济高质量发展总体水平依然不容乐观。沿黄县域中，榆中县和皋兰县属于重点开发区，但其县域经济高质量发展总体水平得分在2020年时尚不及0.41；靖远、会宁、景泰、清水、陇西、漳县等县域属于农产品主产区，总体水平得分在2006年时均低于0.32，且到2020年时也仅达到0.41左右。甘肃省第十三次党代会提出要大力发展县域经济，而推动黄河流域生态保护和高质量发展也依然要补齐县域经济高质量发展的短板，充分挖掘县域经济高质量发展的潜力和优势。

（三）两大城市群县域分析

《关中平原城市群发展规划》《兰州—西宁城市群发展规划》在2018年年初相继获国务院批复并原则同意实施，西北地区两大城市群正式成为国家级城市群。两个国家级城市群共涉及甘肃省33个县域（其中包括12个市辖区），今后城市群建设对于这些县域的经济高质量发展来说意义重大，因此有必要审视一下这些县域目前经济高质量发展的水平现状。

关中平原城市群和兰州—西宁城市群涉及的县域均在黄河流域之内，同沿黄县域发展现状一样，两个城市群所涉及县域的经济高质量发展水平普遍较低。兰州—西宁城市群包含12个县域，2020年经济高质量发展总体水平得分的最大值为永登县的0.4478，平均得分为0.3965；关中平原城市群包含9个县域，2020年经济高质量发展总体水平得分最大值为张家川县的0.4123，平均得分为0.3754。此外，两大城市群内部并未出现县域经济高质量发展总体水平得分"高高集聚"的现象，反而形成了陇西（0.3107）、渭源（0.3155）和临洮（0.3249）等部分"低低集聚"的现状，说明城市群建设的现有基础并不理想，后期建设需要下大力气投入。

（四）重点市辖区及交通线周边县域分析

甘肃省县域经济发展普遍薄弱，而市辖区的经济发展水平相对较高，分析重点市辖区及交通线[①]周边县域经济高质量发展状况，有利于把握区域增长极及重要交通线与其周边县域经济发展之间的联系。在重点市辖区带动方面，甘州区、临夏市、武都区等重点市辖区周边县域经济高质量发展水平明显高于其他县域，而城关区、白银区等经济相对发达的市辖区周边的县域经济高质量发展水平并不高，说明了整体上甘肃省重点市辖区的辐射带动能力明显不足；在重要交通线带动方面，在河西地区高速公路所连接的县域，其经济高质量发展水平均处在中等偏上水平，反观陇中和陇东地区，通高速公路的县域并没有在经济高质量发展上表现得更好，说明重要交通基础设施还不是左右经济高质量发展的关键因素。

（五）各项子系统空间布局分析

以上是从四个视角对甘肃省县域经济高质量发展总体水平的空间布局进行了分析，以下对高质量发展六个子系统发展水平的空间布局进行分析，从而可以更全面地了解甘肃省县域经济高质量发展在空间上的分布特征。根据测算结果可知，六大子系统发展水平的空间布局特征差异

[①] 重点市辖区的确定考虑到甘肃省实际情况，本书将地级市行政中心所在地定义为重点市辖区，包括临夏市和合作市，但不包括嘉峪关市；重点交通线主要包含高速公路及铁路，由于甘肃省境内铁路与高速公路走向几乎重合，故本书中的重点交通线单指高速公路。

较大，代表高水平的"橙色模块"各有侧重，说明甘肃省县域经济高质量发展的长板与短板并存，"偏科"较为严重。

从综合发展来看，全省处在较高发展水平的县域极少，集中分布在河西西部地广人稀地区，如肃北县、嘉峪关市等，绝大多数县域发展水平较低，70个县域中仅有嘉峪关市和肃北县经济高质量发展综合水平得分超过0.10，且这一现象是六大子系统中最为严重的，说明发展不充分是甘肃省县域经济高质量发展中面临的最大问题。

从创新发展来看，河西和陇南地区占据绝对优势，陇中地区成为全省范围内的"塌陷区"，此外，嘉峪关市的创新发展水平也较低，成为河西西部地区的"局部塌陷区"，还有像华亭市、榆中县等经济发展水平相对较高的县域，其创新发展水平并不高，说明甘肃省县域创新能力与总体经济实力并不匹配，经济实力较弱的县域有机会实现"弯道超车"。

从协调发展来看，由于测度指标体系中只关注了城乡协调，故河西地广人稀地区发展优势较大，在协调发展水平得分大于0.90的16个县域中，有14个属于河西地区。陇中和陇东地区城乡发展不平衡的现象较为突出，32个县域协调发展水平得分不足0.70（主要分布在临夏、定西、天水和庆阳等市州），占陇中和陇东地区县域总数的84.21%，占协调发展水平得分低于0.70县域总数的66.67%。

从绿色发展来看，绝大多数县域绿色发展水平较高，三个层次的得分非常接近，绿色发展水平较低的县域以农产品主产区县域居多，如临夏州临夏市、永靖县、东乡县，定西市临洮县、渭源县、陇西县等，说明其农业面源污染问题可能较为突出，再加之这些县域均位于黄河流域范围之内，因此甘肃省在下一步推进黄河流域生态保护和高质量发展战略过程中，需着力提高农业绿色生产水平。

从开放发展来看，全省县域之间的差距并不大，均处在较低水平（这与开放发展相关指标权重较小有关），相对来看，位于河西西部的酒泉市一枝独秀，发展水平最高，如肃北、瓜州、敦煌和阿克塞等县域，并呈现"高高集聚"的态势，这也说明酒泉市一方面充分地利用了欧亚第二大陆桥这一丝绸之路经济带黄金通道的优势，向西开放的水平较高；另一方面吸引了较多的外来劳动力和投资者，与外部市场的联系较为紧密。此外，依托于旅游资源和特色农产品的大力开发，甘南及陇南地区县域的开放发展水平也比较高，与陇中地区县域的差距并不大。

从共享发展来看，陇中地区一改之前"塌陷区"的面貌，其县域的发展水平普遍高于其他地区，"高高集聚"特征非常明显，陇中地区25个县域共享发展水平平均得分为0.0783，大于全部县域平均得分（0.0712）。全省经济中心兰州市所辖县域的共享发展水平并不高，永登、皋兰和榆中共享水平得分分别为0.0686、0.0587、0.0664，低于陇中地区县域的平均得分，说明其分配体系尚需进一步改善。甘南与河西西部地区发展水平较低，而这也是河西西部地区六大子系统中较为明显的短板，两者均为甘肃省最重要的生态屏障之一，农牧民的自身发展可能受到某些保护措施的影响，后续应尽快平衡当地生产、生活和生态的关系，让农牧民充分享受到保护生态所带来的效益。

第四章

甘肃省县域经济高质量发展影响因素分析

一 创新发展影响因素分析

(一) 科技成果转化率低，县域创新资源集聚难

整体来看，甘肃省县域经济创新发展指数逐年增长，这得益于近年来甘肃县域创新驱动发展环境显著改善，为县域承接科技成果转化、形成增长新动能提供了有利环境。科技成果的转化能带动金融资本、产业资本、高技术人才流动，为县域利用资源优势、产业基础对接高技术成果、高端人口、高端资本加速发展提供了机遇。但甘肃省各县域的创新发展水平极不平衡，县区之间的差异较大，每亿元 GDP 专利授权量与全国县域总体水平相比仍有差距，科技成果转化率较低，县域创新资源要素难以集聚，导致甘肃多数县域社会创新动力不足。

表 4-1　2020 年甘肃省部分县域每亿元 GDP 专利授权量　单位：件

前十名县域	每亿元 GDP 专利授权量	后十名县域	每亿元 GDP 专利授权量
临泽县	7.183	武山县	0.473
山丹县	6.429	积石山县	0.421
民勤县	5.374	东乡县	0.421
渭源县	4.646	永登县	0.326
民乐县	4.491	华池县	0.316
阿克塞县	3.307	崇信县	0.313
天祝县	3.235	舟曲县	0.214

续表

前十名县域	每亿元 GDP 专利授权量	后十名县域	每亿元 GDP 专利授权量
西峰区	2.931	康乐县	0.197
成县	2.783	两当县	0.152
永昌县	2.711	张家川县	0.08

1. 研发经费投入不足，财政支撑乏力

甘肃省经济基础薄弱，全省财政资金"总量小，缺口大"，面临着经济总量有限而难以高强度投入的客观挑战，甘肃省 R&D 经费投入强度在"十三五"期间突破1%后，一直在1%左右徘徊（付英等，2021）。多数县域 R&D 经费投入占 GDP 的比重和财政科技支出占财政支出的比重低于全国平均水平，而县域创新驱动发展的要素，包括政策、环境、人才和技术等，都需要密集与持续的资金投入，研发经费投入的不足影响了县域科技创新供给的质量和效率，阻碍了各类创新资源的集聚，不利于科技成果向县域转移转化。

2020 年县域经济创新发展水平前 10 位的县域中，民乐县、民勤县、山丹县的创新发展指数年均增速远超全省平均水平，保持良好态势。这得益于以上县域经济发展水平不断提升，研发投入逐年加大，通过财政资金引导带动银行信贷资金，推动科技成果转化落地应用。其中，民勤县多措并举强化研发经费投入，在科技项目申报、高新技术产业、科技成果转化等方面持续用力，为推动经济社会发展提供新动能，创新发展指数年均增速达到 37.91%。而部分县域如东乡县、秦安县和崇信县，由于自身财政乏力，财政科技投入的不足无法有效带动全县研发经费投入的快速增长，导致在公共技术服务平台建设、创新主体培育、科技成果转移转化、产学研对接和科技合作等方面与创新水平较高的县域拉开差距，创新发展指数多年来一直处于末流梯次。

2. 创新平台不断完善，但创新要素相对缺乏

创新平台是科技基础设施建设的重要内容，是产业转型升级的重要载体，更是科技进步、社会发展、经济转型的加速器。兰州白银国家自主创新示范区和兰白科技创新改革试验区作为甘肃省科技发展的重要"阵地"。2020 年，兰白自创区生产总值较 2018 年设立之初增长

20.27%，兰白试验区生产总值较2014年设立之初增长了78.75%，在创新引领效应上做出了卓越的贡献，牵动甘肃整体创新水平迈入新台阶。在兰白国家自主创新示范区的建设带动下，酒嘉、金武、天水、陇东高新技术产业创新集群快速发展，形成了区域创新发展的梯次布局。张掖、金昌、民乐、玉门4个省级高新技术产业开发区的设立为当地培育了部分高新技术产业和企业。近年来，甘肃各县域不断推动科技创新平台的建设发展，为集聚创新要素、推动企业创新、提升传统产业转型升级提供了重要载体，完善了科技创新体系，有效促进了县域创新成果转化。但甘肃各县域之间创新平台的建设发展存在着较大的内部差距，尤其是在提供的融资服务、项目推广服务、人才培育服务等方面较为明显。临泽县、高台县、古浪县等县域通过落实优惠政策、强化项目建设、深化产学研合作等措施加强科技创新平台建设，以平台引人才、以平台促创新、以平台带产业，使县域创新水平通过科技创新平台得到提质增效。

县域经济的高质量发展需要一批自主创新能力强和拥有核心技术专利的地方企业来推动。甘肃省县域企业科技研发机构数量偏少，产业分布不均匀，多集中在少数龙头企业，缺乏国家级研发机构和行业共性检测平台，在承担大型的科研项目上能力还存在不足，创新能力不强，整体发展水平不高。企业作为研究开发投入、技术创新活动和创新成果应用的创新主体地位不够突出，对带动县域创新水平整体进步贡献依旧不够。

人才是科技创新中最活跃、最核心、最主动的因素。近年来，甘肃省人才结构不断完善，人才素质不断提高，为全省科技、经济、社会发展提供了强有力的支撑。但是，由于区域优势不明显，各县域间人才分布不均衡、关键技术人才匮乏、人才层次不高及研究人员队伍发展缓慢等问题仍然是制约甘肃省县域创新发展的关键因素。一方面，企业缺乏懂技术、善管理、会经营的复合型人才，在紧缺型专业人才引进服务方面还不能跟上企业创新需求的步伐，科研人员落户县域的更少；另一方面，在农产品主产区各县域，如甘谷县、礼县、武山县、崇信县、秦安县、东乡县等地，有关农产品加工及推销、农业产业化经营管理、农村经纪人、农业合作组织带头人等方面的人才严重不足，农业综合生产能力整体不强，县域创新发展指数增速缓慢，不利于现代农业高质量发展。

（二）产业结构调整步伐滞后，转型升级能力有待加强

近年来，甘肃省持续推动产业转型升级集聚发展，使各县域在产业体系和结构上得到了一定程度的优化，但仍存在不尽合理之处。

1. 工业竞争力不强

虽然甘肃省把改造提升传统产业作为调结构的主攻方向，使得全省工业系统创新能力进一步提高，但从县域层面来看，工业产业规模不大、实力不强，产业链条短，产业智能化、数字化水平低。且产品结构单一，高投入、粗加工、低附加值、科技含量小的产品占较大比重，竞争力普遍不强。一些县域工业经济粗放型增长方式没有根本转变，使得产品市场竞争能力弱，绝大部分企业的销售市场以本县或周边区域为主，辐射带动创新发展的能力不强，对县域经济的支撑作用不突出。

2. 产业层次相对较低

整体来看，甘肃省县域传统产业多、新兴产业少，资源型企业多、深加工企业少，高耗能企业多、高新技术企业少，资源型企业占重工业比重过大。由于投资结构不合理，产出效果不理想，传统产业投入比重过高，而新兴产业投入又严重不足，民营经济发展不快，整体素质不强，发展壮大难，致使甘肃省县域经济在总体上存在总量小、能耗高、效能低等不利于转型升级的状况，无法满足创新发展的需要。

甘肃省2020年县域经济创新发展水平前10名的县域（山丹县、临夏县、和政县、民乐县、敦煌市、民勤县、永昌县、环县、庄浪县、镇原县）均属于重点生态功能区范围。从增速来看，重点生态功能区各县域的创新发展指数高于其他县域，并且随着时间的推移，这种差距在逐步扩大。这主要得益于重点生态功能区以保护自然生态为前提、以资源承载能力和环境容量为基础，结合地方资源禀赋，发展知识产权密集型产业，促进县域特色主导产业绿色化、品牌化、高端化、集群化发展。

3. 产业比重仍不合理

从产业比重来看，甘肃县域第一产业比重过高、第二产业不强、第三产业滞后的格局仍未得到根本改善（牛胜强，2012）。农业比重偏大，农业产业化程度不高，参与市场竞争能力较弱，农民增收难；工业比重偏小，工业经济实力不强，产业结构不优，生存发展难，导致产业结构

升级缓慢，综合竞争力不强。2020年，第一产业比重超过20%的县域有45个，其中，靖远县、民勤县、会宁县、金塔县、静宁县、古浪县、武山县、庄浪县、临泽县、高台县、清水县、玛曲县、渭源县、夏河县、灵台县、民乐县第一产业占生产总值的比重超过了1/3（见表4-2）。县域产业比重的不合理造成产业发展质量不高，不利于供给结构优化、生产效率的提高和价值创造提升，阻碍了县域创新水平的进一步发展。

表4-2　　　　　　2020年甘肃省部分县域第一产业比重

序号	县域	第一产业比重
1	靖远县	0.51
2	民勤县	0.48
3	会宁县	0.42
4	金塔县	0.41
5	静宁县	0.41
6	古浪县	0.40
7	武山县	0.38
8	庄浪县	0.37

甘肃省2020年县域经济创新发展水平后10名的县域中，有七个县域（清水县、甘谷县、礼县、武山县、崇信县、秦安县、东乡县）都属于农产品主产区。农产品主产区各县域具有典型的农业经济特征，农业比重过大，产业化水平不高，虽然近些年在农业结构调整方面做了大量工作，但传统农业依然占据主要位置，劳均机械化水平较低（见表4-3），发展中还存在着品种单一、生产落后、附加值低的状况，而现代农业、绿色农业、生态农业、优质高效农业所占比重相对较小，导致农产品主产区各县域整体创新水平低于其他县域。

表4-3　　　甘肃省2020年部分县域劳均机械化水平　　　单位：千瓦/人

前十名县域	劳均机械化水平	后十名县域	劳均机械化水平
阿克塞县	21.08	秦安县	1.42
白银区	17.52	宕昌县	1.40

续表

前十名县域	劳均机械化水平	后十名县域	劳均机械化水平
金川区	17.06	东乡县	1.36
永昌县	15.76	岷县	1.33
肃北县	14.35	渭源县	1.29
金塔县	14.29	庄浪县	0.67
民勤县	12.80	碌曲县	0.58
敦煌市	12.26	安宁区	0.39
临泽县	11.82	夏河县	0.36
瓜州县	9.45	玛曲县	0.02

二 协调发展影响因素分析

(一) 城镇规模小，吸引力和集聚力较差

西和县、宕昌县、积石山县、东乡县、张家川县等县域由于城镇规模小，投资驱动力不足，产出效率较低，缺乏强有力的产业支撑和财政支持，进一步导致西和县、宕昌县、积石山县、东乡县、张家川县等县域的公共服务设施不完善，县域对于产业、人口以及高端要素的吸纳力不足，形成恶性循环，城镇化率较低，城乡差距不断拉大。城镇规模过小，县域首位镇与中心镇地位不突出，不但不能产生聚合效应，造成辐射功能弱，吸收农村剩余劳动力能力较差的问题，而且还会大大降低公共资源的共享性，造成社会资源的严重浪费与效率的极大损失，更加不利于县域的可持续发展。

(二) 体制机制尚不健全，人口市民化存在障碍

相对于协调发展水平较高的阿克塞县、肃北县、敦煌市、玉门县、嘉峪关市来讲，西和县、宕昌县、积石山县、东乡县、张家川县等县域由于经济发展相对缓慢，体制机制发展相对更不完善，农业转移人口市民化存在诸多体制机制障碍。首先，农业转移人口市民化的意愿不强。西和县、宕昌县、积石山县、东乡县、张家川县等县域相对于阿克塞县、

肃北县、敦煌市、玉门县、嘉峪关市等县域来讲产业支撑不足，多数农业转移人口对于进入城镇生活和就业缺乏长期稳定预期，同时，农村户口在土地分配、种粮补贴、拆迁安置、农民分红等方面享受的政策待遇远比城市户口优越，农民认为户籍留在农村，农村的权益会更稳妥。其次，劳动力就业制度障碍。西和县、宕昌县、积石山县、东乡县、张家川县等县域产业发展尚不完善，制度化地、稳定地吸收农村剩余劳动力的市场机制至今仍未形成，农村劳动者目前仍未能真正享受到与城市居民平等竞争的就业权利，仍未从根本上打破城乡分割的劳动就业体制，不利于城乡协调发展。

（三）经济布局与人口分布不对称

受自然条件和资源环境及经济社会发展等因素的影响，全省经济布局主要在陇海兰新铁路沿线地区，集中了全省60%的经济总量，而占全省总人口60%的陇东陇南地区仅占全省经济总量的30%左右，经济布局与人口分布不对称，地区间发展水平和差距不断扩大。临泽县、肃南县、山丹县、嘉峪关市属于人口与经济发展协调区，其中嘉峪关市属于强强同步，但临泽县、肃南县、山丹县的人口要素以及经济系统属于负负同步，这也就意味着后者的人口要素需要完善，经济发展还比较落后，但是庆城县、西和县、宕昌县、崇信县、积石山县、东乡县、庄浪县属于人口系统与经济系统不协调区域，经济发展落后于人口发展，经济系统有待优化。

三　绿色发展影响因素分析

（一）生态系统承载力较弱

东乡县、临洮县、通渭县、庆城县、环县绿色发展水平较差，生态系统承载能力弱，生态的脆弱性、战略性、复杂性在全国都属典型。一方面，这些县域地处黄土高原地区，属于生态脆弱区，黄土覆盖广，地表裸露，黄土以细粉砂为主，空隙多，土质疏松，有明显的垂直节理性，遇水易分散，抗冲、抗侵蚀性弱，容易导致水土流失，地表形态沟壑纵横，这种地形更加剧了水土流失；黄土高原地区县域年降水量在400毫米左右，植被比较稀疏，对地表保护较差，温带季风气候降水存在不均匀性，夏季多暴雨，加剧了对地表的侵蚀，同时沙尘暴、泥石流、滑坡、地震等自然灾害发生的频次高。

另一方面，东乡县、临洮县、通渭县、庆城县、环县等县域经济结构以石油化工、有色冶金等能源资源型产业为主，随着工业化、城镇化、农业现代化进程的加快，资源环境的瓶颈制约进一步加剧，加快发展与环境保护的矛盾日益突出，工农业污染、空气粉尘等生态问题类型多样，生产性破坏、地质性破坏、气候性破坏等生态因素相互叠加，生态治理难度大；现代的过垦、过樵、过度放牧、轮荒等不合理的土地利用和对植被直接的破坏等人为原因致使土地沙化和草场退化严重；同时，生态问题和贫困问题相互交织，环境保护与群众生存之间的矛盾日益凸显，面临着经济发展、脱贫攻坚和生态建设的多重压力；绿色发展水平较低的县域相对而言绿色生态产业发展总体水平仍然较低，主要表现在原材料工业占比高，生态产业链条短、产品层次低，支持绿色生态产业发展的科技创新、财税政策、绿色金融、资金支持、人才支撑等方面保障能力明显不足。

（二）主体功能区政策导向

甘肃省以县级行政区为基本单元，以可利用土地资源、可利用水资源、生态系统脆弱性、生态重要性、自然灾害危险性、环境容量、人口集聚度、经济发展水平、交通可达性及战略选择等综合评价为依据，省政府印发了《甘肃省主体功能区规划》，将各县域划分为重点开发、限制开发和禁止开发三类区域，并分别按开发内容和发展方向给予相应的主体功能定位。总体来看，基于发展定位与政策导向的不同，对三种功能区内的绿色发展水平产生了不同程度的影响。

重点开发区域被定位为以提供工业品和服务品为主体功能的城市化地区，重点开发区由于承担了经济发展与产业集聚的角色，不可避免地会对生态环境造成一定的污染和破坏，对区内的绿色发展水平产生了一些负面影响；但由于政策的倾斜，区内经济发展较好，基础设施相对完善，污染防治水平较高，又对区内绿色发展水平起到了一定的积极作用。限制开发区是指资源承载能力较弱、大规模集聚经济和人口条件不够好，关系农产品供给安全和较大范围生态安全的区域，包括农产品主产区和重点生态功能区。由于资源承载力较差，生态环境脆弱，经济实力不强，限制开发区绿色发展基础较差；近年来通过逐步提高农业绿色生产水平、对区内生态环境加强保护，使资源承载力得到逐步的恢复，提升了绿色发展的潜力。其中，临洮县、陇西县、渭源县、漳县、岷县、甘谷县、武山县、秦安县、清水县、西和县、礼县、广河县、东乡县属温带半干旱气候，降水较少且分布不均，以旱作农业为主，土地垦殖率高，耕作方式粗放，生产力水平低，贫困人口比例高，资源环境压力相对较大。

四 开放发展影响因素分析

（一）对外贸易方式单一，外贸主体结构不稳定

甘肃省长期存在地理交通环境不方便，出口商品结构太过单一，产品出口产量小，对外贸易进出口对象少等难题，制约对外开放进一步扩大（赵虎林，2019）。碌曲县、永登县、古浪县、临夏市和临潭县等县域对外贸易方式中一般贸易占绝对优势，加工贸易占比小，这使得其对外贸易的抗风险能力较弱，对外贸易的发展缺乏有效的支撑力量，并且其一般贸易方式是低层次的，与全国对外贸易发展较好的县域较高层次的一般贸易在商品内容上有着本质差别，这也是碌曲县、永登县、古浪县、临夏市和临潭县等县域对外开放水平下降明显，跌出前十位次的重要原因。

碌曲县、永登县、古浪县、临夏市和临潭县等县域外贸主体以民营企业和私营企业为主，相对于嘉峪关市以国有大型企业为主的外贸主体的县域而言，碌曲县、永登县、古浪县、临夏市和临潭县等县域外贸主体结构不稳定，导致其承接产业转移步伐滞后，不利于产业集聚与高质量发展，从而影响进出口。

（二）利用外资领域较为单一，招商引资能力逐渐减弱

在全球经济复苏乏力和我国外贸下滑的背景下，碌曲县、永登县、古浪县、临夏市和临潭县等县域对外开放水平下降明显，跌出前十位次，与丝绸之路沿线国家合作中，就外商直接投资项目和投资额看，外资投

入领域结构占比不合理。碌曲县、永登县、古浪县、临夏市和临潭县等县域利用外资较为单一，外资主要利用在农业、制造业、电力燃气、自然资源等资源依赖型的行业，而肃北县、敦煌市、阿克塞县、瓜州县等县域除农业、自然资源行业之外，文化、体育、娱乐业等行业也具有一定的外资吸引能力。对于这种结构不合理状况的潜在缺陷认识不足，缺乏对于这种偏向性投入的风险意识和纠偏措施，碌曲县、永登县、古浪县、临夏市和临潭县仅满足于单一行业带来的暂时性效益，长期依赖自然资源开发为主的项目，不做结构性调整，创造力和创新意识不强，技术储备和技术供应不足，缺少产业链长、投资大、带动效益好的优势产业和项目准备，缺少根据自身经济社会发展的需要适时合理引导外来资金投入行业的战略规划，没有准备和推出可供外商投资的其他具有吸引力的项目套餐，在这种情况下，长效吸引外资能力尚未形成，就会出现断水似的投资规模持续回落现象。

（三）配套设施严重滞后，交通条件面临挑战

"一带一路"倡议实施以来，甘肃省作为"丝绸之路经济带"蓝图规划的一个重要组成部分，为甘肃省县域对外开放带来了新的机遇，但是甘肃省县域目前的交通等配套基础设施严重滞后，各个县域在"丝绸之路经济带"的区位优势难以发挥。东乡族自治县、广河县、临夏县等县域境内公路里程短，兰合铁路临夏段正在修建中，暂时未发挥作用，泾川县、灵台县无铁路停靠站，无法形成立体交通，交通条件的制约导致东乡族自治县、广河县、和政县、临夏县、合水县等县域运力有限，效率低下，开放水平较低，同时交通资源限制了其旅游业的发展，广河县、和政县县域内丰富的自然资源如"马家窑文化"、"半山文化"、"齐家文化"、景色秀丽的松鸣岩国家森林公园、各式清真寺都得不到充分的开发利用。

（四）各县域发展不平衡，重点县域带动辐射作用小

嘉峪关市积极推进国际港务区建设，完成机场改扩建项目，积极筹备空港物流园，开通北京大兴、宁波、广州、长沙等新航线；加快嘉酒协同发展，落实垃圾焚烧发电、危险废物处置等协作项目，推进道路等

基础设施互联互通；发挥驻霍尔果斯办事处和嘉鼎国际商贸公司作用，传递供需信息，积极开展对外贸易，外向型经济规模持续扩大；统筹推进旅游娱乐一体化服务，建设运行方特欢乐世界、方特丝路神画、关城里景区；投入建设长城国家文化公园（嘉峪关段），上演国内首部边塞史诗剧《天下雄关》，关城文物景区入选全国5A级景区品牌百强，这些文旅建设促进了嘉峪关市对外开放水平的提高。

肃北县、敦煌市、阿克塞县等县域自然景观资源和历史文化资源极其丰富，是大敦煌文化旅游经济圈的重要组成部分，随着敦煌旅游项目的推进和敦煌空运口岸的开放，肃北县、敦煌市、阿克塞县、瓜州县等县域全力融入"一带一路"建设，积极扩大出口，出口产品以蔬菜花卉制种、番茄制品、脱水蔬菜三大类为主，建成了大宗商品流动交易中心和农产品销售集散地，加强与以色列、柬埔寨等中西亚国家的合作，对外投资建设基地，引进先进技术，充分发挥资源优势，共同投资开拓国际市场，对外开放水平也随之提高。玛曲县、夏河县、合作市、迭部县拥有特殊的人文自然景观和独具特色的民族风情，拉卜楞寺、桑科草原、尕海湖、郎木寺、黄河首曲、腊子口等宗教人文景观、生态景观、草原风情以及革命历史遗址和多姿多彩的民族风情吸引了众多外国入境游客，因此玛曲县、夏河县、合作市、迭部县开放度也较高。但其他的县域受地理位置偏远、交通不便利、旅游资源不够丰厚、经济发展水平较低等因素的影响，对外开放竞争力不强，同时因地理位置、资源禀赋等因素，甘肃省开放度较高的县域对其他县域的带动辐射作用也较小。

（五）人力资源不足，外向型经济人才缺乏

对外开放和引进外资发展，对懂项目、懂经济、懂产业、懂政策、懂外语的复合型人才的需求不断增多，但是由于和政县、合水县、广河县、临夏县、东乡县、泾川县等县域交通条件的限制以及经济发展水平较低，对外向型人才的吸引力较弱，制约了各个领域对外开放的层次和水平。外向型人才的短缺、人才的流失、人才资源的支撑力不强等，成为影响和政县、合水县、广河县、临夏县、东乡县、泾川县等县域对外开放和利用外资发展水平比较突出的问题。

五 共享发展影响因素分析

(一) 城乡收入差距较大，收入分配体系有待完善

近年来，通过乡村振兴战略的贯彻落实和一系列精准扶贫政策的实施，甘肃省乡村产业经济活力进一步提高，农村居民收入增长较快，城乡居民收入差距进一步缩小。2012年之后，共享发展指数开始逐步攀升，各县市区共享发展水平之间的差异有所减小。但总体来看各县域城乡之间的发展差距依然较大，农民的获得感有待进一步提升，主要体现为城乡居民收入差距还比较大，人均可支配收入与全国水平相比仍存在一定的差距。

城乡之间的收入差距由于城乡二元结构的作用表现得更为复杂，由于地区间经济资源分配的不均衡加大了居民收入差距，经济资源过度集聚于具有地理优势、资源优势和社会资本优势的城镇地区，而不具优势的乡村地区居民难以共享到经济发展成果（段宝娜，2020）。2020年，全国城镇居民人均可支配收入为43834元，农村居民人均可支配收入为17134元，而2020年甘肃省有72个县（市、区）的农村居民人均可支配收入低于全国平均水平，几乎所有县域的城镇居民人均可支配收入都未达到全国城镇居民人均可支配收入水平。2020年，全国城乡居民可支配收入比为2.56，而甘肃省有53个县（市、区）的城乡居民可支配收入比高于这一比值，反映了甘肃省县域经济长期以来面临的城乡发展不协调的矛盾。又由于城乡间收入分配机制的不完善，无法有效增加城镇低收入阶层和农村居民的人均纯收入，进而无法有效缩小城乡之间以及农村居民内部的收入差距和消费差距，城乡收入差距不缩小，共享发展就缺乏稳固的根基（见表4-4、4-5）。

表4-4　　　甘肃省部分县域2020年城乡居民可支配收入　　　单位：元

县域	城镇居民人均可支配收入	乡村居民人均可支配收入
文县	25008	7693

续表

县域	城镇居民人均可支配收入	乡村居民人均可支配收入
礼县	24896	7789
临夏县	23106	8546
永靖县	23087	8033
康乐县	23035	8266
和政县	22594	7691
积石山县	22512	6859
广河县	22257	8914
东乡县	22054	6391
会宁县	20819	8858
全国	43834	17134

表4-5 甘肃省部分县域城乡居民人均可支配收入比（2006、2020年）

县域	2006年	2020年
崇信县	4.20	3.97
庄浪县	4.08	3.89
两当县	7.50	3.58
华亭县	3.45	3.52
东乡县	4.52	3.45
清水县	3.69	3.44
华池县	4.06	3.43
张家川县	3.98	3.38
宕昌县	4.22	3.35
庆城县	3.56	3.34
全国	3.28	2.56

（二）城镇化发展进程缓慢，基本公共服务水平差距较大

城镇化发展是共享发展水平的天然基础，城镇化进程的快慢影响着县域经济的发展。近年来，甘肃省城镇化水平长期处于落后地位，现阶段大部分县域城镇化发展水平较低，进程缓慢。2020年，甘肃省14个市州中有 10 个市州（白银市、天水市、武威市、张掖市、平凉市、庆阳市、定西市、陇南市、临夏州、甘南州）的常住人口城镇化率低于全国平均水平。城镇化水平较低的县域统筹区域经济发展的能力较差，在城乡二元体系分割和区域发展差距等问题上存在明显劣势，在一定程度上阻碍了生产要素的有效流通，导致资源配置不平衡，造成区域共享发展水平低下。

甘肃省部分县域属于边远地区、贫困地区、民族地区，财政拮据，削弱了县域作为社会公共物品基本提供者的能力，许多县无力改善社会公共设施并提供良好的教育及卫生等社会服务，县域基本公共服务均等化水平较低，人民群众得到基本公共服务的机会较少。近年来，一些县域通过加大在基本民生性服务、公共事业性服务等领域的投入，持续推进基本公共服务均等化，使得共享发展指数不断提升，远高于全省平均增速水平，效益良好。如泾川县把发展社会事业、优化公共服务作为推进小康建设的重要内容，加大资金投入，强化人才支撑，各项社会事业取得长足发展；和政县认真落实共享发展理念，全面提升社会保障水平，集中实施了各类基础设施建设项目，2020 年建成吊漫路、东乡关卜至蒿支沟公路、黄罗路等县际道路 90 千米，改造提升林马路、城关至新庄公路、陈家集至兰郎公路等县内道路 5 条 72.8 千米，硬化村社道路 1621 千米，构建了连通内外、四通八达的路网结构，8 县市全部通二级以上公路，所有乡镇通四级及以上沥青（水泥）路，所有行政村通硬化路、通客车。实施引黄济临、南阳渠提质增效及水系连通、康乐县鸣鹿水库、和广两县城乡供水小峡小牛圈水源保障等重点水利工程项目，农村自来水普及率达到 99%。乡村生产生活条件显著改善，城乡差距越来越小。

（三）居民消费需求不足，优质资源供给有待提高

居民消费需求是共享发展水平的重要支撑。县域共享发展的前提是具有一定的经济发展基础和财政能力，越是经济发展水平较高的县域，其居民可支配收入越多，对共享的需求越多，如对于优质教育资源共享、优质区域环境共享等会产生较大的需求，从而对县域共享资源的提升能起到一定的推动作用。而这种县域经济发展水平能够通过居民消费水平反映出来，消费水平越高其获得感与满足感也相对较高，表明经济社会发展惠及人民群众的影响力越高,其共享发展也一般处于较高的水平。由于甘肃省各县域整体经济基础和政府财力相对落后,且各县域间存在较大差距,居民消费需求不足,优质资源供给不够,因而甘肃省县域共享发展水平总体较低,高质量共享发展地区格局较不均衡。从2020年甘肃省县域的文教娱乐支出占消费支出的比重和农民食品支出占收入的比重可以看出(见表4-6、4-7),大部分县域居民消费水平仍然处于较低的层次,其原因可能是住房、教育、医疗、养老等预期负担较重,对消费行为构成一定阻滞,居民大胆消费尚存后顾之忧。

陇中地区县域的经济发展水平较高,地理位置也较为优越,人才、资金和技术的引进比较便利,优质资源和信息等也相对丰富,这对陇中地区县域共享发展水平的提升起到了较大的支撑作用,因此陇中地区大部分县域,如通渭县、临夏县、康乐县、和政县等共享发展指数相对较高。又由于核心资源大部分集中在兰州市,其所辖县区共享发展水平并不均衡,因此兰州市所辖县如永登县、榆中县、皋兰县的共享发展水平并不高。

表4-6　　2020年甘肃省部分县域农民食品支出占收入的比重

序号	县域	农民食品支出占收入的比重(%)
1	文县	0.5006
2	宕昌县	0.4252
3	西和县	0.4199
4	两当县	0.4166
5	玛曲县	0.4166
6	康县	0.3959
7	临潭县	0.3881
8	张家川县	0.3702
9	甘谷县	0.3667
10	迭部县	0.3638

表4-7　　2020年甘肃省部分县域农村居民文教娱乐支出占消费支出的比重

序号	县域	文教娱乐支出占消费支出的比重（%）
1	张家川县	0.04
2	卓尼县	0.04
3	和政县	0.04
4	合作市	0.04
5	东乡县	0.03
6	灵台县	0.03
7	广河县	0.03
8	夏河县	0.03
9	迭部县	0.03
10	临潭县	0.01

第五章

甘肃省县域经济高质量发展对策建议

高质量发展注重经济发展质量与效率，是资源配置效率与微观生产效率提高的双重叠加。其内涵高度融合了创新、协调、绿色、开发、共享的新发展理念，用五大发展理念作为衡量甘肃省高质量发展的评价标准，体现了更有效率、更高质量、更加公平与更可持续性的新时代发展要求。

主体功能区规划作为一项空间发展规划，注重空间上的优化布局，为区域协调发展战略提供重要思路。有利于改变唯经济崇拜的顽固认知，充分体现顺应自然的开发理念，宜开发则开发、宜保护则保护的发展模式，能够解决社会空间失衡问题。但自主体功能区规划提出以来，市级和县级政府在制定实施经济发展政策时，常常忽略了主体功能区规划，导致经济发展与生态环境矛盾加深，出现发展基础与战略实施的不匹配问题，减缓了市级乃至县级发展步伐。

在甘肃省县域经济高质量发展的现状分析与测算结果中找准县域高质量发展的不足之处与优势，发挥优势的同时，不断弥补发展过程中出现的短板。从创新发展、协调发展、绿色发展、开放发展与共享发展五个方面入手，立足于重点开发区、农产品主产区、重点生态功能区的特点，根据不同区域的资源承载能力、开发强度、发展潜力做到"因地施策"。结合发展实践，提出推进甘肃省县域经济高质量发展的对策建议。

一 以创新驱动高质量发展

甘肃省出口对经济增长拉动乏力，投资增速缓慢，出口和投资两大动能不足，因此依靠投资与出口拉动经济增长效应不显著。应从要素驱动的增长方式向以知识和创新增长方式转变，落实创新驱动发展战略，牢牢扭住科技创新这一永恒动力，进一步明确方向、突出重点，实现依靠创新驱动的内涵型增长，助推全省经济高质量发展（吴燕芳、尹小娟，2021）。但目前各县创新发展普遍存在自主创新能力差、技术应用转化能力弱、研发资本投入较低的问题。各县创新能力参差不齐，河西地区与陇南地区创新能力较强，但处于重点开发区的部分县例如华亭县、榆中县的创新能力较低，农产品主产区的各县创新能力不突出，位于重点生态功能区的山丹县、民乐县、文县等的创新能力在全省排名靠前。重点开发区应提高自主研发能力，加大 R&D 研发经费投入，调整产业结构，实现经济发展与创新驱动的双重匹配。农产品主产区要加快科技创新成果的转化应用（黄敦平，2018），提高农业机械化水平。重点生态功能区的各县以优化创新环境、提高创新意识、鼓励人口向第三产业转移，提高非农从业人员比重为方向。

（一）重点开发区创新发展对策

重点开发区域的资源环境承载能力强、经济和人口聚集条件较好，在全省范围内集聚创新要素，主要为全省提供良好的工业品和服务产品。创新引领其他区域，在自主创新的基础上产生技术学习效应和创新积累效应。重点开发区创新重点在于自主研发能力的提升，解决内生性不足的问题。促进产业结构调整、传统产业的转型升级与高新技术的培育，企业要加大科技创新投入，并将创新成果有效转化。实现产业集群发展，将产业集群带来的技术扩散和产业链融合跃升的作用发挥出来。在激活社会创新活力的同时，盘活生产要素，为创新发展提供必要支撑。

1. 调整产业结构

科技创新要为制造业持续注入动力，通过"创新产业化"和"产业创新化"将先进科技导入制造业。在实现传统产业转型的基础上培育新型产业。大力发展人工智能、信息技术、云计算等新兴技术。催生新产业、新产品与新业态，促进制造业产业结构的优化升级。走在创新发展前沿的县要围绕核心技术加强攻关研究，集中力量为核心技术产业链上下游提供支撑。各县应加快布局工业互联网、5G、大数据中心等新型基础设施建设，加强智慧交通、车路协同、自动驾驶等方面的科学研究和技术开发，建立数字技术"产学研用"协同创新长效机制，努力打造大数据产业集群、大数据创新联盟。围绕工业互联网推动传统产业转型，打好数字化转型的基础，提升企业管理体系的标准化与规范化水平。倡导行业领先的企业进行数字化转型，打造综合性工业云平台服务企业，从而实现创新资源的整合与共享。

2. 创新服务业供给

随着生活需求的转变，服务业的形态和功能也逐渐发展变化，服务业主要分为生活性服务业与生产性服务业两种。

（1）培育新生活服务，满足消费需求升级的需要。高质量发展阶段，消费结构正在加速升级，由模仿型排浪式消费习惯向个性化转变，由低端生存消费到时尚、绿色、健康、共享、体验、定制等中高端消费方式转变（黄勇等，2019）。

（2）创新发展生产性服务业，激发制造业活力。尽管重点开发区在生产性服务业的服务能力与质量方面还需要提升。科技服务业促进制造业与现代服务业融合发展，为制造业提供智力支撑与技术服务，推动制造业向中高水平迈进。根据创新链布局产业链，通过科技服务业加速成果转化，最终推动制造业高质量发展。

3. 加大研发投入

研究与实验发展（R&D）经费投入的数量与质量，关系着地区创新发展水平。经济发展水平越高的县研发经费投入越大，但存在部分经济实力较强的县创新发展水平较低的现象。因此在加大研发投入的同时，更加注重资金使用结构，提高资金有效利用率。利用税收政策、科技项目引导企业加大研发投入，将企业研发投入情况纳入考核评价，鼓励企业多出成果。

4. 打造创新平台

创新平台是集聚创新要素的重要载体，具有技术研发、技术转移承接、研发成果转化、孵化企业的功能。各县创新活动空间并不均衡,因此要在挖掘区域优势的基础上,打造一批创新平台,摆脱技术依赖困境。加强兰白科技创新改革试验区和兰州白银国家自主创新示范区建设,优化体制机制,完善发展模式,发挥引领示范作用。用好国家中医药产业发展试验区、兰州国家级生物产业基地、敦煌研究院文物领域国家工程中心和重点科研基地、金川集团镍钴资源综合利用国家重点实验室、张掖国家可持续发展议程创新示范区等创新平台。持续夯实原始创新基础,支持兰州建设国家重要的区域创新中心,争取国家重大科研基础设施、同位素实验室、国家镍钴新材料创新示范中心等在甘布局,在生态环境、新材料、装备制造等领域争取国家级创新平台。优化整合一批省级创新平台,布局建设省级实验室和技术创新中心,支持国家级开发区打造创新支撑平台,加快推进国家级科创孵化器建设。深化产学研用合作,建设大学研究院、产学研联盟、产教融合基地等创新平台,提升创新全链条支撑能力。

5. 集聚人才、技术、金融等创新要素

以传统要素投入推动经济增长的模式不适应高质量发展的要求,重点开发区要摆脱劳动力、土地等资源的限制,引导人才、技术、金融等要素的集聚。

(1) 培育创新型人才

重点开发区各县域是人口流入的区域,要善于筑巢引凤,打造聚才平台,避免使人才政策泛化为社会福利,将资源集中利用在人才的创业启动和研发补助,加大人才吸引力度。分类推进人才评价,健全以创新能力、质量、实效、贡献为导向的科技人才评价体系,给予创新领军人才更大技术路线决定权和经费使用权。完善科技奖励奖项设置,提高奖励标准和奖励人数。充分发挥政策、服务等的导向作用,营造吸引人才的发展环境。加强各县人才政策的稽查和统筹,减少恶性竞争,从而形成更加科学和可操作性强的人才培育体系与政策优惠。注重增强内生动力,充分挖掘与培育县内高层次人才(邸金,2019)。

(2) 集聚技术要素

积极与省内、国内其他省份科研平台展开合作,吸引科研机构的转移落地,带动当地科技水平的提升。做好科技成果转化工作,将科技成果使用权下放给企业，强化企业在关键技术攻关中的主体作用，支持若干大型企业牵头组建创新联合体，辐射带动中小企业开展创新活动，加快成果转化、缩短转化周期。

（3）引导金融要素流向创新领域

推动金融机构更好地为创新活动和中小企业服务，提供良好的金融环境与基础设施。逐渐成为服务创业创新的生力军。创新金融服务模式，壮大科技保险、科技担保等服务领域。深化各县金融机构改革，提高中小银行和农村信用社治理能力，积极补充资本金，优化信贷结构，增强服务实体经济发展功能。营造金融科技生态，提升金融科技水平，增强金融普惠性。健全地方金融体系，发展供应链金融，用好多层次资本市场，推动发展新型融资方式，努力满足不同类型融资主体资金需求。构建适宜的金融创新监管体制，加强对互联网金融的监管和引导，使用灵活的监管方式（杨文新，2013）。

（二）农产品主产区创新发展对策

农产品主产区处于限制开发区域，主体功能是提供农产品和生态产品，保障农产品供给安全与生态系统的稳定。主要包括沿黄农业带、河西农产品主产区、陇东农产品主产区与中部重点旱作农产区四个类型区域。粮食产量超过全省三分之一，是甘肃省粮食主产区。这些县域以生态保护为基础，对开发的内容、方式和强度进行约束。因此这类县域拥有一定的自主创新能力，应以自我创新与技术转化相结合的模式为主。

1. 强化技术支撑，建设农业创新工程

围绕农业绿色发展、食品安全、产业结构调整所需要的关键技术，在重点领域部署一批重大科技合作项目。围绕提升农产品主产区产业核心竞争力、发展绿色农业、提高农产品的有效供给和保障粮食安全等领域，与科研机构合作创新，组织一批技术创新示范重大项目，开展关键共性技术攻克。

2. 提高农业机械化水平

围绕玉米、马铃薯、中药材等主要农作物开展装备研发，提高果蔬、设施农业、畜牧养殖、水产养殖和农产品初加工业的机械化率，立足于各县生产条件，开发先进适用、智能高效、绿色生态的农机装备。积极

创建农作物生产全程机械化示范县、设施农业和规模养殖全程机械化示范县。鼓励企业建立"企业+合作社+基地"的农机产品研发、生产、推广新模式，提升创新能力。加快新技术示范推广，推广"互联网+农机作业"模式，提高农机作业质量和效率。以满足农业生产和农户个性化需求为目标，推进服务体制的创新。

3. 加强科技推广服务体系建设

与基层行政部门建立密切的合作关系，形成创新成果示范推广机制，提高相关科技创新成果转化应用率。科研机构要建立面向企业和农户的技术服务网络，发挥科技创新联盟的积极作用，支持成果在全省范围内推广并转化。健全政策衔接，采用考核激励政策，让科研人员把成果留在田间地头。充分调动地方政府的积极性，共同发力打通成果转化"最后一公里"。深化院地、校地合作，与中国农科院、甘肃省农科院、甘肃农业大学等院校建立合作关系。支持高校院所和企业设立新型科技转化平台，发挥好开发区、大学科技园科技成果产业化基地作用，推动科技成果和企业需求信息对接。

4. 完善现代农业创新人才体系

农产品主产区以建成现代农业体系为目标，现代农业发展的出路在于创新，创新要依靠创新人才来实现。构建完善的科技人才培养和激励机制，选拔、培养一批农业创新人才。引进、培养一批基础研究、项目创业、良种开发和信息化人才，形成多种人才通力合作机制。企业、高校与社会组织加强对创新人才的培养，建立人才流动机制。此外应完善创新型人才评价与激励机制，构建以创新能力、创新成果转化应用为核心的评价指标体系，将物质奖励与知识产权保护、利润分享结合起来，构建综合激励机制。

（三）重点生态功能区创新发展对策

分布在重点生态功能区的县区，应以加强技术引进并实现技术有效转化为主，培养创新意识、改善创新环境，并逐步提高自主的创新能力。

1. 培养创新意识，优化创新生态系统

创新意识与创新精神的培养能够突破旧思想、旧思维，打破社会制度、顽固文化观念对创新活动的阻碍，使得新技术、新理念快速转化为生产力。发挥企业家在创新驱动中的主体作用，实行竞争性的科技政策与产业政策，完善知识产权保护体系，全面激发企业家精神与企业创新力。树立全民创新的精神状态，彻底改变求稳守成的心态。

坚持生态优先、绿色发展，以增量提质为目标，促进规模化、集约化发展，推动生态产业潜力不断释放，产业支撑能力不断增强。加强生态产业项目储备和动态调整，用好绿色生态产业发展基金，引进科技企业合作，着力提升生态产业科技含量，锻造高原生态修复、冰川冻土保护、荒漠沙漠治理、气候变化应对等重点领域技术长板。打造生态产业品牌，增强生态产业的全国示范性和影响力。

2. 创新政策，营造创新的市场环境

首先，政府以补贴、税收等手段支持科技创新，要立足于基础性的、共性的技术支持，而营利性的、竞争性的技术支持交给市场去完成。财政补贴和税收优惠是政府激励企业创新的重要手段，对创新型企业给予税收扶持，针对不同产业研发周期、资金投入规模等特点，制定差异化的支持政策，增强企业创新能力。其次要创造社会创新环境，加大对恶性竞争的惩罚，建立公平的市场秩序。不断降低制度性交易成本，打通体制性、机制性障碍，加大政府投入，在科技政策、产业政策上建立支持创新型企业发展的灵活政策体系。

3. 支持非农产业发展

做大做强特色产业与富民产业。加快文化旅游产业的创新发展，以创新培育新型产业，提高重点开发区各县的可持续发展能力，增加居民的收入。加大劳务培训，开展多技能、多形式的农民工培训，输出技能型劳务，缓解生态环境压力。利用丰富的文旅资源，支持文化创新产品的开发，利用各研究院、博物馆、图书馆、期刊出版社，打造一批具有影响力的文化创意产品品牌。推动文化旅游业从资源依赖型向创新驱动型转变，延长产业链，发展旅游新业态、拓展新领域。

二　以协调引领高质量发展

协调发展是指在区域开放条件下，区域之间经济联系日益密切、经济相互依赖加深、经济发展上关联互动和正向促进，各区域间均持续发展且差异逐渐缩小的过程（覃成林等，2011）。甘肃省在工业化与城镇化的过程中，针对不同区域发展的实际情况实施不同政策，形成了区域发展非均衡状态。实现各县域协调发展，需要政府加强宏观调控，统筹规划，建立健全城乡要素双向流动体制机制，促进城乡资源合理配置，不断提高城乡公共服务均等化水平，着力完善城乡基础设施建设（马亚飞、吕剑平，2020），同时考虑到主体功能区约束性的条件，着重关注生态脆弱与条件较差的地区协调发展，通过人口转移、财政转移支付等途径，实现经济布局与人口分布的空间协调，从而促进区域协调发展。

（一）重点开发区协调发展对策

重点开发区各县是全省工业化和城镇化发展最好的区域，人口密集度高、承接人口能力强，资源环境承载力相对较高。作为转移人口承接区需要注重人口素质的提升、人口结构的稳定、人口容量的合理，以城镇化发展为支撑，推动人口适度集聚（雷舒砚，2018）。在城乡关系协调上，应积极推进新型城镇化进程。在人口政策上，引导人口向城镇聚集，承接来自限制开发区、禁止开发区人口的转移，提升区域人口承载力。

1. 稳步推进城镇化发展

支持经济发展快、交通区位重要、人口吸纳能力强的县按照城市架构规划建设，着力提升中小城市、小城镇基础设施和公共服务设施水平，聚焦资源禀赋，加快特色优势产业发展，完善服务功能，优化生态环境，提升发展品质，夯实县域经济发展基础（武国茂，2022）。推进榆中产城融合示范区建设，推动皋兰、榆中等有条件的县稳妥推进"撤县建市"。加强城市间功能互补，支持"卫星城"建设，积极推进都市圈同城化、一体化进程，形成联系紧密、分工有序的都市圈空间发展格局。

2. 促进人口市民化

积极有序地放开兰州市落户条件，全面放开其他中小城市落户条件，全面取消重点群体落户限制，鼓励各类人员在兰州新区落户。建立农业转移人口市民化成本分担机制。重点开发区作为转移人口承接区要注重人口素质的提升、人口结构的稳定与容量的合理。增强对劳动人口的吸纳，提供就业指导与职业技能培训。采用补助、减少税收等措施推进产业发展，鼓励企业创造更多就业岗位。解决农业转移人口教育、医疗、住房等问题，促进人口落户，进一步提高城镇化水平。

3. 推进产业协同体系建设

推动各县域产业合理布局，支持综合经济发展程度高的嘉峪关市、阿塞克县、肃北县、城关区等县区与综合经济发展程度较低的渭源县、岷县、东乡县、武都区等县区合作共建园区，鼓励产业间与产业链上下游分工合作。统筹各县主导产业与优势产业发展，主动消除壁垒、延伸产业链，构建以十大生态产业为主的优势产业集群。

（二）农产品主产区协调发展对策

在城乡协调方面，河西地区发展条件较好，陇中地区与陇东地区协调发展条件欠缺，城乡发展不平衡。而农产品主产区在城乡关系上不宜发展大规模的城镇化，宜积极推进乡村振兴战略。促进城乡要素双向流动，盘活农村资源。工业发展规模受到限制导致就业岗位供给有限，以人地协调发展为主，保持人口密度稳定。

1. **加强城乡载体建设**

以乡村振兴战略为指导，不断拓宽农民增收渠道，全面改善农民生活条件。强化县城综合服务能力，把乡镇建成服务农民的区域中心。分类推进村庄建设，发展中心村，保护特色村，整治空心村。突出县城和中心镇带动作用，择优培育和扶持一批美丽乡村。增强各类农业园区产业融合功能，抓好国家农村产业融合发展示范园建设。以县城所在地、中心镇和特色镇、沿国道城镇带为重点，培育发展一批功能完善、特色鲜明、环境优美的特色小镇。

2. **激励各类人才入乡创业就业**

制定完善财政、金融、社会保障政策，落实税收优惠政策，吸引各类人才返乡创业。完善"能人回归"的政策支撑，引导和鼓励农村能人大户、外出务工经商人员、大学毕业生、复退军人等人员返乡领办、创办合作社，将合作社打造成能人的"创业社"、农民的"致富社"。在风险可控的前提下，简化创业担保贷款流程。推动职称评定、工资待遇向乡村教师、乡村医生倾斜。探索通过岗编适度分离等多种方式，推进城市教科文卫体等（系统）工作人员定期服务乡村。建立选派第一书记工作长效机制。完善外出务工人员对接机制。支持规划、建筑等设计人员入乡援助服务。允许农村集体经济组织探索人才加入机制。

3. 改革完善农村土地制度

全面落实第二轮土地承包到期后再延长 30 年政策。完善承包地"三权分置"制度，落实集体所有权，稳定农户承包权，放活经营权。健全农村土地交易平台机制，允许农户以承包土地经营权等担保融资，允许土地经营权入股从事农业产业化经营。审慎推进农村宅基地制度改革，推进农村宅基地改革试点，探索农村宅基地"三权分置"，适度放活宅基地和农民房屋使用权，保障进城落户农民土地承包权、宅基地使用权、集体收益分配权。在尊重农民意愿的基础上推进空置房和旧宅基地有偿退出。在符合规划、用途管制和尊重农民意愿的前提下，县级政府可优化村庄用途布局。积极探索建立城乡统一的建设用地市场。

（三）重点生态功能区协调发展对策

重点生态功能区各县协调发展决定了甘肃省协调发展的质量，生态建设、环境保护和经济社会三者之间的协调决定了重点生态功能区发展质量。面对这部分县区自我发展能力弱的现状，应采取激活内生动力与增强外援动力相结合的方式，使这部分地区步入经济与生态协调发展的正轨。

1. 超载人口转移，实现人地协调

处于重点生态功能区的县，由于自然资源缺乏、生态环境恶劣导致贫困多发，鼓励移民搬迁，加强对这些地区的生态保护。控制人口密度，防止生态承载过度（张瑾等，2019）。在尊重移民意愿的基础上，鼓励生态移民到重点开发区或者农产品主产区；增强移民后可持续发展能力，注重对移民的职业技能培训；加大培训资金的投入；强化劳务输出管理服务，稳定劳务输转；制定多元化的生态移民政策，保障移民享有均等的生活条件和权益。

2. 统筹生态建设、环境保护和经济社会协调发展

推进国家生态安全屏障综合试验区建设，加强生态系统修复和保护。加强生态环保重要性的认识，引导居民主动参与生态保护。强化河西内陆河流域生态综合治理，开展治沙造林，建立大气污染防治"网格化"监管体系，引导甘南州努力打造 4.5 万平方千米绿水青山大草原"全域

无垃圾"。此外，在绿化、饮水安全、城乡环境整治上也需要注重协调。加快国土绿化进程，继续实施天然林资源保护工程，推进森林城市和生态文明示范县建设。巩固退耕还林、退牧还草、防沙治沙等重点生态工程建设和国家水土保持重点工程成果。加强对饮用水水源保护区、自然保护区的保护监管。加强城乡环境综合整治，加大农村面源污染防治力度，推进垃圾分类处理和畜禽养殖废弃物资源化利用。

3. 支持合理的非均衡区域协调发展政策

避免出现过度追求效率、忽略公平的现象，也要避免过度追求公平、忽略效率的现象。允许各县之间存在合理的差距，发挥县级政府调控和管理的作用，立足于各县经济要素与空间地域结构，实行差异化人口与经济发展政策，最终实现各县协调发展。

三 以绿色发展为先导促进高质量发展

辩证地看待生态环境对高质量发展的约束和倒逼双重作用，在严守生态红线的基础上，寻求欠发达地区的绿色转型。由于大部分县域绿色发展水平差距不大，绿色发展水平较低的县多位于农产品主产区。甘肃省地处我国西北地区，地理环境特殊，地貌丰富多样，生态环境较为脆弱。提高各县域绿色发展水平主要在于实现产业生态化转型，合理规划主体功能区生产、生活、生态空间，加大环境保护、污染治理力度（吕志祥、吴重佑，2021）。

（一）重点开发区绿色发展对策

重点开发区各县域在推进城镇化与工业化的过程中应加强生态文明建设，要集约高效利用国土空间，加快产业生态化转型升级。兰州市与嘉峪关市要转变"高耗能、高投入、高污染、低效率"的能源消费模式，打破生态环境恶化与经济效率低下的恶性循环。

1. 加快工业绿色转型升级

分类引导产业结构调整，大幅度降低各县单位产出能源消耗与水资源消耗量。改造传统产业，坚决淘汰落后产业，大力发展新兴产业，实现新旧动能转换。壮大培训节能环保产业与清洁能源产业。加大环境风险和污染防治力度，推进工业企业清洁生产和污染治理，建立覆盖所有固定污染源的企业排放许可制。提高环评标准与工业项目的准入门槛，争取与国内同行业标准同步。全面加强工业废水、废气、固体废弃物的污染防治，提高工业固体废弃物综合利用率。发展循环经济，坚持"减量化、再循环、再使用"的基本原则，以资源高效利用和循环利用为核心，加大对循环经济的支持力度（李乐乐、方杰，2020）。

2. 调整能源结构

能源使用结构与效率是绿色发展的重点，在继续使用煤炭、石油、天然气等传统能源的基础上，大力开发使用风能、太阳能等低碳能源。持续推进河西特大型新能源基地建设，进一步拓展酒泉千万千瓦级风电基地规模，打造金（昌）张（掖）武（威）千万千瓦级风光电基地，积极开展白银复合型能源基地建设前期工作。加快酒湖直流、陇电入鲁配套外送风光电等重点项目建设。持续扩大光伏发电规模，推动"光伏+"多元化发展。开工建设玉门昌马等抽水蓄能电站，谋划实施黄河、白龙江干流甘肃段抽水蓄能电站项目。重视推广与使用节能技术，加大节能环保技术、工艺和设备的投资，提高能源开发与利用的效率，从而达到降低能源消耗速度，减少污染排放的效果。

3. 有效规划各类用地空间

从甘肃省和黄河流域经济带的大格局出发，在明确生态保护与经济发展的主次矛盾的前提下，统筹主体功能区划、土地利用规划、自然地理单元的分布，识别聚集发展、重点治理与优先保护的关键。城镇化地区实施集约用地策略，为农用地和生态用地提供空间，合理评估土地承载力，适度提高存量用地的效率。合理划定城镇开发边界，严格控制建设用地指标，引导人口、产业集中布局。

（二）农产品主产区绿色发展对策

在农业现代化任务尚未完成的背景下，这类县域要以产业生态化和生态产业化为目标，注重城镇开发边界、耕地红线与生态保护红线之间的关系，实现生活、生态、生产三类空间的协调衔接。在大规模城镇化不被允许的前提下，构建乡村振兴新格局。提高农业生产绿色化程度，促进高成本要素的投入、高生态环境代价的生产模式向绿色发展驱动的集约生产模式转变。

1. 推动农业生态化发展

依托乡村生态资源，建设集循环农业、创意农业、农事体验一体的田园综合体，转变资源利用方式，建立绿色循环低碳的农业产业体系，大力推行农业循环发展模式，培育构建"秸秆—畜禽养殖—粪便—沼气—有机肥—果园（菜园）—优质农产品""秸秆—基质—食用菌基地—菌糠—生物饲料（有机肥）—优质农产品""林下经济—林业废弃物资源化利用"等特色循环型产业链。积极发展六大特色产业，形成优势互补模式，在临夏州大力推进"粮改饲"发展牛羊产业、静宁县全产业链打造发展果品产业、陇西县产加销一体化发展中药材产业、环县千家万户种草发展肉羊产业、会宁县大力发展全膜玉米马铃薯基础产业和牛羊菜主导产业等（刘亚辉、崔红志，2022）。重视农业科技创新，加强河西走廊地区节水灌溉技术、品种改良技术的应用，提高农业用水效率。倡导农业产业融合、产村融合，大力发展特色农业，发展高效循环农业，打造生态农业品牌。调整农村能源结构，改变高污染、低效率的能源使用模式，降低环境负担。控制农业面源污染，鼓励使用低毒、低残留农药，开展农作物病虫害绿色防控和统防统治；实施测土配方施肥，推广精准施肥技术和机具；明确规定新建高标准农田要达到相关环保要求。

2. 统筹利用"三生"空间

依托乡村振兴战略，形成人与自然和谐相处的乡村空间关系。推进土地综合治理，建设高标准农田，严守耕地红线，合理规划生产空间。加快农村环境综合整治，建成一批生活污水、垃圾收集处理，畜禽养殖污染防治、饮用水源地防护隔离等农村环境基础设施，推进"厕所革命"，优化生活空间。推进村庄绿化、亮化工程建设，改善村庄环境卫生状况和村容村貌。加强农村周边工业"三废"排放和城市垃圾堆放的监管与治理，防止污染向农村延伸。

（三）重点生态功能区绿色发展对策

重点生态功能区作为生态安全屏障，绿色发展是重中之重。这些县域生态环境相对脆弱，自然灾害频发，水资源时空分布差异大。一方面要坚守生态红线，承担多种生态功能。另一方面，要建立和完善将生态资源转化为经济效益的条件与机制，重点生态功能区各县应加大生态保护力度，同时将生态补偿作为经济效益损失弥补的主要手段。

1. 加大生态环境保护、治理力度

全面推进"四屏一廊"建设，加快河西祁连山内陆河生态安全屏障建设、南部秦巴山地区长江上游生态安全屏障、甘南高原地区黄河上游生态安全屏障、陇东陇中地区黄土高原生态安全屏障与中部沿黄生态走廊建设进程。遏制黄河流域水土流失倾向，提高黄河水源涵养能力，做好黄土高原丘陵沟壑区综合治理。在甘南地区加强草场和湿地的保护，治理草场退化，加强玛曲、碌曲等地区沙化治理（王璠、张瑞宇，2022）。禁止过度放牧、开垦草原与无序开矿等破坏生态环境的行为。调整产业结构，降低草场载畜量，适度开发文化旅游业，打造一批特色生态品牌，减轻农牧民对草原过度依赖。严格控制开发强度，实行严格产业准入负面清单，防止重点生态功能区成为污染转入地。

2. 提升地方政府绿色发展观念

县域增长动力逐步转向创新驱动与绿色驱动，政府应转变唯GDP的观念，坚持走绿色发展模式，使经济得到可持续发展。找准战略定位，对绿色发展引起重视，引导和支持民众提高环保意识。相对于其他地区，重点生态功能区各县普遍存在信息闭塞、教育水平低的问题，导致民众对新事物接受能力弱，先进发展理念贯彻不足。政府应按照绿色发展理念整合县域资源，实施绿色驱动战略，大力发展循环经济，实现各县错位竞争、差异发展与特色发展，推进产业走绿色、生态、低碳发展模式。

3. 完善生态补偿机制

县域采取垂直生态补偿、水平生态补偿以及市场和政府相结合的生态补偿方式。重点开发区和农产品主产区应对重点生态功能区采取财政转移支付，由于重点生态功能区各县提供生态服务和生态产品而损失的经济成本应由其他区域承担一部分。建立多元化的生态补偿基金，构建以横向财政转移支付为主、纵向转移支付为辅和其他资金为补充的生态补偿资金体系，充分发挥金融信贷在生态补偿方面的融资功能。积极争取民间资金、政策性金融机构的支持，实现生态补偿资金来源渠道的多元化。建立生态补偿跨区域协调监管机构，持续推动省市县监测机构能力建设，制定出台基层监测机构标准化建设指导意见。预计到2025年，全省各县环境监测站具备独立开展行政区域内执法监测和应急监测的能力。构建生态补偿的激励约束机制。由于生态补偿主体、对象及途径不同而形成复杂、网络化的协调机构体系，导致各部门权责不明，跨区域生态补偿进程缓慢，因此应建立统一的协调机制，完善重点生态功能区生态补偿机制的建立（马宇菲，2021）。

四 以高水平开放促进高质量发展

所谓高水平开放，就是要实现全方位、多层次、宽领域的商品和要素流动型开放，还要逐步实现规则等制度型开放，形成全面开放、共同开放的新格局。高质量发展遵循新发展理念的要求，以高水平开放实现甘肃省更加充分、更趋于平衡的发展。抢抓"一带一路"建设的重大机遇，推进甘肃省市场化的改革和提高经济开放水平，在更高层次、更宽领域，将对内经济合作与对外开放有机结合（王伟、马翠玲，2016）。积极推动产业转型升级，构建开放型产业体系、资本体系、贸易体系（张博文，2019）。强化重点开发区各县域对外开放引领者地位，促成农产品主产区各县成为外向型经济的深度参与者，打破重点生态功能区各县闭塞状态，稳步提高对外开放水平。

（一）重点开发区开放发展对策

重点开发区各县作为甘肃省对外开放的"参与者""引领者"主动把握机会参与国际、国内合作，推进市场化改革和经济全球化的开放，加快要素开放向制度开放转换。借助已有开放渠道，推进特色化、优质化、品牌化的产品和服务走出去，打造高层次开放型经济，推动甘肃省高质量发展。

1. 推动对外贸易转型升级

（1）培育壮大外贸主体。健全外贸孵化体系，加快壮大一批外贸龙头型企业，对重点外贸龙头企业实行"一对一"联系帮扶措施，以帮助应对复杂的国际市场环境，降低风险。积极支持各县比较具有优势的企业，通过多种方式，扩大境内、境外生产经营，使各外贸主体在更大范围、更高层次中拓展产业发展空间。

（2）推动传统贸易转型升级。优化贸易产品结构，一方面致力于提升传统劳动、资源密集型产品的技术水平、深加工和附加价值，另一方面加快发展新能源、新材料、生物产业、先进装备制造、节能环保等产业，引导加工贸易向高端产业链延伸。支持跨境电商、外贸综合服务平台、市场采购贸易为代表的新型贸易业态发展。

（3）提高利用外资效率。以提质增效的方式利用外资，扩大资本利用和经营规模，优化资本利用结构。结合重点开发区热点投资领域，重点投向文化旅游、现代农业、高新技术产业和公共设施领域，推进引进资本单纯由数量增长向提高利用质量转变。提高外商投资合作服务的水平，为企业创造便利条件，优化营商环境，吸引外商投资。

2. 深度参与"一带一路"建设

2020年，甘肃省"一带一路"沿线国家进出口额为165.2亿元，占全省外贸总值的44.3%，通道优势逐步凸显。抢抓"一带一路"建设重大机遇，立足比较优势，发展十大生态产业，占据文化、枢纽、技术、信息与生态五个制高点。巩固提升"东连"，致力于"南向""西进""北拓"，搭建起陆海贯通、文化经贸互促的格局。推进生产基地和物流中心建设，形成联动西北、服务全国、辐射中西亚、中东欧和东盟的商品集散地。加快建设丝绸之路信息港，共建通畅、安全、高效的网络大通道和综合信息服务体系，形成面向中西亚、南亚等地区的信息走廊。构建内外融通的国际物流大通道，完善主要物流节点与铁路枢纽的主要功能。推进口岸建设，加强监管，积极争取获批更多的指定口岸。加快口岸"单一窗口"建设，推进企业运营信息与监管系统对接（张广裕，2017）。

3. 建设高水平开放平台

加快平台建设，构建对外开放的基础支撑，把平台建设作为重要抓手与载体，打造升级一批以兰州新区、敦煌文博会、兰洽会为代表的经济、文化与经贸合作平台。加强兰州新区综合保税区建设。争取在符合条件的地区设立海关特殊监管区域，完善进境粮食、木材、肉类、冰鲜、水果、种子种苗的海关指定监管场地功能，培育壮大口岸经济。积极加强与沿线国家的文化交流，在科技、医疗、旅游等领域展开合作，进一步扩大文博会、药博会、兰洽会等平台效应。依托兰州综合保税区和武威保税物流中心,加快向西开放。建设兰州、天水、武威三大国际陆港和兰州、敦煌、嘉峪关三大国际空港,形成航空口岸、铁路口岸、指定口岸等口岸对外开放平台综合体系。争取设立农业对外开放合作试验区,深化与"一带一路"沿线国家农牧业合作,支持有实力的企业在海外建立生产加工基地。统筹优化其他开放平台试点试验,支持具备条件的地区开展开放型经济新体制综合试点。

4. 扩大重点城市的辐射带动作用

由于外贸资源多集中于重点开发区的兰州(永登县、榆中县、皋兰县、安宁县、城关区、红古区、七里河区、西固区)、金昌(永昌县)、白银(会宁县、靖远县)、天水(张家川县、秦安县、甘谷县、武山县、清水县、麦积区)和嘉峪关市等进出口总额较高的区域。充分发挥各省域中心、地区中心、县域中心等各级中心城市的辐射带动作用,以重点城市作为产业发展的载体,带动周边中小城镇、农村的发展建设。完善重点开放型区域交通基础设施建设,打造外联内畅、陆海联动的综合交通体。将资本、建设用地指标等资源向重点开放型城市集中使用,提高这些区域的核心竞争力。

(二)农产品主产区开放发展对策

农产品主产区各县在推进农业现代化的进程中,要扩大对外开放的深度和广度,争取在开放型经济中从参与者角色转变为领导者角色。立足于六大特色产业,打造知名品牌,疏通生产流通关键环节,助推优质、特色农产品走出去。积极培育外向型人才。加大政策支持力度,引进一批农业先进和实用技术、关键设备等研究成果,扭转农业传统生产模式。

1. 推进优势产业"走出去"

在优质、高效、生态、安全上下功夫,大幅提高农业综合生产能力。加强农业产业链管理与标准化建设,注重产业链、产业体系中的薄弱环节,抓紧实施一批重大产业项目,坚持产前、产中、产后各个环节标准化建设一起抓,在重点地区、品种和环节上执行标准化生产与管理,努力提高产品质量安全与市场竞争力。大力开发名特优产品,瞄准国内、国外两个市场,举办药博会、农博会、农交会,全面开拓国内外市场,扩大外向度。

2. 注重外向型人才培养

在向西开放战略和深度参与"一带一路"建设过程中，对各行各业高素质、复合型人才的需求不断增多。为培养应用型国际化人才，应加强校际合作，通过中外合作办学，创新教学模式。通过"企业+学校"的培养体系，将优质外贸企业资源纳入学校人才培养中。搭建国际化人才交流合作平台，打造国内外经济、文化、贸易等各行各业的人才共享平台。

3. 加大政策支持力度

加大对走出去企业的支持力度，统筹使用各专项资金、加大对企业开拓市场的扶持。落实税收优惠政策，进一步简化办税流程，提高办税效率。借助信贷、财政、进出口等措施，引导龙头企业以优势品牌开展多形式合作交流，不断增强品牌的市场影响力。建立农业对外合作联席会议制度，打好政策组合拳，为"走出去"提供较好的顶层设计。进一步改善营商环境，有效推动双向投资稳定运行，着力营造亲商、安商、暖商的良好投资环境，为"引进来"奠定基础。

（三）重点生态功能区开放发展对策

抓住西部大开发和加快民族地区经济发展的机遇，实施着力"引进来"，努力"走出去"的策略，从旁观者、追随者转变为对外开放的积极参与者，与周边地区开展合作交流，搭建面向全国开放的大舞台，构建立体开放新格局。依托生态功能区优质资源，扩大对外合作交流，同时将人才、资本和技术"引进来"。

1. 充分发挥比较优势

充分发挥重点生态功能区各县域特色农产品与文化旅游资源禀赋的优势，增强与周边地区的商贸往来。面向全省、全国实际需求，生产适销对路的特色农产品，通过农副产品及工业制成品深加工，提高出口产品附加值。在完善高水平开放配套设施的同时，实行入境旅游自由化、便利化政策，打造综合立体的旅游业态。建设以敦煌文化为核心的文学创作，培育敦煌文化出口服务贸易保税区，推动文化走出去。依托特色文化，加强与"一带一路"沿线国家的人文交流，开展国际文化旅游节等活动，以文化旅游业的发展，扩大对外交流面。

2. 健全"引进来"服务保障体系

引导"资金流""技术流"与"人才流"流向重点生态功能区各县，确保优质企业、项目与人才"引得来、留得住、能发展"。大力构建开放型经济发展的政策体系，形成"洼地效应"，打破各区域间的封锁，加强周边区域合作，产生集合优势。转变政府角色为服务型政府，将政府成本压缩，向高效率政府转型。培养开放意识，解放传统封闭思想，营造良好的法制环境与市场环境。优化区域内对外开放的软环境，为投资者创造良好的公平竞争条件。

五 以共享协同助力高质量发展

各县域共享发展存在较大的差异，陇中地区各县域发展水平较高，甘南与河西西部地区发展水平较低，重点开发区各县域的共享发展水平明显高于重点生态功能区，共享发展成为短板。区域间收入差距、社会保障覆盖面与城乡区域公共服务水平差距等方面的问题突出。继续深化收入分配制度改革，一方面鼓励居民把"蛋糕做大"，另一方面促进需求和供给对共享发展的推动和拉动作用（李子联、王爱民，2019）。在各主体功能区的产业选择和引进上，依托各自资源优势，适度发展一些劳动密集型产业。软件、硬件设施协同部署，教育、住房、医疗政策向重点生态功能区倾斜，为居民共享社会发展成果创造条件。

（一）重点开发区共享发展对策

当前重点生态功能区各县域共享发展的物质基础不稳固，省会兰州所辖县的共享发展水平并不高，需要释放经济活力，为共同富裕奠定物质基础。民生保障是共享发展过程中居民最关心的现实需求，以完善基础设施建设、社会保障制度为重点，建立城乡一体化的基本公共服务供给制度，稳固提升城乡居民生活水平。

1. 加快"硬件"建设，实现基础设施共享

加强交通基础设施建设，进一步完善路网结构，建设公路、铁路与航空一体化的交通运输网络，以构建东西千里大通道、南北纵向高速通道和打通断头路为重点，全面提升区域和城乡交通服务水平。进一步加

强生产、生活用水基础设施建设，进一步加快小型农田水利、节水灌溉、应急水源等水资源利用保护项目建设，提高农业用水效率。全面建成"高速、移动、安全、泛在"的新一代信息基础设施，着力打造"智慧城市"。推进大数据和云服务平台建设，畅通信息高速公路。

2. 加快"软件"建设，实现公共服务公平化

（1）完善城乡教育资源均衡配置机制。加快普及农村学前教育，提高教育质量。推进义务教育均衡化发展，加快城乡义务教育公办学校标准化建设，实现县域城乡义务教育一体化改革发展。建立统筹规划、统一选拔的乡村教师补充机制，落实省级公费师范生制度。保障乡村教师实际待遇高于城镇同职级教师。实行义务教育学校教师"县管校聘"，全面推行县域内校长教师交流轮岗和城乡教育联合体模式。进一步完善教育信息化制度。积极发展职业教育，落实中等职业教育免除学杂费，培养适应县域经济社会发展的技能人才。

（2）健全乡村卫生服务体系。加快推动县、乡、村医疗卫生机构基础设施建设和设备配备，确保基本医疗服务设施达到标准化。建立完善医疗废物收集转运体系。推进紧密型县域医共体建设，提升基层服务能力。积极探索县域内病床统筹管理模式。持续提升县级医疗卫生机构服务能力，推动一批县级医院达到三级医院水平。实行医保总额预算管理，确保乡镇卫生院、村卫生室有合格医生，推动乡村医生向执业（助理）医师转变。全面实施绩效考核，提高基层卫生人员工资待遇。强化三级医院对口帮扶县级医院力度，促进优质医疗资源向基层下沉。深化医药卫生体制改革，促进医疗、医药、医保联动（刘培钰，2022）。

3. 加强社会保障制度建设，实现稳定型共享

完善城乡统一的基本养老保险、基本医疗保险和大病保险制度，建立健全社会保险公共服务平台。积极构建多层次农村养老保障体系。推进低保制度城乡统筹，健全低保标准动态调整机制。统一城乡特困人员供养标准等福利政策。完善农村留守儿童、妇女、老人、残疾人关爱服务体系。健全困境儿童保障工作体系，完善残疾人福利制度和服务体系。改革人身损害赔偿制度，统一城乡居民赔偿标准。

（二）农产品主产区共享发展对策

农产品主产区各县共享发展水平差距不大，处于全省平均水平。农民合作社发展，以农民为主体，以增加农民收入为目标，是实现共建共享的重要载体。制度的有效供给直接影响到发展成果的共享。因此在做大财富的基础上，继续改革收入分配制度，真正实现共建共享。

1. 加快推进农民合作社，实现财富"分糕型"共享

坚持走龙头带动、合作社引领的道路。推广"龙头企业＋国有公司＋专业合作社＋农户"与"国有平台公司＋龙头企业＋农民"的产业化发展模式，积极培育农业龙头化企业、农民合作社、专业大户，形成新型经营主体上联市场、下联产业的格局。构建社会化服务为支撑的现代农业经营体系，提高农业综合效益。以冷链物流、产地直供、生鲜电商等构建"田间—餐桌"农产品产销新模式，打造便捷高效的农业产业供应链。针对农产品供需不平衡的问题充分发挥品牌效应，大力发展订单生产。积极发展电子商务，升级改造一批集仓储、冷链、监测、结算、配送等多功能于一体的农产品批发市场，增强特色产业整体效益，做大"财富蛋糕"。

2. 深化收入分配改革，实现均衡发展

通过继续深化收入分配制度改革发挥共享发展的优势。公平的收入分配制度，既能激发做大"财富蛋糕"的积极性，又能发挥消费对经济发展的拉动作用（钱诚，2021）。重视制度建设和公平分配机制的完善，让居民平等地参加经济活动，享受社会保障。加大对低收入人群的补助，创造公平的就业机会，关注农民增收问题，通过"三变改革"整合农村资源。政府财政更大比例投入公共服务事业，加大对惠民项目的支出，使得收入分配改革深入人心。

（三）重点生态功能区共享发展对策

与其他子系统不同的是，2020年，重点生态功能区的夏河县、碌曲县、玛曲县、迭部县、舟曲县等县的共享发展水平在全省排名靠前。但各县大多面临海拔高、交通不便、生态脆弱的问题，以及教育、卫生、养老等社会保障体系不完善的问题。尽管一系列脱贫政策让这些区域搭

上社会发展的快车，持续增强内生动力是今后发展的重点。这些县域贫困人口共享发展成果是社会公平发展的体现，持续巩固脱贫成果，增强脱贫人员自我发展能力。加强基础设施建设，打破闭塞环境，实现与经济发达地区互联互通，让农牧民充分享受到经济发展带来的效益。

1. 巩固脱贫攻坚成果，实现底线型共享

统筹推进住房改造、饮水安全、农村公路等重点任务的落实。稳定脱贫成果，培育增收产业。坚持将产业发展作为促进群众增收、实现长远脱贫的治本之策。引导小城镇产业向餐饮、涉农服务业方向发展，大力发展文化旅游业与农副产品加工业，调整产业空间布局。依托交通干线为发展轴，打造全域旅游，统筹区域内部旅游景点，将景点连线，建立多样化旅游线路，提高旅游产业效益，增加居民收入。

2. 加强基础设施建设，实现互联互通

重点生态功能区多处于经济落后的偏远地区，区域内电力、通信、邮电、金融等服务机构布局密度低，基础设施仍需要大幅度改善，交通主要以公路为主且等级较低，多为二、三级公路，内外交通瓶颈成为制约各县旅游事业发展的主要障碍。因此要强化基础设施和旅游业配套，保证景区实现高速公路连通，具备条件的地区开通一级公路。兰合、银西等铁路干线的建设，武威、平凉、临夏等机场的建设，能够实现与周边区域的联通。加快重点生态功能区通信类信息化服务基础设施建设，提高地区信息网络硬件基础设施，加强涉农信息平台建设，开发与农村、农业、农民发展相契合的宽带信息服务，进一步帮助这些地区发展电子政务、电子商务，打破屏蔽状态，与外界实现同步交流。

第 六 章

甘肃省县域经济高质量发展典型案例

一 综合发展案例——肃北蒙古族自治县

（一）基本概况

肃北蒙古族自治县位于甘肃省西北部，河西走廊西端南北两侧，是甘肃省国土面积最大的少数民族自治县。县辖南山和北山两个不相连的区域，中间隔着敦煌、瓜州、玉门三县市，两地直线距离130多千米。全县总面积66748平方千米，约占甘肃省总面积的14%，是甘肃省土地面积最大的县。2020年末，县辖2镇2乡，全县户籍人口数为12408人，有汉族、蒙古族等9个民族，其中蒙古族4726人，汉族7256人，分别占全县总人口的38.1%和58.5%。

肃北历史悠久，地域辽阔，资源富集，是极具开发潜力的一片热土。2017年成功举办首届"丝绸之路"那达慕（肃北蒙古族自治县）文化旅游节，2021年已成功举办第五届"丝绸之路"那达慕（肃北蒙古族自治县）文化旅游节，向世人展示草原的欢乐和生机。草原上的文艺轻骑兵——乌兰牧骑，已成为肃北文化名片，享誉国内外。已成功申报非物质文化遗产保护项目99项，其中蒙古族服饰和蒙古族祝赞词为2项国家级项目，肃北蒙古族长调、蒙古族婚礼、草原那达慕大会等7项为省级项目，还有市级项目42项、县级项目48项。近年来，肃北深入实施"旅游兴县"战略，依托民族文化、名胜古迹、生态资源等特色旅游资源，加快旅游业发展，主动融入大敦煌文化旅游经济圈。

肃北地理位置奇特，南部地区在祁连山北麓，这里有冰川、雪山、河流、湿地、草原、峡谷等多样的地形地貌，是祁连山国家公园的重要区域，河西走廊重要的生态屏障，敦煌、瓜州、肃北、阿克塞四县（市）水源的主要涵养区。甘肃盐池湾国家级自然保护区在肃北南山地区，总面积136万公顷，有湿地15.03万公顷，冰川7.8万公顷，是以白唇鹿、雪豹、野牦牛等高原珍稀野生动物保护为主的超大型自然保护区。2018年5月，世界自然基金会与省林业厅签署"雪豹保护合作备忘录"，并联合授予"祁连山雪豹·盐池湾保护基地"牌匾。

肃北地大物博，域内可开发的资源多样富集，丰富的资源为县域经济的发展提供了强有力的支撑。农畜产品享有盛名，尤其是肃北羊肉，深受消费者喜爱。矿产资源得天独厚，优势矿种有黄金、铁、铜、铬、钨、镍、菱镁、铅锌、煤、重晶石等。清洁能源富集，风能总储量达2000万千瓦，可开发量1000万千瓦以上。

（二）主要成就及经验

自2011年以来，肃北县连续3届荣获"中国西部最具投资潜力百县"称号。2014年，肃北县荣获全国民族团结进步模范集体荣誉称号，2017年，中国最具投资潜力特色魅力示范县200强中肃北县榜上有名，并在《县域经济和农村发展报告（2019）》中位列甘肃省竞争力十强县。2020年1月，被国家住房和城乡建设部命名为国家园林县城。多年来，肃北县大力实施"工业强县、旅游兴县、生态立县"战略，努力建设富强活力智慧和谐幸福肃北，经济社会持续稳步发展，民生福祉得到明显改善。2020年，全县GDP完成16.91亿元，人均GDP达到11.20万元，完成固定资产投资51.19亿元，财政收入3.0033亿元，城镇居民可支配收入达到4.1874万元，农民人均可支配收入达到2.8888万元，多项人均经济指标位居全省前列[①]。

1. 科技创新为高质量发展注入新活力

肃北县深入实施创新驱动发展战略，始终坚持将创新科技管理作为

---

① 张立东：《团结奋进七十年 跨越发展新肃北》，《酒泉日报》2020年8月28日，http：//www.chinajiuquan.com/2020/0828/282615.shtml，2020-08-28（003）。

激发创新创业工作活力的重点。着力搭建创新平台，培育发展博伦、晟照、浙商、北东、亚峰、金源泉矿业等18家规模以上企业，帮助企业开展技术改造，推动产品更新换代，引进高科技含量、高附加值的项目，使传统产业焕发了青春活力。山东鲁能20万千瓦风电、中节能20万千瓦风电、凯富45万吨原煤生产、镁弘科技10万吨高活性氧化镁技改、北山地下实验室等一大批项目相继落户肃北，顺利开工建设，使肃北工业经济进入了发展的快车道。

2. 绿色生态为高质量发展创造新增长点

矿山治理、燃煤锅炉污染整治、"三大保卫战"……在生态环境保护与治理上，肃北县牢固树立生态优先、绿色发展信念，第一轮中央、省市反馈的181项生态环境问题全部完成整改，并取得市级认定意见，办结中央、省级环保督察交办信访投诉问题10件，投入1.5亿元，全面完成85宗矿业权矿山环境恢复治理，争取矿权退出省级补助资金2.24亿元，完成81宗矿业权退出，县域生态功能逐步修复和恢复。坚决扛起保护祁连山生态安全屏障的政治责任，着力完成生态数据库、农田林网、水土保持、沙化草地治理等7项工程。据统计，2020年，肃北县燃煤锅炉淘汰改造全面完成，城区空气质量优良天数达285天。污水处理厂达标运行，地表水、地下水达标率100%。祁连山生态保护与建设综合治理规划项目补播改良草原10万亩，治理毒害草2万亩，免耕补播牧草6万亩，维修草原围栏1.8万米、保护一般性湿地10万亩。同时，肃北县继续开展饮用水水源地环境保护专项行动，2020年城市生活污水集中处理率分别达到95%，生活垃圾无害化处理率达到100%，营造了肃北人民绿色宜居的生活环境。

在十大生态产业发展方面，肃北县加大戈壁生态农业建设力度，2019年完成20座日光温室改造工程，引进甘肃乐涫有机生态农业科技有限公司、甘肃丝路戈壁生物科技有限公司、甘肃汇都农业科技有限责任公司等加快牧农产业转型升级。清洁能源产业上，白石头沟石墨矿开发、凯富矿业金庙沟煤矿等已完成。同时，节能环保产业、文化旅游产业、数据信息产业、军民融合产业等在2020年也实现了重要突破。

3. 区域协调为高质量发展提供新契机

一直以来，肃北县在统筹城乡、区域联动等方面成果显著。统筹城乡中，城乡居民可支配收入比从 2010 年的 2.14 降低为 2020 年的 1.45，降低幅度为 0.69。近年来实施的党城湾镇东山村整体搬迁项目，就是针对东山村农民住宅破旧房屋多、维修价值低、改造难度大的实际情况，根据城乡统筹一体化发展而实施的惠民工程。而东山村和甘肃丝路田园生态农业开发有限公司签订胡麻等粮食作物订单，使搬迁农户"离乡不离土"，提升生活质量的同时还获得了增收渠道。区域联动发展中，肃北县和瓜州县共同构建田园综合体格局，联手发展旅游业，共同邀请酒泉旅行社踩点制作旅游线路。

4. 开放交流为高质量发展提供新方向

2016 年以来，肃北县积极开展中蒙（肃北）贸易交流商品展示会。共享"一带一路"新成果，为中蒙双方深层次、多领域的交流和发展带来了新机遇（马征、润泽，2015）。积极争取马鬃山口岸复关工作，2019 年邀请蒙古国议员和戈壁阿尔泰省省长来肃北县参访商议口岸复通事宜，并达成初步共识。在出口方面，肃北镁弘科技公司高活性氧化镁出口欧洲、亚洲、美洲等地区，实现出口额 177 万元。旅游方面，2016—2020 年，肃北县累计接待游客 188.71 万人次，实现旅游总消费 16.4 亿元，年均增长 27%，肃北县正在从文化大县向文化旅游强县迈进。

5. 全面共享为高质量发展奠定基石

党的十八大以来，肃北民生保障水平不断提高，构建了城乡并轨的"七免六补六高一覆盖"的高标准社会保障体系，单项财政补贴标准均高于全省、全市平均水平，全县政通人和、民族团结、社会和谐稳定，成为璀璨的"戈壁明珠"。基础设施方面，广播电视覆盖城乡，全县境内公路通车里程达到 2000 余千米，行政村通畅率达到 100%。目前全县牧农村邮政、快递线路全部开通，5G 基站建设正在加速开展，建成 5G 基站 24 座，实现县城区域及马鬃山镇区 5G 网络的覆盖。教育方面，1985 年，肃北县成为甘肃省最先普及初等教育的民族县之一。2007 年起，对全部中小学生实行学杂费"全免一补"。如今，肃北实现了从幼儿园到高中、职高的十五年一贯制全免费教育，每年发放学生各类补助资金 140 万元以上。医疗方面，肃北形成了从城镇到乡村的医疗卫生防治网，多功能学科设备完善，民族医药不断发展，城乡居民平均预期寿命超过了 75 岁。

(三) 借鉴意义

1. 突出政策支持,营造良好发展生态

肃北县在推动高质量发展的过程中,发布纲领性文件,为"五大理念"的发展提供政策支持。创新发展上,肃北县发布了《肃北县加强自主创新能力建设实施意见》等。绿色发展上,发布了《肃北县推进十大生态产业发展规划》《文化生态旅游产业基地规划》等。协调共享上有《肃北县城乡医疗救助"一站式"即时结算服务办法》《肃北县城乡医疗救助实施办法》《肃北县城乡居民临时救助实施办法》等。政策上的支持极大地鼓励了企业、个体的积极性,在政策落实上具有突出优势。

2. 示范典型,助推各县高质量发展

肃北县的发展,充分结合本地区资源优势,发展羊产业、胡麻产业、矿业、文化旅游业等,并紧抓甘肃省十大生态产业契机,整合优势资源,发掘符合本县的节能环保、数字信息等优势产业。山变得更绿,水变得更清,经济建设稳中有进,产业转型升级,县城越来越靓丽,社会事业全面发展,民生投入不断加大……各种各样的名片将肃北造就成为戈壁滩上闪耀的明珠,为其他县域经济发展提供了借鉴经验。

3. 持续增强县域发展新动能

新动能是新时代县域经济高质量发展的根本支撑。肃北县一直以来在激发潜能、提升效能、蓄积势能上持续发力。紧抓十大生态产业、"一带一路"机遇,抓紧产业提质增效,大力发展旅游业契机,为高质量发展不断提供动能。强化县域发展动能需要做到"四轮驱动"。一是强化市场牵动。突破行政区划、"闭环经济"的思想束缚,遵循区域经济规律,构建更加完善的要素市场化配置体制机制,在更大范围内利用资源要素,引导各类要素协同向先进生产力集聚,实现聚合、整合、耦合发展。二是强化改革推动。深化扩权强县改革,扩大县(市)经济社会发展自主权和决策权,有序推进符合条件的县撤县设市(区)、撤乡设镇等行政区划优化调整。三是强化创新驱动。加快县域创新体系建设,推动更多创新资源向县域集聚,促进创新成果在县域转移转化。四是强化开放带动。持续深化"放管服"改革,依托大数据、云计算、区块链等技术加快服务方式、方法、手段迭代创新,提升服务县域高质量的发展能力。

二 创新发展典型案例——高台县

(一) 基本概况

高台县位于河西走廊中部,南为祁连山北麓,北为合黎山地,中为绿洲平原。地势南北高、中间低,黑河纵贯东西。县境内矿产资源丰富,主要矿种有芒硝、原盐、萤石、铁等20多种,其中芒硝储量约1101.28万吨,原盐储量195万吨,钾盐26万吨,为全省最大产盐地。全县森林覆盖率达12.9%、空气质量优良率为85%,先后荣获"国家级园林县城""全国绿化模范县"等荣誉称号。高台县多年来坚持以科技创新支撑生态文明,绿色发展推动经济振兴,2017年,被批准为国家知识产权强县工程示范县,2018年,入选全国首批创新型县(市)建设名单。2021年,入选全国科普示范县。

(二) 主要成就及经验

1. 强化科技创新能力

坚持把改革创新贯穿于经济社会发展的各个领域,着力破除体制机制障碍,持续优化营商环境,激发市场主体活力,增添经济发展动力(刘伟红,2019)。高台县高度重视全县科技创新发展,县财政每年对科技的投入增幅达2%以上。2020年,全县R&D经费支出占GDP的1.07%,技术合同交易额达24.9亿元,农业机械化水平达到82%。全县专利申请量达1108件,授权量达263件,其中发明专利17件,万人有效发明专利拥有量达1.2件。科技对经济增长的进步贡献率达到了54%,科技创新成为推动县域发展的新引擎。

高台县政府近年强化政策引导,大力培育创新型企业,现已创建的高新技术企业达到23家,省级科技创新型企业达到6家,对提高科研成果转化率,带动经济发展起到重要的推动作用。此外,全县对深化产学研合作高度重视,近年来引导祁连酒业等多家公司与中国农业大学等高等院校及科研院所建立了长期的科技合作关系,组织企业先后与兰州大学等8所高等院校和科研院所签订了院地科技合作协议,与20多家省内外高校院所建立了产学研合作关系,达成产学研合作协议35项,登记省级科技成果23项，建立科技成果转化基地2个，转化科技成果63项，转化工业科技成果90项，工业科技贡献率达45%，科技创新成为推动经济高质量发展的强力引擎。新成果的出现极大地促进了企业劳动效率及生产效益的提升。

2. 重视人才，支持创新创业

高台县以引进高层次专业人才、激发创新创业活力为目标，搭建了多个创业孵化园、众创空间等创业创新服务平台，培育出一批基础设施完备、综合服务规范、示范带动作用强的创业创新孵化基地。组织认定国家级科技孵化器1家，国家级备案众创空间2家，省级众创空间1家，省级科技孵化器2家，充分发挥了创业带动就业的积极效应，培育出一大批创新创业人才。

此外，在政策方面落实了初创型小微企业实行"五免一补"、成长型小微企业"六奖两补"、"两创"示范基地"两补四奖"等相关减免补助政策，加大了创业担保贷款扶持力度，发放创业担保贷款3980万元。搭建了集创业培训、创业实训、创业孵化与创业于一体的综合服务平台，开展创业培训指导等服务。各项补助减免政策吸引了多家企业及创新团体入驻，创业综合服务站平台有效地提高了创业者的创业能力及成功率。

（三）借鉴意义

创新过程中要注重鼓励企业自主创新，形成政府引导、企业主导的科研资金投入格局。高台县积极引导企业与高校联合推进科研项目，既有助于以市场为导向开展科研活动，也有助于企业实现科技向产品的高效率转化，并为自身培养技术储备人才。此外，人才是科技创新强有力的支撑，高台县积极落实鼓励专业人才创新创业的机制体制，搭建起多个创业创新服务平台，提高了创业者的创业能力，培育了一大批创新创业人才，值得借鉴。

三 协调发展案例——阿克塞哈萨克族自治县

（一）基本概况

阿克塞哈萨克族自治县位于甘肃、青海、新疆三省（区）交界处。

东连肃北蒙古族自治县，南接青海省，西通新疆维吾尔自治区，北邻敦煌市。全县总面积3.1万平方千米，地形狭长，地势东南高西北低。人群主要以哈萨克族为主体，多种民族共同居住。县境内地域辽阔，具有得天独厚的资源优势，特别是矿产资源、草场资源、旅游资源十分丰富。2017年12月，阿克塞县被国家民委命名为第五批全国民族团结进步创建示范区。2020年1月，《甘肃县域和农村发展报告（2020）》中，被评为最具公共服务竞争力县区。2020年8月，获得"国家卫生县城"称号。

（二）主要成就及经验

阿克塞县城乡协调发展能力处于甘肃省县域前列，得益于其从县城成立以来始终坚持城乡统筹发展（谢忠斌、杨世武，2010）。1954年4月26日成立阿克塞哈萨克自治区（县级），1955年改名为阿克塞哈萨克自治县。建县后40多年间，牧民生活条件艰苦，民生问题严重。1998年，县政府作出县城搬迁和牧民定居双管齐下的战略决策，成为牧民生活状况改善的开端。阿克塞县原县城驻地波罗转井镇，地势高寒，无霜期极短，不适合农作物生长。居民饮水中含有高浓度的铀等放射性元素，超过国家饮用水卫生标准6—8倍。地处阿尔金山地震断裂带，具有8级地震背景，另外也属于鼠疫源地区。这些问题极大地影响了阿克塞县经济和社会事业的发展。应广大牧民和干部要求，县城搬迁成为迫切问题。经国务院批准，县区迁至红柳湾镇，并于2002年底基本建设完成。新县城基础设施完备，城市道路硬化率、自来水入户率、集中供热和供电普及率、有线电视入户率均达到100%。在村镇建设上，1988—1998年间，阿克塞县并没有统一的村镇规划，在县城整体搬迁后，县委、县政府结合县城搬迁工程建设，大力实施城镇化战略，合理促进牧区人口向城市集中，同步推进牧区定居工程建设。2002年底，基本完成乡镇配套基础设施建设，达到水、电、路、电视、电话、天然气"六通"。同时加大村庄道路建设和绿化、美化力度，注重村庄整体环境提升。县城与乡镇的同步建设，使阿克塞县在城乡协调方面具有比较天然的优势。

在坚持城乡统筹的原则下，阿克塞县近年来的突出表现得益于其"五个同步"的措施准则：一是城乡居住环境同步。从2012年起，阿克塞县的城镇化率高于90%，意味着农牧民基本上在县城定居。2020年，阿克塞县的城镇化率达到96.4%,是甘肃省除城关区外城镇化率最高的县域。二是城乡教育发展同步。2006年,阿克塞县在全面落实"两免一补"政策的基础上,实施义务教育全免费政策;2007年,实施普通高中异地办学免费和补助政策;2009年,实施学前教育免费政策;2018年,对县内户籍幼儿实行900元/人/年的补助政策,实现了真正意义上的全免费,走在了全市乃至全省的前列。至此,阿克塞县率先在全省实现了由义务教育向学前教育和普通高中教育延伸的十五年全免费教育,学生学费由县财政全部承担。学前教育、义务教育办学条件持续改善,专本科录取率升至95.2%,32名学生考入"985""211"重点高校。发放各项教育补助1672万元,受助师生达1.2万余人次。三是城乡医疗卫生同步,阿克塞县为城乡居民建立了健康档案,农牧民和城镇居民全部纳入合作医疗保障范畴。四是城乡就业同步。全面落实促进就业和再就业的各项优惠政策,打破城乡就业界限,强化技能培训,扩大和规范劳务输出。五是城乡社会保障同步。全县最低生活保障、养老保险、合作医疗、廉租住房分配等服务全部实行城乡一体化覆盖,使城乡居民都能享受到同样标准的社会保障。

在同步城乡发展的同时,阿克塞县的竞争力还体现在其不断夯实城乡基础方面。2020年,阿克塞县始终坚持规划引领,《城市市容和环境卫生管理条例》颁布实施,《国土空间规划》即将编制完成,《乡村规划》启动编制,《城市总体规划》《城市控制性详规》及绿化管网、道路交通等18个专项规划完成修编。同时注重提档升级基础设施建设,筹集资金实施了民族风情街建设、商业街提档升级、环城路改造、垃圾中转、管网改造等项目工程。

(三)借鉴意义

1. 注重教育、医疗、养老等社会保障

医疗卫生事业的发展关系着广大群众的切身利益,关系着千万家庭的健康幸福。阿克塞县医疗卫生事业呈现出勃勃生机,为老百姓撑起一把绿色而安全的"健康伞"。同时注重教育体制改革,强化基础教育,加快普及九年制义务教育,尤其是在国家教育政策扶持下,办学条件得到不断改善,教育教学质量逐年提高,并率先在全省实现了义务教育向学前教育和普通高中教育延伸的十五年免费教育。

2. 注重水、电、路、房等普惠性基础设施建设

基础设施是城乡协调发展的物质基础，对城乡协调发展具有决定性作用，紧抓基础设施建设可以积蓄能量、增添后劲。阿克塞县政府用这一普惠性、基础性民生保障为农牧民更好地生活提供了平台，极大地降低了他们的生产生活成本。在完善基础设施建设方面，阿克塞县始终以城乡建设项目为依托，不断加大投资力度，大力实施绿化、美化、硬化、亮化工程，不断增强城乡服务功能，进一步提升城市风貌，提高广大农牧民的幸福指数，把县城打造成"宜居、宜业、宜游、宜商"的哈萨克民族风情体验基地。

四 绿色发展典型案例——迭部县

（一）基本概况

迭部县位于青藏高原东部边缘，地处白龙江上游、岷迭山系之间的高山深谷地带，是全球重要农业文化遗产和世界级古冰川遗址所在地。境内地势西北高、东南低，气候温和湿润，地表水资源丰富，白龙江自西向东流经县境110千米，可利用水量可达4900万立方米。境内植被覆盖率高达97.3%、森林覆盖率达64%以上，活立木蓄积量达4670.9万立方米，是甘肃省主要的木材生产基地。此外，全县野生经济植物和菌类资源非常丰富，已载入《甘南中药材资源名录》的有702种，中药材总量达3000吨以上。迭部县拥有甘肃省最大的天然林区，是国家级自然保护区及国家绿色能源示范县，已连续多年获得"全国百佳深呼吸小城"和"最佳休闲旅游目的地"称号，是长江上游生态屏障、水源涵养和生物多样性保护的重要区域。

（二）主要成就及经验

迭部县早期以大面积砍伐原始森林为财政收入的主要来源，这就造成水土流失、环境恶化等一系列问题。随着经济社会的发展，全县越来越认识到了传统发展模式对生态环境破坏的危害性，从而迈上了谋求经济社会发展与环境保护协同发展的生态立县之路。

1. 聚焦环境保护，推进生态文明建设

迭部县按照"举特色旗，打绿色牌，建生态县"和"发展生态经济、建设生态文明，转变发展方式、促进经济转型，推动科学发展、建设小康社会"的发展思路，全力推进"生态立县"战略。制定出台了《迭部县党政领导干部生态环境损害责任追究实施细则（试行）》《迭部县生态文明建设目标评价考核实施细则》等规章制度，构建了分解明责、监督履责、失职问责的责任机制，不断完善法律治理体系。在工作中坚持"保护、发展、稳定"的原则，严守生态功能保障基线、环境质量安全底线、自然资源利用上线三大红线，严格落实《甘肃省甘南藏族自治州生态环境保护条例》等一系列政策法规，实行最严格的源头保护制度、损害赔偿制度、责任追究制度和审批制度。

全县大力推进天然林保护、公益林建设、自然保护区建设、退耕还林还草、山洪地质灾害防治等国家重点生态建设工程，2016—2020年间有效管护公益林205.66万亩、国土绿化10.5万亩、义务植树95.7万株、封山育林和退耕还林2万亩、治理中度以上退化草场1.37万亩，草原植被覆盖率达97.3%（可宗党，2012）。投资2.41亿元的中小河流治理、白龙江流域综合治理、水源地保护、矿山治理等生态项目全面实施，地表水水质达标率为100%（李永胜、段玉英，2020）。全面加强农牧村环境卫生整治工作，大力推广太阳能热水器、太阳能灶、节柴灶等新技术和新产品的应用，促进"美丽乡村"建设，投资11.74亿元建设生态文明小康村149个，创建清洁村庄41个，"厕所革命"全面推进。农牧村环境面貌得到了全面提升。全面深入贯彻落实《关于抢占"绿色崛起"制高点打造"环境革命"升级版纵深推进城乡环境综合整治的意见》，启动实施了城乡环境综合整治"百日会战"专项整治工作，建立健全环境卫生网格化管理责任体系，全域无垃圾示范区和垃圾分类试点工作有序开展，城乡环境面貌取得了明显改善。

2. 发展优势产业，助推绿色经济增长

围绕"大林、精牧、细农"发展思路，以"绿色、生态、无污染"为主攻方向，初步形成了蕨麻猪、青稞酒、经济林果、设施农业、山野珍品、藏中药材等发展带、产业链，迭部蕨麻猪肉和迭部羊肚菌成为国家地理标志保护产品，全县农牧业增加值达4.31亿元。农业现代化建设步伐不断加快,新建青稞基地1万亩、农业田园综合体7万亩,发展各类专业化养殖小区(场)18个,出栏率、商品率、总增率达到32.41%、66.91%、46.77%。藏中药材、高原夏菜种植面积约1.3万亩,培育龙头企业5家,创建示范性合作社111家,全面完成了农牧村土地承包经营权确权登记颁证工作。

(三)借鉴意义

迭部县利用宣传牌、宣传车和新媒体等多种渠道大力进行环保宣传,普及生态法律法规知识,强化了群众的生态环保意识,营造起积极建设良好生态环境的社会氛围,全社会的生态环境意识明显提高;严格执行源头保护制度、损害赔偿制度、责任追究制度和审批制度,按照环境保护督查反馈意见开展整改工作,将督促检查作为推动工作的重要手段,进一步加强一线督查、实地督查、问责督查,做到了决策不悬空、部署不打折、落地见成效;依托优质丰富的自然资源,大力发展特色农牧业与文化旅游业,促进了经济结构的转变,推动了绿色经济增长。

五 绿色发展典型案例——民勤县

(一)基本概况

民勤县地处河西走廊东北部,石羊河流域下游,东、西、北三面被巴丹吉林和腾格里两大沙漠包围。境内最低海拔1298米,最高海拔1936米,主要由沙漠、低山丘陵和平原三种地貌组成,而其中各类荒漠化土地面积曾一度达到了全县总面积的94.51%。大面积的荒漠化土地、短缺的水资源是制约民勤县发展的主要因素。

全县生产生活生态用水基本全部依赖石羊河支流注入的地表水,20世纪五六十年代,随着气候条件的变化及石羊河上游地区用水量的不断增加,民勤县来水量逐年减少。1959年前后,民勤县境内最大的湖泊青土湖完全干涸沙化,形成了长达13千米的风沙线,2004年,石羊河断流,红崖山水库也彻底干涸。巴丹吉林和腾格里沙漠渐成合拢之势,流沙以每年8—10米的速度向绿洲逼近,严重影响到了当地群众的居住环境及工农业的生产(李强,2021)。

面对不断增加的沙化面积，民勤县大力推行绿色发展理念，带领群众植树造林、防沙治沙、注水节水，走保护生态环境的可持续发展道路。2010年，红崖山水库向青土湖注入生态水量1290万立方米，干涸半个世纪的青土湖出现约3平方千米的水面。之后几年民勤县逐年增加生态配水比例，连续向青土湖下泄生态水，青土湖面积逐年扩大，有效地改善了周边地区的生态环境。2019年红崖山水库向青土湖下泄生态水量是3100万立方米，至目前，红崖山水库向青土湖累计下泄生态水量达到2.8亿立方米。青土湖水域面积增加到26.7平方千米，地下水位上升到2.92米，创造了生态系统恢复重建的奇迹。根据甘肃省第五次荒漠化和沙化监测结果来看，全县荒漠化土地面积较2009年减少了6.26万亩，沙化土地面积减少了6.76万亩，生态环境在很大程度上得到了改善。

随着生态环境的好转，发展生态经济带来的红利也逐渐显现出来。2020年，全县实现生产总值81.34亿元，增长3.9%，其中第三产业增加值33.12亿元，比上年增长2.6%。全县创建4A级旅游景区1个，3A级旅游景区3个，2A级旅游景区2个，2021年，全年接待旅游人数120万人、实现旅游综合收入7.5亿元，被认定为甘肃省省级全域旅游示范区创建县。

（二）主要成就及经验

1. 防风治沙，以绿色生态促进经济发展

1978年，国家开始实施三北防护林体系工程并将民勤县纳入工程实施范畴，在上级部门的支持和指导下，民勤县构建了"外围封育、边缘治理、内部发展"的生态建设体系。在防风治沙工作中，民勤县积极与科研机构及高等院校进行交流合作，技术方面不断创新，使用棉花秆、芨芨草等新材料及推出"假砾石戈壁造林技术"、新式网格状双眉式沙障结构提高草木成活率的"宋和样板"等新方法，有效地改进了传统的治沙模式。此外，在治沙过程中也不忘促进产业发展，民勤县将经济林基地建设纳入三北防护林工程，鼓励群众承包治沙生态林，发展以种植梭梭接种肉苁蓉、黑果枸杞等为主的沙产业，拓宽了农民的增收渠道。据统计，现全县从事压沙造林和沙产业的群众已达到11万人左右，沙产业总产值达到3亿元以上，实现生态治理与群众增收同向发展的良性循环。

经过多年在生态治理项目工作中取得的优异成绩，民勤县成为全国首批防沙治沙综合示范区及国家生态保护与建设示范区。2020年，全县完成工程压沙28.4万亩、国土绿化8.14万亩、通道绿化1232千米、义务植树235万株。截至目前全县累计完成人工造林78.48万亩，在408千米的风沙线上建立起长达300多千米的防护林带。民勤县的防沙治沙、生态保护及修复工作对其他地区起到良好的示范作用，提供了宝贵的实践经验。

2. 识别自身优势，发展特色产业

民勤县年均日照时数可达3300小时，年均气温8.3℃，昼夜温差为15.2℃，具有日照时间长、昼夜温差大等优点，十分适合发展天然绿色农业。考虑到水资源短缺的问题，全县积极调整农业种植结构，大力发展节水高效作物。坚持绿色有机方向，着眼农业整体品质提升，构建生态产业体系。初步形成蜜瓜、茴香、果蔬和苏武沙羊"3+1"主导产业，建成8个县级农业产业园区，带动发展规模化产业基地292个，蜜瓜面积达到15万亩，收成镇被农业农村部认定为"一村一品"示范镇，蜜瓜亩均纯收入达到6200元以上；茴香面积达到10万亩，绿色优质茴香出口欧盟各国；果蔬面积达到13万亩，被认定为粤港澳大湾区"菜篮子"生产基地；打造"万元田"4.3万亩，日光温室棚均纯收入达到2.7万元。苏武沙羊"五个一工程"顺利推进，建成西北最大的纯种湖羊种羊场。坚持科技引领，成立"两站一中心五所"，引进新优特品种310个，制定生产技术规程19项，试验示范推广新技术30多项。注册"民清源"区域公用品牌，累计认证"三品一标"农产品77个，民勤蜜瓜、民勤肉羊入选"甘味"农产品品牌目录，民勤县被世界中餐业联合会授予"中华苏武沙羊美食之乡"，被中国蔬菜流通协会授予"中国蜜瓜之乡""中国茴香之乡""中国人参果之乡"称号。依托特殊的自然景观，打造"沙海绿洲·绿洲碧海"特色旅游品牌，大力宣传石羊河大景区和苏武沙漠大景区，旅游产业迅速发展（孙桂仁，2020）。

3. 线上线下共发力，助推经济发展

由于当地得天独厚的自然条件，民勤县素来有"中国肉羊之乡""中国蜜瓜之乡""中国茴香之乡"等美誉。为了更好地对外宣传展示民勤优质绿色有机农产品，民勤县创建了涵盖蔬菜、瓜果、杂粮等六大类产品的"民清源"农产品区域公用品牌，在地方开设直销店，实行线上线下一体化销售和配送服务，为消费者提供绿色、有机、健康的农产品，提升了民勤农产品的知名度，拓宽了产品销售渠道。

民勤县紧跟时代发展潮流，与多个知名电商平台达成合作，在线上线下共同发力助力产品销售。黄白蜜瓜、茴香、苏武沙羊等特色产品在淘宝、京东等网站均设有品牌店。同时，举办了苏武沙羊节、蜜瓜节等系列活动，通过各类媒体进行了全面的宣传，民勤产品的知名度不断上升，销售体系渐趋完善。截至目前建成18个镇级电商公共服务站和248个村级电商公共服务点，电子商务的加入为帮助农民增收做出了很大贡献。

（三）借鉴意义

1. 促进生态环境保护与经济发展良性循环

尽管我国在防沙治沙领域已取得优异的成绩，但部分地区仍存在荒漠化问题。民勤县在治沙过程中积极进行技术创新、制度创新，提出的一系列新技术、新材料、新方法对其他地区沙漠化治理具有重要的参考价值。此外，民勤县在主抓生态环境保护修复的同时，不忘将绿色与造景相结合，生态与产业相结合，实现了生态治理与群众增收的双赢局面，进一步说明了生态保护与经济发展之间的关系不是对立的，长期来看，良好的生态环境一定是经济快速发展的推动器。

2. 找准优势发展特色产业

民勤县充分利用其适宜绿色农业发展的自然气候条件，在水资源短缺的情况下，形成了节水高产高收益的现代农业体系，创立了独具特色的民勤品牌。依托独特的沙海绿洲自然风光等特色优势资源打造创意休闲旅游景区，大受欢迎，旅游接待人数和旅游综合收入同比增长率均居武威市前列……民勤县的发展模式证明，找准自身优势是抓住发展机遇的重要前提。

六 开放发展典型案例——静宁县

(一) 基本概况

静宁县位于甘肃省中部,六盘山以西,华家岭以东,东、北与宁夏隆德、西吉县接壤,西、南与通渭、秦安县毗连,西北与会宁县为邻,东南与庄浪县相依,是古丝绸之路东段中线上的重镇,312国道、静庄、静秦公路和平定高速公路穿境而过,素有"陇口要冲""平凉西大门"之称。

静宁县地理位置优越,黄土层深厚,日照时数长,昼夜温差大,拥有适宜苹果生长得天独厚的自然条件。平凉市静宁县是农业部划定的全国苹果优势产区之一。果品产业经过连续30多年的发展,果园总面积稳定在百万亩以上,是全国苹果规模栽植第一县,建成各类果品认证基地59.5万亩。其中全国绿色食品原料生产认证基地33.6万亩、良好农业规范(GAP)苹果基地1万亩、出口基地24.9万亩。静宁县建成(以双岘、贾河、仁大、余湾、治平、李店)等7个果园化乡镇与(城川吴庙、治平雷沟)等60个果品专业村为主阵地,逐渐形成以李店河流域0.667万公顷的苹果出口创汇基地,以葫芦河流域0.667万公顷的高效农业示范区,以G312沿线绿色早酥梨产业带为主的"三大基地"。全县果品总产量由2012年45万吨增长到2020年78万吨。

静宁县苹果年产量和销售量逐年提高。果品总产量由2012年45万吨增长到2020年78万吨,产值32亿元。2020年,静宁果品远销东南亚、俄罗斯等国家和地区,累计出口果品19.66万吨,创汇13.54亿元。第三产业增加值达到36.2亿元。2013年之前,静宁县果品外贸成绩平平,在经过一系列改革措施之后,果品出口额得到快速增长。果品出口额占平凉市出口总额的大部分。2019年11月,有26辆货车满载着780吨甘肃省苹果从静宁县启程运往尼泊尔、缅甸、泰国等"一带一路"沿线国家。静宁县虽然拥有优质的果品资源,在对外贸易初期时难以打开国际市场,当时主要面临以下几大难点。

一是缺少龙头企业和专业人才。全市外贸企业大多是小微企业,发展起步晚、层次低、规模小,多数处于粗加工、小服务、小生产和家族式经营模式，企业经营管理水平低下，普遍缺乏懂外语、熟悉外贸业务知识、了解国际经贸规则的专业人才。出口骨干企业数量少，还存在单兵作战现象，带动能力弱，难以形成龙头带动效应。企业产品链条短、科技含量及附加值低，近年来由于劳动力、原材料、产品储存、交通运输等成本不断上升以及人民币升值等因素的影响，企业利薄，国际市场占有率小，竞争力弱。

二是外部风险加剧。近年来，受新冠肺炎疫情的影响，外需低迷、内需放缓、价格下跌、要素成本持续快速上升等多种因素叠加的影响，我国外贸形势复杂严峻，经济下行压力加大。国际市场产品需求降低，订单明显减少，2019年起外贸出口数据显示同比下降明显，企业经营难度加大。外贸企业自主创新能力不足，缺乏开拓国际市场经验，对生产、流通、销售中遇到的问题很难做出合理的判断和科学的选择，大部分外贸企业面临的经营和生存压力越来越大。以特色农产品为主的外贸经济，出口产品结构单一，容易受气候变化、自然灾害、季节性因素和国际国内不利形势变化的影响，经营风险大，贸易增长缺乏可持续性。

三是融资渠道狭窄。平凉市外贸出口企业，多数规模小、资产少、抵押物不足，商业银行了解企业信息难度大、成本高，考虑风险与收益等因素，支持企业融资的积极性普遍不高，特别是一些刚获经营权或获经营权时间不长的出口企业，由于银行信誉未建立，不符合信贷政策，虽然手中有出口订单，却苦于无周转资金，出口业务不能全面展开，经营资金的严重短缺，让出口企业时常望"单"兴叹。企业流动资金不足、融资渠道少、融资成本高、担保难成了制约其做大做强的一个重要因素。经过多年的努力，静宁苹果产业发展股份有限公司于2020年2月20日在"新三板"正式挂牌，这家公司未来势必会带动静宁苹果产业。

（二）主要成就及经验

为解决上述外贸困境，近年来静宁县积极采取各项措施，多个方面同时发力，助推静宁苹果打开世界市场的大门。

1. 各项政策措施齐发力，政府助推外贸增长

在政府层面，静宁县积极落实外贸"调结构、稳增长、转变外贸发展方式"各项政策措施，商务、财政、税务、海关、出入境检验检疫等

相关工作部门进一步简政放权、深化改革、优化服务，积极搭建外贸服务平台，共同营造宽松、有序的外向型经济发展环境。同时，紧抓外贸出口转型升级基地培育，静宁县成功申报创建了"省级苹果类外贸转型升级示范基地""国家级出口食品农产品质量安全示范区"，静宁县苹果类产品生产基地规模化建设、集约化经营、品牌化发展成效初现。

2. 狠抓产业转型升级，拓宽网络销售渠道

在产品层面，近10年来，静宁县紧紧抓住"黄土高原苹果生产优势区、最佳适生区和优质苹果生产'黄金地域'"这一独特资源禀赋，按照"稳规模、提质量、强品牌、增效益"的产业发展定位，狠抓苹果产业转型升级，着力打造鲜果品牌。平凉市以建设全国优质果品生产基地和出口创汇基地为目标，大力实施适宜区全覆盖战略，以每年近1.33万公顷的速度扩张规模，全力推行标准化管理，单园、单树、单果管理。同时，苹果还搭上了互联网的快车，消费者通过扫贴在苹果上的二维码，质量安全随时可查询、可追溯。在静宁县余湾乡红六福的果园里，消费者可以通过互联网实时监测果园管理情况。同时，全市利用"互联网+"，通过线上线下销售，积极拓宽各种销售渠道，成功创建国家电子商务进农村综合示范县，建成欣叶电商产业孵化园、"京东·静宁扶贫馆"、"静宁名品汇"等一批电子商务管理营销平台，电商交易额达到9.58亿元。"平凉苹果"成为国内第一个苹果类证明商标，先后获得地理标志产品保护、绿色产品、中国驰名商标等7张国家级名片，荣获"2017中国果品区域公用品牌最有价值10强"称号，"静宁苹果"品牌评估价值达到133.99亿元。2020年10月在陕西省杨凌示范区举办的"2020农高会数字化合作启动仪式"上，"静宁苹果"2020年品牌价值发布为158.95亿元，被授予"2020年标杆品牌"荣誉称号。

3. 培育出口龙头企业，开拓"一带一路"沿线市场

在企业层面，平凉市还充分发挥其区位优势，积极融入"一带一路"倡议，抢抓机遇，充分利用丝绸之路沿线省份区域通关一体化的实施、武威物流保税中心、中欧班列开通等机遇，扩大向中西亚及中东欧出口。加强与"一带一路"沿线国家地区的交流合作，开拓新的国际市场，扩大外贸出口，促进对外贸易持续健康发展。同时着力培育出口龙头企业，借助国家打造"丝绸之路经济带"的战略机遇，帮助企业开拓"一带一

路"沿线国家市场，争份额，抢订单，为企业走向国际市场搭桥铺路，先后通过省商务厅、省贸促会，积极组织企业参加国内外各种博览会、展览会，推介静宁县特色产品（赵有红，2016）。全市进出口产品有鲜苹果、梨、苹果汁、苦杏仁、水果罐头、小杂粮等 20 多个品种，出口到尼泊尔、缅甸、印度、泰国、德国、沙特、比利时、俄罗斯、波兰等 17 个丝绸之路沿线国家。缅甸、印度、泰国是平凉市最大的进出口贸易伙伴，新开拓了哈萨克斯坦、孟加拉国、伊朗等丝路沿线国家市场，出口量连年持续增长，其中以苹果出口为主。

（三）借鉴意义

1. 树立品牌效应

树立品牌效应，为区域农产品走出国门，走向世界打好坚实基础。品牌是一种无形资产，可以为产品赋予独特的个性、文化等特殊意义，同时，还可以有效降低成本，培养顾客忠诚度，提升产品自身的竞争力。近年来，静宁县逐步建成了各类果品认证基地 59.5 万亩，其中全国绿色食品原料生产认证基地 33.6 万亩、良好农业规范（GAP）苹果基地 1 万亩、出口基地 24.9 万亩。静宁苹果先后获得"中华名果"等 13 个大奖，成功注册为全国驰名商标，拥有地理标志产品保护、绿色产品、良好农业规范、出口创汇、中国驰名商标和国家级出口食品农产品质量安全示范区 6 张国家级名片和"中华名果""品牌价值十强"等 14 个大奖（王田利，2020），静宁先后被国家林业总局、中国果品流通协会评为"中国苹果之乡"、"全国经济林建设先进县"、"全国经济林产业百强示范县"。加强苹果文化研究也是静宁苹果品牌保护的一大亮点。"静宁苹果"文化论坛、"静宁苹果"文化"六个一工程"首发式、赛果赛园、"到静宁赏万亩花海"、第三届静宁苹果节以及组团赴天津、长沙等地进行果品展销等活动的成功举办，有力提升了静宁苹果的品牌影响力和知名度，为静宁苹果的对外销售夯实了基础。

2. 推进产业化发展

推进产业化发展，延长产业链，可以提升产品附加值，丰富出口产品种类，提升产品竞争力（李娇等，2019）。品牌带动是产业发展之魂，科技驱动则是静宁苹果产业发展之要。为进一步加强苹果产业的自主创新能力，静宁县于 2013 年成立果树果品研究所，2015 年成立静宁苹果"产学研"联盟，2017 年建立中国农科院果树研究所静宁综合试验示范基地和平凉市苹果产业人才培训基地，2018 年建立静宁苹果院士专家工作站和甘肃省人才培养基地，加强与科研院所的广泛合作，促进了静宁乃至甘肃省苹果产业转型升级和可持续发展。成立的静宁苹果院士专家工作站，依托 12 个区域性农技推广站和 24 个乡镇农业综合服务中心，采取技术巡回服务、为每个贫困村选派 1 名农技员的方式，加强农业实用技术培训，为生产出高品质的苹果提供了坚实的技术保障。

苹果产业化发展，农业产业化龙头企业发挥了重要的作用。静宁县每年投入资金近 800 万元，大力扶持龙头企业，健全完善配套服务体系，延长苹果产业链，初步形成基地规模化、生产标准化、产品品牌化、营销市场化、服务社会化的大发展格局。目前，静宁建成常津公司、恒达公司等贮藏营销型、包装配套型、加工增值型龙头企业 108 家，年总贮藏能力达 52 万吨，实现了一季生产、周年销售。除了大力发展以果汁、果酒、果醋为主的果品精深加工业，还积极发展以纸箱包装、果实套袋等为主的苹果关联产业，建成恒通果汁、欣叶集团等纸箱包装生产企业 18 家，年产纸箱 3.1 亿平方米，年产值 11 亿元，占到全省的三分之一，被命名为"中国纸制品包装产业基地"。

3. 借助"一带一路"建设拓宽外贸销售渠道

"一带一路"建设为静宁苹果的发展打开了新市场，政策支持为外贸企业拓宽更多销售渠道。静宁苹果在国家"一带一路"政策的指引下，立足现有资源优势和产业基础条件，积极探索苹果产业做大做强的新途径，加强与"丝绸之路"沿线国家的贸易合作，把静宁苹果产业作为富民强县的战略性重要产业、脱贫致富的富民支柱产业进行培养。静宁县积极地参与"一带一路"倡议，特别是利用甘肃省特色商品展示展销中心来对苹果进行展示、宣传以及商贸洽谈，以这样的方式来促进品牌建设以及产业的转型，进一步地开拓国际市场。紧跟政府政策引导，对苹果产业结构进行调整，有效地拓宽了就业渠道，最终提高了种植户的收入。

七 共享发展典型案例——永登县

（一）基本概况

永登县地处河西走廊东部门户，总面积6090平方千米，辖4乡14镇240个行政村，总人口近42.78万。2020年，全县实现地区生产总值112.61亿元，比上年增长1.8%。其中第一产业实现增加值14.46亿元，比上年增长7.1%；第二产业实现增加值29.37亿元，比上年增长7.1%；第三产业实现增加值68.78亿元，比上年下降1.7%。三次产业结构比为12.84∶26.08∶61.08。近年来，永登县充分发挥工业和城市的辐射带动作用，加快推进新型城镇化建设步伐，取得了显著成效，永登县探索建立了以工哺农、以城带乡的长效机制，城乡建设取得巨大成就，城乡面貌焕然一新。

一是美丽乡村建设加快推进。在推进城乡一体化发展中，永登县注重建管并举，为城乡融合发展拓展新空间、赋予新内涵，让县城更有质感，让乡村更具颜值。近年来，以县城为中心、重点乡镇为支撑、美丽乡村为节点的新型城镇化建设体系正在逐步建立。永登县全面加强农村基础设施建设，加快补齐"三大革命"建成卫生厕所429 000多座，改炕10 800多个，改灶900个，创立清洁村庄200个，建成省、市美丽示范乡村35个，农村人居环境整治扎实推进。建立道路硬化全覆盖，自然村动力电全覆盖，建成标准化公共服务中心、卫生所、文化室、乡村舞台等公共服务设施。苦水镇、武胜驿镇、红城镇、连城镇等特色小镇建设步伐持续加快，红城镇被列为第七批中国历史文化名镇，苦水镇被命名为"中国民间文化艺术之乡"。在改善人居环境方面，永登县持续实施生态立县、绿色惠民富民战略，以乡村绿化、村道绿化、重点区域绿化为重点，持续改善环境、构筑美丽家园。为解决群众住房难问题，永登全面实施危房"清零"行动。2015—2020年，全县累计投资2.8亿元，改造C、D级危房10 492户，实现了C、D级危房全部清零。2018年，永登又实施了8项人居安全饮水工程，2020年，实施完成了农村饮用水安全巩固提升工程，实现安全饮水全覆盖，切实解决贫困地区群众"饮水难"问题。全县农村集中供水率达到98%，自来水入户率达到97%，同时持续推进循环用水模式、建立污水监控体系（陈明勇，2020）。自然村通动力电覆盖率达到100%，全县所有建制村实现了宽带网络和3G、4G网络全覆盖。永登在贫困村全面推行"危房改造、土墙翻建、大门维修、庭院硬化、旱厕改造"的"五合一"人居环境改造工程，让永登农村颜值更高、气质更佳。

二是脱贫攻坚成效显著。2014年，全县共有贫困人口73 800人，贫困发生率为16.17%。2020年9月经乡村初验、县上行业部门单项指标认定和县级验收，永登县剩余贫困人口104户343人全部达到贫困退出验收标准，截至2020年10月，全县剩余贫困人口全部脱贫，贫困发生率下降到0，荣获甘肃省脱贫攻坚先进单位，荣登中国防贫效率"百高县"榜首。2019年4月28日，甘肃省人民政府批准永登县退出贫困县。2020年永登县农村居民人均可支配收入12 606元，增长7.9%，高于全省平均水平，城镇居民人均可支配收入达到26 763元。2020年全省城镇居民人均可支配收入33 822元，农村居民人均可支配收入10 344元（魏开宏，2019）。

三是生态环境保护处于优先地位。认真践行"绿水青山就是金山银山"理念，以创建生态文明建设示范县为统揽，严守生态环保底线，实行最严格的环境保护制度，统筹山水林田湖草生态系统治理，扎实推进水、大气、土壤污染防治三大战役，生态环境质量明显改善。全面完成节能减排任务，工业综合能源消费量年均降幅达20%，重点污染源工业废气排放达标率达到95%。坚决打赢蓝天保卫战，着力控排放、控扬尘、控煤质、控车辆、严管理，约束性污染物减排指标全面完成，2020年空气质量优良率达到90%，PM10、PM2.5年平均浓度均低于市控指标。努力打好碧水保卫战，严格落实河（湖）长制，开展"携手清四乱、保护母亲河"专项行动，完成小流域及水土流失综合治理25平方千米，饮用水水源地水质达标率100%。全力推动绿色永登建设，实施了县城东西两山绿化、连霍高速龙泉寺出口和龙中公路道路绿化、美丽乡村绿化、庄浪河大通河沿线环境绿化等一批重点绿化项目，完成新一轮退耕还林补植补造1万亩，封山育林3万亩，县城东西两山生态绿化造林6750亩。完成祁连山重点区域造林5万亩，生态修复3.74万亩，经济建设4500亩，义务植树100余万株，祁连山沙化草地治理面积3.83万亩、草原鼠虫害防治面积19.9万亩。完成三北防护林人工造林6.82万亩，草原植被修复23.73万亩。2016—2020年五年间累计治理水土流失59.53平方千米，修复草原生态6.83万亩，完成各类营造林23.34万亩，全县森林覆盖率达到13.76%。

（二）主要成就及经验

永登县在推进新型城镇化和新农村建设工作的过程中，明确了"工业强县、生态立县、文旅兴县"的发展思路，依托丰富的资源禀赋、厚实的工业基础，充分发挥冶金、建材、能源、化工、加工制造等龙头企业引领作用，努力提高工业发展的质量和效益，全力打造全省工业强县，宜居宜业宜游的新格局正在逐步形成。

1. 新型工业化引领城镇化

近年来，永登县大力实施"工业强县"战略，加快培育新能源、新材料、生物制药、装备制造等新兴工业产业，着力构建科技含量高、市场前景广、产业链条长、经济效益好的现代产业体系。同时，大力实施"创新驱动"战略，持续深化"双创"行动，依靠科技创新不断培育壮大第三产业新产业、新业态，推动现代物流、金融服务、文化旅游等重点产业向新型化、高端化、融合化方向发展（李仕波，2014）。其中，永登县树屏产业园立足于永登县"一城二区六园"的开发布局，积极主动承接兰州"出城入园"搬迁企业项目。截至2020年，累计投资262亿元，实施项目895个，项目总数和投资额均创历史新高，为城镇化的推进打下坚实的基础。

2. 产业扶贫助力脱贫攻坚

永登县积极探索各种产业发展模式，致力于打造产业示范村，壮大村集体经济，带动贫困户增收，截至2020年年底，全县200个村的村级集体经济各类扶持资金共计1.237亿元，全县共有119个村的村级集体经济达到了5万元以上。永登县将产业扶贫作为脱贫攻坚的抓手和重要举措，全力调整产业结构，在庄浪河、大通河两河灌区主要打造了20万亩高原夏菜、10万亩苦水玫瑰、1万亩红提葡萄、100亩鲑鳟鱼养殖水面等特色产业基地；在西北片山区主要打造了16万亩双垄玉米、25万亩优质马铃薯、5万亩中药材、10万亩优质牧草、100万只肉羊养殖的优势产业基地。永登县全面推进"一乡一业、一村一品"扶贫新模式，力争每个脱贫村均有 1—2 项特色主导产业，特色农业增加值占农业增加值的 80% 以上。同时，永登积极引导村级集体经济发展壮大，通过村企结对、"三变＋N"、土地入股等方式全面推进农村"三变"改革。2018 年，永登投资 1686 万元建成总装机容量 2385 千瓦的村级光伏扶贫电站 33 座，目前已全部并网发电，惠及 12 个乡镇 22 个贫困村 795 户 1983 人。2019 年争取天津市宝坻区第二批帮扶资金 14 万元，修建了 240 立方米的蔬菜保鲜库，2020 年争取资金，改造了 27 座葡萄示范大棚，积极从山东引进葡萄新品种，葡萄苗木长势良好。通过农村"三变"改革试点，利用"公司＋合作社＋农户"的经营模式，发展培育产业规模，将生态农业、休闲农业和乡村旅游业深度融合，积极推进、完善田园综合体建设，为农业增效、农民增收、农村美化注入新的活力。开辟了贫困村持续稳定增加村集体收益的新路径。

3. 培育地方优势产业，带动农民增收

永登县是全国最大的玫瑰种植基地之一，特别是苦水镇土壤肥沃，光照充足，自然条件独特，培育出的苦水玫瑰以其迷人的馨香驰名中外。但是，苦水玫瑰多年以来处于散户种植状态，产品附加值低、销售渠道单一、产业发展滞后。为改变这一现状，近年来永登县一方面按照"扩面增效"的发展目标，积极指导农户种植苦水玫瑰，并通过实施苦水玫瑰标准化示范基地建设项目，扶持甘肃省三和、东方天润、甘肃省皇佳、永登茂林等企业建立苦水玫瑰标准化示范基地，以此带动农户种植，不断扩大种植面积，扩增产业规模。另一方面大力培育苦水玫瑰农业产业化龙头企业，努力延长产业链，不断完善生产体系，推进产业健康发展。同时，通过举办中国玫瑰之乡·兰州玫瑰旅游节，福建福州、四川成都、甘肃省兰州苦水玫瑰产业推介会，组织企业参加农博会、绿博会、农交会等大型展会的方式，努力提升苦水玫瑰产品的知名度和品牌影响力。

经过多年的努力，2020 年永登苦水玫瑰种植面积突破 10 万亩，鲜花年产量 2580 万千克，年产值 6 亿元。现拥有加工企业 70 多家，已开发研制出玫瑰花茶、玫瑰香水、玫瑰酒等 6 大系列 180 多种产品。"苦水玫瑰"区域品牌也已进入中国区域品牌百强榜，品牌价值达 53.8 亿元。新增种植面积近 5 万亩，实现了产业规模和产业效益的倍增计划。苦水玫瑰已成为永登的地方性特色产业，带动全县农业和农村经济跨越式发展，带动当地农民增收，成为实现农业现代化建设的生力军。

4. 全季旅游格局促进城镇化

永登县旅游资源丰富，拥有树屏丹霞地貌、鲁土司衙门、吐鲁沟4A级国家森林公园、引入大秦工程以及药水沟温泉等风格独特的自然资源和人文景观资源十余处。近年来，永登县成功举办苦水玫瑰节、土司文化节等重要节会，苦水玫瑰、丹霞地貌、丝路驿站、鲁土司衙门等文化旅游品牌全面打响，地方特色文化旅游实力进一步彰显。截至2020年，建成乡村旅游景区景点24个，创建市级旅游示范镇2个、省级旅游示范村1个、市级旅游专业村4个，全域旅游基础进一步夯实，电子商务等新兴服务业快速发展，物流、商贸等生产性服务业持续保持良好发展势头。2020年第三产业增加值达到68.78亿元。夯实全域旅游基础。永登县积极开发生态特色旅游，发展乡村旅游业，促进大数据、物联网、"互联网+"等与现代制造业、特色农业相结合，培育壮大电子商务、现代物流、健康养老等新兴业态，充分发挥服务业吸纳劳动力强的优势，进一步形成全季旅游格局。2020年，永登县全年接待游客432.8万人次，实现旅游综合收入24.1亿元。

5. 建立健全了多元化的城镇化投融资机制

永登县建立健全了多元化的城镇化投融资机制，建立财政投入稳定增长机制，建立开发性和政策性融资机制，充分发挥已有融资平台作用。同时，永登县坚持大力度投入扶贫资金。2015年以来，全县每年投入财政专项扶贫资金1亿元以上，2021年，永登县精准安排中央、省市"衔接"资金11 858万元，县级配套1.5618亿元，是近年来投入最多的一年。与此同时，积极创新金融扶贫思路，"一对一"金融上门服务、扶贫再贷款工程、农村"五星级文明户"评选暨道德信贷工程、"支部+协会"村级发展互助资金等形式的金融扶贫新模式，拓宽了信贷支持渠道，加快了脱贫致富步伐。

（三）借鉴意义

1. 推动城乡公共服务均等化

公共服务是乡村发展的明显短板，要实现城乡共享发展，就要增加公共服务在乡村的供给，增强公共服务在城市、县城、小城镇和乡村之间的同步性，稳步提高城乡基本公共服务均等化的水平。永登县积极推进以城乡基本养老保险、合作医疗保险、特困人群医疗救助、最低生活保障和失地农民的就业保障制度为基本框架的农村社会养老保障体系的健全和完善，加快了城乡教育、文化、卫生、医疗等社会服务体系建设，逐步建立城乡统一的基本公共服务均等化的体制机制，使农民享有和城市居民一样的待遇和保障。城乡公共服务均等化为实现城乡共享发展打下了坚实的基础。

2. 破解农民持续增收致富的难题

农民持续增收致富是城乡共享发展的必要前提。永登县积极探索各种扶贫产业模式，带动贫困户增收，破解农民持续增收致富难题。永登县积极推行股份合作试点，大力培育发展专业大户、家庭农场，充分发挥专业合作社和龙头企业的带动作用，借助当地资源特色，充分运用已有的资源禀赋，盘活了农民的经营性资产，拓宽了农民增收的渠道，农民的增收由单一的土地受益拓宽到工资性、资产性、政策性等方面受益，切实加快了农民增收致富的步伐。

3. 调整城乡空间格局

永登县围绕"促进工业向园区集中、农民向城镇集中、土地向规模经营集中"，坚持促进发展、方便管理、循序渐进、保持稳定的原则，依托县城扩张，或通过就近整合、轮换、易地搬迁安置以及开展旧村改造和"空心村"整合改造等，因地制宜规划建设一批现代化居民小区和城郊型新农村。城乡空间格局的调整进一步增强县域经济发展的动力和活力。

参考文献

邸金：《甘肃省科技人才发展现状及对策》，《甘肃科技》2019 年第 23 期。

杜林杰：《西部大开发的甘肃答卷》，《新西部》2019 年第 28 期。

段宝娜：《甘肃城乡收入差距现状与原因分析》，《中国产经》2020 年第 9 期。

付英、邸金、罗健：《甘肃科技创新现状、问题及对策研究》，《甘肃科技》2021 年第 14 期。

黄敦平：《促进县域科技成果转化的思考和建议》，《中国国情国力》2018 年第 11 期。

黄勇、周华富、潘毅刚、郎金焕、郑晓峰：《浙江创新驱动高质量发展的对策研究》，《全球化》2019 年第 7 期。

可宗党：《加强迭部县草原建设 遏制草地退化》，《青海草业》2012 年第 1 期。

雷舒砚：《主体功能区协调发展研究》，硕士学位论文，西华师范大学，2018 年。

李娇、耿小娟、李成海、陈敏、崔雪芬：《甘肃省静宁苹果产业发展情况调查分析》，《经济师》2019 年第 11 期。

李乐乐、方杰：《兰州市促进工业绿色转型发展的思考》，《商业经济》2020 年第 7 期。

李强：《土地沙化与防沙治沙措施探讨》，《现代园艺》2021 年第 24 期。

李仕波：《工业化、信息化、城镇化和农业现代化的互动关系与同步发展》，《湖北农业科学》2014 年第 7 期。

李永胜、段玉英：《迭部县林业生态环境建设现状及对策》，《乡村科技》2020 年第 4 期。

李子联、王爱民：《江苏高质量发展：测度评价与推进路径》，《江苏社会科学》2019 年第 1 期。

刘宏：《综合评价中指标权重确定方法的研究》，《河北工业大学学报》1996 年第 4 期。

刘培钰：《强体系、抓队伍、优服务　山东省筑牢乡村振兴村级卫生服务网底》，《中国农村卫生》2022 年第 3 期。

刘伟红：《壮大县域经济　建设美好家园——高台县做大做强县域经济的探索实践》，《发展》2019 年第 9 期。

刘亚辉、崔红志：《西部地区农业生态化转型的问题与建议——以内蒙古巴彦淖尔市为例》，《山西农业大学学报》（社会科学版）2022 年第 1 期。

吕志祥、吴重佑：《黄河流域甘肃段绿色发展机制探析》，《河北环境工程学院学报》2021 年第 5 期。

马卫、马珠屏：《从统计视角看甘肃如何实现创新发展》，《中国统计》2021 年第 9 期。

马亚飞、吕剑平：《新型城镇化与乡村振兴耦合协调发展研究——以甘肃为例》，《新疆农垦经济》2020 年第 6 期。

马宇菲：《黄河流域生态补偿机制研究》，硕士学位论文，甘肃农业大学，2021 年。

马征、润泽：《丝绸之路经济带建设带动沿线民族地区经济活力——以甘肃省肃北、阿克塞两县为例》，《商》2015 年第 24 期。

牛胜强：《转型期甘肃经济面临的问题、成因及对策》，《当代经济管理》2012 年第 8 期。

钱诚：《以实现共同富裕为目标加快我国收入分配改革》，《重庆理工大学学报》（社会科学）2021 年第 11 期。

孙桂仁：《坚持生态优先　协调推进民勤高质量发展》，《农业科技与信息》2020 年第 4 期。

覃成林、张华、毛超：《区域经济协调发展：概念辨析、判断标准与评价方法》，《经济体制改革》2011 年第 4 期。

王璠、张瑞宇：《黄河流域甘肃段生态环境保护与建设研究》，《中国西部》2022年第2期。

王华存：《坚持生态优先　加快甘肃绿色发展崛起》，《甘肃政协》2020年第1期。

王田利：《甘肃静宁苹果产业可持续发展面临的问题及对策》，《果树实用技术与信息》2020年第9期。

王伟、马翠玲：《培育开放型经济新优势　促进甘肃向西开放》，《发展》2016年第11期。

魏开宏：《坚决打赢脱贫攻坚这场硬仗——对永登县精准扶贫精准脱贫工作的几点思考》，《时代报告》2019年第5期。

魏敏、李书昊：《新时代中国经济高质量发展水平的测度研究》，《数量经济技术经济研究》2018年第11期。

吴燕芳、尹小娟：《以创新驱动赋能甘肃新发展格局构建》，《甘肃政协》2021年第6期。

武国茂：《甘肃省城镇化发展驱动力分析》，《商业文化》2022年第3期。

夏丽红：《甘肃省对外贸易可持续发展问题研究》，《兰州财经大学》2016年。

谢忠斌、杨世武：《强化城乡统筹　推进科学发展——阿克塞县城乡一体化发展的特色之路》，《党的建设》2010年第6期。

杨文新：《县域技术创新体系存在问题及对策》，《创新科技》2013年第7期。

曾建丽、于文艳、王磊、陈敏明：《京津冀特色小镇建设水平评价研究——基于层次分析法和熵权法》，《城市》2022年第1期。

张博文：《"一带一路"背景下完善甘肃开放型经济体系对策研究》，《现代经济信息》2019年第18期。

张广裕：《西北地区参与"一带一路"建设实践研究》，《宁夏大学学报》（人文社会科学版）2017年第5期。

张瑾、龙强、江洪：《以扩大高水平开放促进中部地区高质量发展》，《宏观经济管理》2019年第12期。

赵虎林：《甘肃省外贸发展的现状、问题及对策研究》，《现代商贸工业》2019年第35期。

后　　记

县域经济作为我国国民经济的基础层次和基本单元，直接影响到国民经济的兴衰、小康社会水平的提升和共同富裕目标的实现。在我党的组织结构和国家政权结构中，县一级处在承上启下的关键环节，是发展经济、保障民生、维护稳定的重要基础。作为社会经济比较完整的基本单元，县域不仅在城镇与乡村经济中发挥着接合部的作用，更对我国未来阶段的城镇化发展有着积极意义。因此，研究县域经济的发展现状并分析未来的发展趋势对今后乡村振兴工作的推进与民生政策的制定有重要意义。

甘肃省下辖17个市辖区，5个县级市、64个县，共86个县级行政单元。与发达地区相比，甘肃全省的产业重化特征明显，新兴产业占比小，各县域的主导产业发展层次普遍不高，龙头企业带动作用不强，县域经济发展水平明显滞后，在资源禀赋、产业升级、区位条件等方面还需要进一步挖掘潜力和拓展空间。自相关机构开始评选"中国百强县"以来，甘肃全省县市无一上榜，在近两年"中国西部百强县市"的评选结果中也只有"玉门市"一个县级市上榜，由此可见，县域经济的落后已经成为制约甘肃省经济发展的重要因素。2021年召开的甘肃省县域经济高质量发展推进会强调，今后的县域发展工作要紧扣"三新一高"的要求，把强县域的思想融入改善民生中去，加强改革和发展的融合力度，进一步打破城乡要素壁垒、促进城乡协调发展；重新构建适应新时代县域高质量发展的政策结构体系，积极创新发展思路与发展理念，进一步完善工作机制体制，系统谋划、科学规划，抓住重点、扭住关键，因地制宜、分类施策，从全省范围增强县域经济活力，以富民为基础从根本上壮大县域经济实力，为乡村振兴的推进与现代化建设打好坚实基础。

　　甘肃省县域经济的高质量发展要想取得新的突破，要做到以下几点：首先，应该因地制宜、分类施策地为各县制定发展目标，立足当地的产业基础与要素禀赋优势合理化发展路径，积极营造特色鲜明、优势互补、共同发展的经济环境。其次，要多样化发展县域产业，创新产业发展、营销模式，推动一二三产业的融合发展，壮大县域产业的发展规模，完善产业链，突出甘肃特色，从农、工、生态、文旅的角度出发加快县域建设。再次，要进一步推动城乡的融合发展，发挥城市群的联通作用与中心城市的带动作用，以县城和中心乡镇为基础节点推进乡村振兴工作。最后，要做好招商引资，更新并落实相关政策，做到精准招商、精心服务、精细落地，以资本的进驻改善县域经济的营商环境，进一步推动县域的现代化发展。

　　为充分认识和把握甘肃省县域经济的实际情况和具体问题，总结甘肃省县域经济发展的规律与趋势，兰州大学县域经济发展研究院（乡村振兴研究院）研究人员在对全省各县市进行调研和座谈的基础上，通过对大量客观数据和实际案例的深入分析，编写了本书，对甘肃省县域经济发展形势、县域经济竞争力和发展潜力进行研究和总结，并通过文化旅游、能源产业、特色农产品加工、创新驱动、"互联网＋"、"三变改革"等方面的典型案例，深入分析甘肃省县域经济发展的经验模式，并就甘肃省县域经济未来发展方向提出了相应对策建议。希望本书的出版能为甘肃省县域经济规划的编制工作提供科学依据和重要参考，为甘肃省未来县域经济发展提供强有力的智力支撑。

　　本书在编写过程中得到甘肃省委、省政府、中国社会科学院、兰州大学等单位的大力支持，同时也借鉴了国内外同行的相关研究成果，参与本书资料调研、收集和整理的其他人员有王林涛、刘志良、喻亭、刘金铭、张鸿、纪薇、智煜、郭星、潘晓丽、王振豫、朱美鸿、王一凡、马天阳等，在此一并感谢！由于编著者学术水平、研究能力和实践经验有限，书中尚存在不足之处，恳请同行专家和读者批评指正！